智財系列

著作權法研究（二）

蕭雄淋 著

五南圖書出版公司 印行

自序

　　自民國78年我出版《著作權法研究（一）》一書增訂版後，我或在報紙連載發表〈著作權法漫談〉，或寫教科書《著作權法逐條釋義（一）、（二）、（三）》，或做十餘項政府機關委託長達10萬字到30萬字的著作權法專案研究，鮮有發表一、兩萬字的論文。如今年已古稀，回首收編專論，僅存14篇論文，乃將該14篇論文收編成《著作權法研究（二）》一書之專論部分。另由於執行律師業務長達30餘年，期間曾經遇到兩個複雜而有趣的案例，該二案例亦有12萬字，成為本書的實務案例部分。

　　本書專論部分，大底依照發表次序排列。內容牽涉三部分，第一部分為著作權法修法理論（如第二章、第四章、第九章、第十一章、第十四章）；第二部分為著作權法的解釋與適用（如第一章、第五章、第六章、第十章、第十二章、第十三章）；第三部分為中國大陸著作權法之立法及適用（如第三章、第七章、第八章）。

　　本書實務案例部分，其中「大英百科全書攻防戰」涉及極其複雜的法律關係，該案發生於我國尚未開放外國人之翻譯權時，與中國大陸著作權關係亦曖昧不明，案例涉及美、中、臺複雜的政治牽扯與法令的缺乏，本案例在臺北律師公會的《律師雜誌》連載一年，約10萬字左右。而「高陽官司的攻防戰」，涉及著作權登記的對抗主義及善意受讓制度的討論，最後戲劇性用第三人利益契約來結束該案。

　　本書專論及案例，都涉及當時的時空背景，故著者大都保持原論文原貌，原文字未加修改，讀者須以當時該時空原法令評價原文章。

感謝五南圖書出版本書，也感謝編輯伊真的認真校對，更感謝讀者的長期支持。

蕭雄淋　律師

於北辰著作權事務所

2024年12月

作者簡介

一、現 任

1.北辰著作權事務所律師。

2.經濟部智慧財產局著作權法修正諮詢委員會委員。

3.經濟部智慧財產局著作權法諮詢顧問。

二、經 歷

1.以內政部顧問身分參與多次台美著作權談判。

2.參與內政部著作權法修正工作。

3.行政院新聞局錄影法及衛星傳播法起草委員。

4.行政院文化建設委員會中書西譯諮詢委員。

5.台灣省警察專科學校巡佐班「著作權法」講師。

6.內政部、中國時報報系、聯合報系、自立報系、大成報等法律顧問。

7.內政部「翻譯權強制授權」、「音樂著作強制授權」、「兩岸著作權法之比較研究」等三項專案研究之研究主持人。

8.財團法人資訊工業策進會「多媒體法律問題研究」顧問。

9.行政院大陸委員會「兩岸智慧財產權保護小組」諮詢顧問。

10.台北律師公會及中國比較法學會理事。

11.全國律師公會聯合會律師職前訓練所「著作權法」講座。

12.台灣法學會智慧財產權法委員會主任委員。

13.行政院文化建設委員會法規會委員。

14.國立台北教育大學文教法律研究所兼任副教授。

15.教育部法律諮詢委員。

16.全國律師公會聯合會智慧財產權法委員會主任委員。

17.教育部學產基金管理委員會委員。

18.財團法人台灣省學產基金會董事。

19.教育部國立編譯館、中央研究院歷史語言研究所法律顧問。

20.國防部史政編譯室、國立故宮博物院等法律顧問。

21.內政部著作權法修正諮詢委員會委員。

22.內政部頒布「著作權法第47條之使用報酬率」專案研究之主持人。

23.經濟部智慧財產局「著作權法第47條第4項使用報酬率之修正評估」專案研究之主持人。

24.經濟部智慧財產局委託「國際著作權法合理使用立法趨勢之研究」專案研究之共同主持人。

25.經濟部智慧財產局委託「著作權法職務著作之研究」專案研究之主持人。

26.南華管理學院出版研究所兼任副教授。

27.國立清華大學科技法律研究所兼任副教授。

28.國立台北大學法律系兼任副教授。

29.全國工業總會智慧財產委員會委員。

30.財團法人台北書展基金會董事。

31.經濟部智慧財產局委託「出版（含電子書）著作權小百科」之獨立編纂人。

32.經濟部智慧財產局委託「中國大陸著作權法令判決之研究」之研究主持人。

33.經濟部智慧財產局著作權審議及調解委員會委員。

34.應邀著作權法演講及座談七百餘場。

三、著　作

1.著作權之侵害與救濟（民國68年9月初版，台北三民書局經銷）。

2.著作權法之理論與實務（民國70年6月初版，同上）。

3.著作權法研究（一）（民國75年9月初版，民國78年9月修正再

版，同上）。

4.著作權法逐條釋義(民國75年元月初版，同年9月修正再版，同上)。

5.日本電腦程式暨半導體晶片法令彙編（翻譯）（民國76年9月初版，資訊工業策進會）。

6.中美著作權談判專輯（民國77年元月初版，民國78年9月增訂再版，台北三民書局經銷）。

7.錄影帶與著作權法（民國77年12月初版，同上）。

8.著作權法修正條文相對草案（民國79年3月初版，內政部）。

9.日本著作權相關法令中譯本（翻譯）（民國80年2月初版，同上）。

10.著作權法漫談（一）（民國80年4月初版，台北三民書局經銷）。

11.翻譯權強制授權之研究（民國80年6月初版，內政部）。

12.音樂著作強制授權之研究（民國80年11月初版，同上）。

13.有線電視與著作權（合譯）（民國81年1月初版，台北三民書局經銷）。

14.兩岸著作權法之比較研究（民國81年12月初版，民國83年9月再版，同上）。

15.著作權法漫談（二）（民國82年4月初版，同上）。

16.天下文章一大抄（翻譯）（民國83年7月初版，台北三民書局經銷）。

17.著作權裁判彙編（一）（民國83年7月初版，內政部）。

18.著作權法漫談（三）（民國83年9月初版，華儒達出版社發行）。

19.著作權法漫談精選（民國84年5月初版，月旦出版社發行）。

20.兩岸交流著作權相關契約範例（民國84年8月，行政院大陸委員會）。

21.著作權裁判彙編（二）上、下冊（民國85年10月初版，內政部）。

22.著作權法時論集（一）（民國86年1月初版，五南圖書公司發行）。

23.新著作權法逐條釋義（一）（民國85年5月初版，民國89年4月修正版二刷，五南圖書公司發行）。

24.新著作權法逐條釋義（二）（民國85年5月初版，民國88年4月二

版，五南圖書公司發行）。

25.新著作權法逐條釋義（三）（民國85年12月初版，民國88年6月二版，五南圖書公司發行）。

26.著作權法判解決議令函釋示實務問題彙編（民國88年4月初版，民國89年7月二版，五南圖書公司發行）。

27.著作權法論（民國90年3月初版，民國113年9月十版，五南圖書公司發行）。

28.著作權法第47條第4項使用報酬率之修正評估（民國97年12月，經濟部智慧財產局）。

29.國際著作權法合理使用立法趨勢之研究（民國98年12月，經濟部智慧財產局）。

30.著作權法職務著作之研究（民國99年8月，經濟部智慧財產局）。

31.出版（含電子書）著作權小百科（民國100年12月，經濟部智慧財產局）。

32.電子書授權契約就該這樣簽（民國102年4月，文化部補助，城邦出版）。

33.著作權法實務問題研析（一）（民國102年7月，五南圖書公司）。

34.中國大陸著作權法令暨判決之研究（民國102年12月，五南圖書公司）。

35.職務著作之理論與實務（民國104年6月，五南圖書公司）。

36.著作權法實務問題研析（二）（民國107年6月，五南圖書公司）。

37.著作權登記制度之研究（民國112年7月，五南圖書公司）。

目◆錄

自序

作者簡介

第一部分　著作權法專論

第二部分　著作權法實務案例

第十六章　大英百科全書官司攻防戰（一）　291

第十七章　大英百科全書官司攻防戰（二）　297

第十八章　大英百科全書官司攻防戰（三）　305

第一部分
著作權法專論

第一章
由著作權法觀點談政府出版品的開放利用

壹、前言

21世紀是一個知識經濟的世紀。知識在一個國家的生產力上越來越占重要的地位。美國微軟公司的比爾蓋茲，以盛壯之年而爲世界首富，其所憑藉的，完全是人才和智慧。日本在全世界的國家中，是屬於人口密度高而又缺乏天然資源的國家，其所以晉入全世界先進國家之林，主要的憑藉，也是知識和技術。臺灣地小人稠，人口密度高居世界第二位，又無天然資源，且有二分之一以上爲不適於利用的中央山脈。就可利用土地而言，人口密度應居世界前茅。加上以臺灣平均工資待遇與鄰近的東南亞國家及中國相較，顯形過高，不適於發展勞力密集的工業及地廣人稀的農業，只適合發展以知識和技術爲中心的產業。最近傳統產業紛紛外移，這只是臺灣的地理、人口及其他客觀環境所產生的自然現象。

臺灣如何發展知識經濟產業？要檢討的地方甚多，不過其中之一是必須加強研究發展、充分利用既有的研究發展，並且避免未來的研究發展發生重複、浪費的情況。欲充分有效地利用既有的研究發展，避免未來的研究發展發生重複、浪費的情況，既有的研究發展就必須充分地公開，使想要利用既有研究成果的人，無須因爲不是自己的研究而重複投資於研究。

目前在我國的各種知識資源中，政府所擁有的顯然較個別民間企業團體所擁有的多得多。然而不諱言地，政府所擁有的知識資源，不見得每一個人民都可以充分知悉其內容，並且方便地加以利用。政府出版品目前僅一部分對外販售，且僅在少數書店販售，即使人民買到該出版品，未經授

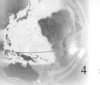

權，亦不得重製散布。如果政府擁有的知識資源，人民無法充分地知悉其內容並加以利用，不僅是國家的損失，而且政府所擁有的知識資源，皆是人民納稅出資或購買所得，人民無法有充分的機會接觸及享用資源，也非公平。尤其政府所擁有的知識資源，與有形的土地或其他資產不同。政府擁有的有形資產，會因特定人的占有，而使該特定人獨占資源，他人因而不能利用（例如甲占用該土地，乙性質上即無法利用該土地），因而產生不公平的現象。然而政府出版品無此情況，政府出版品會因人民的利用加值而更增加該知識的價值，且不因某人的利用，而另一人在性質上即不得同時利用的情況。因此本文將以著作權法的觀點，來談政府出版品的開放利用問題。

貳、政府出版品在著作權法上的歸屬狀況

廣義的政府出版品，就其來源而言，有來自政府公務員的考察報告者；有來自政府委託學者專家及民間企業團體的著作成果者；有來自公務員本身的職務著作者；有來自其他的來源者。就其出版的形式而言，有對外發售者；有僅機關內部參閱者；有僅對特定少數人贈送者。就著作財產權的歸屬而言，有歸屬於國家所有，由特定機關管理者；有由國家和被委託的個人共有，機關和個人均得加以利用者；有歸屬於個人所有，但機關可以加以利用者；有屬於不受保護之著作者。茲就上述諸情況說明如下：

一、創作的著作屬於不受保護的著作

依著作權法第9條規定，「憲法、法律、命令或公文」，不得為著作權的標的（第1項第1款）。所謂「公文」，包含公務員於職務上草擬的文告、講稿、新聞稿及其他文書（著作權法第9條第2項）。又中央或地方機關就「憲法、法律、命令或公文」所作成的翻譯物或編輯物，亦不得為著作權的標的（著作權法第9條第1項第2款）。著作權法制定之目的，除為

保障著作人權益外，尚應調和社會公益（著作權法第1條）。憲法係國民大會爲「鞏固國權、保障民權、奠定社會安寧增進人民福利」所制定者。法律係立法院通過，總統公布者（憲法第170條）。命令則爲各機關依職權或基於法律授權而下達或發布者（中央法規標準法第7條）。又公文爲公務員職務上所爲公的意思表示。憲法、法律、命令、公文以及其官方的翻譯物或編輯物，其目的在廣爲一般民眾所周知，性質上不宜主張著作權，故人人得加以利用，無政府出版品的開放利用問題。例如各級政府完成的都市計畫圖，如爲政府依都市計畫法第21條、第23條發布實施之公告，屬於公文程式條例之公文，依據上述著作權法規定，不得爲著作權的標的[1]。任何人加以利用，均無須得機關的同意，即其適例。

二、創作的著作屬於受保護的著作

（一）著作人爲國家者

　　著作權法第11條規定：「受雇人於職務上完成之著作，以該受雇人爲著作人。但契約約定以雇人爲著作人者，從其約定（第1項）。」「依前項規定，以受雇人爲著作人者，其著作財產權歸雇用人享有。但契約約定其著作財產權歸受雇人享有者，從其約定（第2項）。」「前二項所稱受雇人，包括公務員（第3項）。」第12條規定：「出資聘請他人完成之著作，除前條情形外，以該受聘人爲著作人。但契約約定以出資人爲著作人者，從其約定（第1項）。」「依前項規定，以受聘人爲著作人者，其著作財產權依契約約定歸受聘人或出資人享有。未約定著作財產權之歸屬者，其著作財產權歸受聘人享有（第2項）。」「依前項規定著作財產權歸受聘人享有者，出資人得利用該著作（第3項）。」依據著作權法第11條及第12條的規定，政府機關得與所屬之公務員訂定合約，約定以國家爲著作人，亦得委託學者專家或民間團體創作著作，約定以國家爲著作人。

1　參見內政部82年10月16日台內著字第8226992號函。

此種情形，國家擁有著作人格權及著作財產權。該著作機關可以作較大限度的授權，不虞有侵害他人之著作人格權及著作財產權之情況。

（二）著作財產權為國家者

著作財產權屬於國家之情形，主要有下列二種：

1. 著作為國家公務員所創作，但機關與該公務員間無著作人歸屬之約定。此時依著作權法第11條第2項之規定，該著作之著作財產權屬於國家所有，但該公務員仍為該著作之著作人，僅無著作人格權中之公開發表權及姓名表示權[2]。
2. 政府委託民間團體及專家學者創作著作，如約定著作財產權屬於國家所有，此時國家擁有著作財產權，但是該民間團體及學者專家仍擁有完整的著作人格權。此時如機關欲授權第三人利用，須注意勿侵害原著作人之著作人格權（含公開發表權、姓名表示權及禁止醜化權）。

（三）國家與被委託人共有著作財產權者

如機關委託第三者創作著作，得約定著作財產權為共有，當事人雙方均得利用著作。如在契約上無特別訂定，此時該著作，機關僅得自己利用，不得授權第三人利用。蓋依著作權法第40條之1規定，共有之著作財產權非經其他著作財產權人之同意，不得行使之。又著作權法第37條規定，著作財產權之被授權人非經著作財產權人之同意，不得將其被授與之權利再授權第三人利用。故如機關欲授權第三人利用，必須在原始的合約上載明得授權第三人利用，否則欲授權第三人利用，須再徵求共有人的同意。

（四）機關無著作財產權，僅有利用權

機關委託學者專家或民間團體從事創作，如契約無著作權歸屬的約定，依著作權法第12條規定，創作者為著作人，擁有著作人格權及著作財

2　參見著作權法第15條第1項但書及第16條第2項。

產權，機關僅得利用該著作，不得將該著作授權第三人利用。故此種情形，該著作無開放人民利用之問題。

參、由著作權法之規定與理論談政府出版品之開放

政府擁有著作財產權或專有權利之著作，除非該著作是以中央或地方機關或公法人名義公開發表之著作，依著作權法第50條規定，人民在合理範圍內，得加以重製、公開播送或公開傳輸，否則人民之利用須得機關之授權。如未授權而加以利用，人民有侵害著作權之虞。然而國家擁有著作權，人民利用仍須經授權，這是否符合著作權法的立法意旨，頗有疑義。茲依著作權法之規定及理論說明如下：

一、著作權法之立法目的 —— 自由主義與保護主義

關於著作權之保護，向來有相互對立的兩種主義：一為自由主義，一為保護主義。主張自由主義者，認為思想的創作，應由一般世人自由利用，方能促成國家文化的進步。蓋任何思想，不得認為真正的創作，莫不直接或間接有賴於先人思想之啟發。因此，個人之創作，乃社會之產物，其利益亦應屬於社會。主張保護主義者，認為著作權為特殊之排他的絕對權，應與一般私權同受保護。蓋人之精神生活，為人格之一部，其思想之具體的表現，亦應為人格之一部分而受尊重，而且人之創作所成之物，純粹應屬於其人，其有財產之價值者，至少應與所有權同受保護，且因此亦可使創作者努力於其創作，較之自由主義，更有促進文化發展效果。上述兩種主義，世界各國著作權立法例，原則上採保護主義，而濟以自由主義。依我國著作權法第1條前段規定：「為保障著作人著作權益，調和社會公共利益，促進國家文化發展，特制定本法。」著作權法的立法目的，是在促進國家的文化發展。保護著作人的權益只是為促使著作人創作的手段。國家所擁有的著作權，或來自出資聘人完成著作，或來自受讓他人之

著作財產權。無論出資或受讓，其資金均源自對人民的稅收，如果將其擁有的著作權開放社會各界利用，並不會影響著作人的創作欲望，反而眞正的創作者，一方面已經獲得國家的經濟報酬，一方面自己的創作又可大量流傳，更符合創作者的意思，使創作者更加樂意進一步去創作。

相反地，如果國家擁有著作財產權，卻無充分地加以利用，不僅無經濟效益，且對創作者的創作意願無實質的提升，對促進國家的文化發展並無幫助。因此從著作權法第1條的立法意旨來看，是鼓勵國家所擁有著作權的創作資源，儘量開放人民使用，是希望人民對於國家擁有著作財產權的創作資源儘量予以加值。

二、著作財產權歸屬國庫或地方自治團體的擬制消滅

著作權法第42條規定：「著作財產權因存續期間屆滿而消滅。於存續期間內，有下列情形之一者，亦同：一、著作財產權人死亡，其著作財產權依法應歸屬國庫者。二、著作財產權人爲法人，於其消滅後，其著作財產權依法應歸屬於地方自治團體者。」一般財產權，依民法規定，繼承開始時，繼承人之有無不明者，由親屬會議於一個月內選定遺產管理人，並將繼承開始及選定遺產管理人之事由，向法院報明（民法第1177條）。親屬會議於報明遺產管理人後，法院應依公示催告程序，定六個月以上之期限，公告繼承人，命其於期限內承認繼承（民法第1178條第1項），如於期限屆滿，無繼承人承認繼承時，其遺產於清償債權，並交付遺贈物後，如有剩餘，歸屬國庫（民法第1185條）。

上述著作權法第42條，則爲民法規定之例外。著作財產權人死亡無繼承人者，著作財產權並不歸屬國庫，而係著作財產權當然消滅，歸社會公有，任何人均得自由利用。又依民法規定，法人解散後，除法律另有規定外，於清償債務後，其剩餘財產之歸屬，應依章程之規定或總會之決議。即法律或章程另有規定或總會另有決議剩餘之財產歸自然人或其他法人者，依法律或章程之規定或總會之決議（民法第44條第1項）。如法律、章程無規定或總會無決議時，其剩餘之財產，歸屬於法人住所所在地之地

方自治團體（民法第44條第2項）。但著作權法第42條則特別規定，著作財產權人爲法人，於其消滅後，其著作財產權依法應歸屬於地方自治團體者，其著作財產權消滅，歸社會公有。

著作權法第42條係民法之特別規定，應優先適用。著作權法第42條所以規定國庫或地方自治團體應擁有之著作財產權，開放供社會公有，其立法目的，乃是認爲此種情形開放社會公有，而不由國家獨占著作財產權，以廣爲社會一般人利用，更能促進國家的文化發展。基此理論，國家擁有著作財產權之著作，實應儘量開放社會利用，此方爲著作權法之立法本意。

三、承認著作財產權取得時效之理由

著作財產權有無取得時效之適用？即他人之取得時效而使原著作人之著作財產權消滅，頗有爭執。多數民法學者及著作權法學者認爲，在理論上著作財產權得取得時效。蓋民法第768條規定：「以所有之意思，十年間和平、公然、繼續占有他人之動產者，取得其所有權。」第768條之1規定：「以所有之意思，五年間和平、公然、繼續占有他人之動產，而其占有之始爲善意並無過失者，取得其所有權。」第769條規定：「以所有之意思，二十年間和平、公然、繼續占有他人未登記之不動產者，得請求登記爲所有人。」第770條規定：「以所有之意思，十年間和平、公然、繼續占有他人未登記之不動產，而其占有之始爲善意並無過失者，得請求登記爲所有人。」第772條規定：「前五條之規定，於所有權以外財產權之取得，準用之。於已登記之不動產，亦同。」民法第772條之財產權，包含著作財產權在內。

著作財產權不以登記爲生效要件，故準用動產之取得時效，凡以著作財產權人之意思，十年間和平、公然、繼續占有他人之著作財產權，自得取得著作財產，原著作財產權人之權利因此而消滅。取得時效制度本來就是希望「物盡其用」，對於獨占之財產，不加以利用，反而第三人充分利用該財產，則第三人可能因利用而獲得財產權。此一理論，亦啓示國家擁

有著作財產權之著作，應儘量開放人民利用，方符合民法和著作權法的立
法本意。

四、大陸法系對違反著作權罪採告訴乃論的立法理由

　　一般違反著作權法犯罪，是否採告訴乃論，乃一值得爭議問題。在歷
年來臺美著作權諮商會議，美方多次要求我方修正著作權法，對違反著作
權法之罪均採非告訴乃論，而不採告訴乃論。美方認為，違反著作權法應
採非告訴乃論之理由，主要係竊取他人之智慧財產亦為竊盜，一般有形物
之竊盜行為既係採非告訴乃論，竊取他人之智慧財產自然亦應採非告訴乃
論。

　　美方以香港、新加坡、馬來西亞三國著作權法採非告訴乃論為例，
要求我方亦應比照辦理。惟香港、馬來西亞及新加坡均屬英美法系制度，
而1965年德國著作權法第109條、1970年日本著作權法第123條及1987年南
韓著作權法第102條均明文規定一般違反著作權法之罪，屬於告訴乃論，
德國、南韓及日本均係典型大陸法系國家。我國著作權法第100條本文規
定：「本章之罪，須告訴乃論。」對一般違反著作權法罪，亦採告訴乃
論。其立法理由與其他大陸法系國家之立法理由同，即著作權法之立法目
的，除為保障著作人著作權益外，更須調和社會公共利益，以促進國家文
化發展，故著作權法除有「保障」功能外，亦須注重「散布」功能。

　　苟著作人一方面未放棄其著作權，一方面又希望自己著作廣為散布，
國家刑罰權實不應反於著作人之意思而介入其間，以妨其散布功能，反而
有礙國家文化發展。同理，國家擁有著作財產權之著作，亦應重視「散
布」之功能，而非「保障」之功能。因保障功能僅為激勵更進一步創作而
設，國家擁有著作權之目的乃為利用，而非保障。國家擁有著作財產權之
著作，應儘量開放供社會各界利用，方為著作權法立法之本意。

肆、開放政府出版品的具體措施

著作權法第47條規定：「爲編製依法令應經教育行政機關審定之教科用書，或教育行政機關編製教科用書者，在合理範圍內，得重製、改作或編輯他人已公開發表之著作（第1項）。」「前項規定，於編製附隨於該教科用書且專供教學之人教學用之輔助用品，準用之。但以由該教科用書編製者編製爲限（第2項）。」「依法設立之各級學校或教育機構，爲教育目的之必要，在合理範圍內，得公開播送他人已公開發表之著作（第3項）。」「前三項情形，利用人應將利用情形通知著作財產權人並支付使用報酬。使用報酬率，由主管機關定之（第4項）。」此爲教科書的「法定授權」之規定。依此規定，無論教育部編教科書，抑或民間出版社編部訂本的教科書，在合理範圍內使用他人之著作，僅付費即可，無須事先徵求權利人之同意。其付費標準由著作權主管機關訂定之。

1998年之著作權主管機關內政部曾於87年1月23日以台內著字第8702053號函公告「著作權法第四十七條第四項之使用報酬率」。著作權法第47條法定授權的規定在適用上，限於編輯教科書使用他人著作，而不包含第三人欲使用國立編譯館的教科書在內。然而國立編譯館爲方便外界使用其擁有著作權的教科書，於88年3月17日以國教國字第1752號公告「國立編譯館主編（譯）各類圖書提供外界利用執行要點」，其內容如下：

一、國立編譯館（以下簡稱本館）爲辦理外界利用本館主編（譯）並擁有著作財產權之各類圖書內容有關事宜，特訂定本要點。

二、依著作權法第四十七條之規定利用本館主編（譯）各類圖書者，應將利用情形通知本館，其有關使用報酬部分依下列原則辦理：

（一）政府機構、公私立學校，爲教育或公益目的而利用者，免收使用報酬。

（二）除前款情形外之其他利用者，依照內政部八十七年一月二十三日公

告之「著作權法第四十七條第四項之使用報酬率」標準收取使用報
酬。惟利用者如與本館有互惠之關係，得視其利用情形另行處理。

三、除著作權法第三章第四節第四款有關著作財產權之限制者外，凡欲利
用本館主編（譯）各類圖書之內容者，應填具申請書向本館提出申
請，經本館同意後始得為之。

經本館同意利用者，其使用報酬收取原則比照第二點規定辦理。但情
形特殊者（如全書利用等），其使用報酬率得另行決定之。

四、利用本館主編（譯）各類圖書內容之著作，應於適當位置明示利用部
分之出處。

五、本要點未規定者，悉依著作權法及有關法令規定辦理。凡侵害本館所
有之著作權者，本館將依著作權法第六、七章規定，訴究相關法律責
任。

六、本要點經本館館務會議通過後施行，修正時亦同。

另國立編譯館亦同時公告「國立編譯館主編中小學教科用書提供外界
全書利用收費標準」，其內容如下：

一、本收費標準依據「國立編譯館主編（譯）各類圖書提供外界利用執行
要點」第三點第二項但書訂定之。

二、本收費標準適用於外界對本館主編之中小學教科用書提出著作利用申
請，其利用方式非屬著作權法第四十七條規定，且其利用範圍涵蓋該
書主要內容之情形者。

三、申請利用本館主編之中小學教科用書於一種著作物者，其收費標準如
下：

（一）教科書每冊新臺幣貳萬元。

（二）教學指引（教師手冊）每冊新臺幣貳萬元。

（三）習作每冊新臺幣柒仟元。

申請利用本館主編之中小學教科用書於兩種或兩種以上之著作物者，
對各種利用均應分別依前項各款之標準繳交使用費。

四、本收費標準經本館館務會議通過後施行，修正時亦同。

　　上述二要點，已提供未來政府出版品供外界利用的一項具體案例，未來政府的其他出版品，亦可以此模式來思考出版品的開放問題。茲值一提者，上述要點就規範形式上，仍採「個別授權」形式。然為避免爭議，在規範上宜採類似著作權法第47條之「法定授權」性質，任何人欲利用政府出版品，只要依公告標準付費，即可利用，無須另徵求授權。

伍、結論

　　好的政府就要有好的政策。國家擁有著作權或著作財產權的出版品，宜廣泛開放供社會大眾利用。此不僅使人民受益，避免人民重複研究發展的投資，浪費社會資源，更且可以使知識加值，增進國家知識和文化發展。政府之資金來源，均來自人民，開放政府出版品，不僅不會抑制原著作人的創作欲望，更因知識的流傳而使文化更進一步增長。過去許多專家學者為政府創作之著作，其著作財產權屬國家者，或僅在少數書店可以看到，或根本束之高閣，此不僅浪費國家資源，更抑制創作者的創作欲望。深盼未來我國在知識經濟開發政策前提下，此種情形得以改變，此不僅為利用者之福，亦為作者之福。

（本文原載研考雙月刊，第25卷第2期，總期數：222，2001年4月，原文文字未修改）

第二章
遠距教學著作之合理使用初探

壹、前言

　　遠距教育概念，起源於一百多年前。早在1833年，一家瑞典的報紙廣告即寫著：學習的機會「經由郵局的函授作文課程」。1943年，英國Issac Pitman爵士的函授學院（Correspondence College）成立，該課程也被新成立的速記函授協會正式使用。函授學習方式的遠距教育，由Charles Toussaint和Gustav Langenscheidt在德國柏林發展出來，當時他們上的是語文課程。1873年，函授學習跨越大西洋，由Anne Eliot Ticknor成立以波斯頓為基地的協會，提倡在家學習，其後各國紛紛仿效[1]。

　　遠距教育早期以函授為主，其後是電子通訊，包含錄音帶、錄影帶、CD、VCD、DVD、CD-ROM、廣播、電視，再接下來則是發展為跨國衛星頻道、電腦視訊、數位網路等[2]。由於網路媒體的發達，遠距教學已經發展為以教育機構為主的正式教育課程，有著身處不同地點的學生群，使用互動式的電子通訊系統來聯繫學生、教學資源與教師。無論學生、學校、教師，都有教學或學習上時間與地點的方便性。學生無論在學校、家庭、辦公室或社區，只要有網路連結和電腦設備，就可以在線上學習。而

1　M. Simonson、S. Smaldino、M. Albright、S. Zvacek著，沈俊毅譯，遠距教育與學習——遠距教育的基礎（*Teach and Learning at a Distance: Foundations of Distance Education*），頁42-43，心理出版社，2007年8月初版。

2　委辦單位：經濟部智慧財產局；執行單位：財團法人資策會科法中心，遠距教學所涉及著作權問題之研究，頁10-11，2001年12月；Lucinda Becker著，林育珊譯，遠距學習（*You Got It: How to Manage Your Distance and Open Learning Course*），頁46-62，寂天文化公司，2007年12月。

且學生一天24小時，可以自由選擇自己合適的時間來上課。依據調查統計研究，遠距教學與一般傳統的教室上課，在學習效果上相當，並未較差[3]。因此數位網路之遠距教學在現代教育上，成為相當重要的一環。

　　然而我國現行著作權法，自1992年全面修法奠定其架構後，有關教育之合理使用部分，除1998年在著作權法第47條作小幅度之修改外，並未全面檢討。1992年著作權法全面修正當時，網路教學並不發達，著作權法立法並未考慮到以網路為主的遠距教學。我國著作權法雖然於2003年著作權法修正，增訂著作人專有「公開傳輸權」，但有關公開傳輸權之合理使用規定，僅於第49條、第50條、第61條有其相對配合之規定，對有關遠距教學之合理使用，均付闕如。面對在數位化網路時代，我國著作權法在遠距教育合理使用部分，其規範是否足以因應，值得吾人探討。本文即以網路遠距教學為核心，初步探討遠距教學著作之合理使用問題。首先探討的是國際公約如何規範與適用？其次是探討主要國家立法如何？再次則檢討我國著作權法之立法。

貳、國際公約有關教育目的之例外規定

　　由於媒體的無遠弗屆，國際間著作權利交流無時中斷，所以任何國家的著作權法之制定或修正，都無法自外於國際公約[4]。國際重要公約有關

3　M. Simonson、S. Smaldino、M. Albright、S. Zvacek著，沈俊毅譯，前揭書，頁7-11。

4　臺灣於2002年1月1日加入世界貿易組織（WTO），依在加入世界貿易組織後，須受「與貿易有關之智慧財產權協定」（Agreement on Trade-Related Aspects of Intellectual Property Rights，簡稱TRIPS）之拘束，而依TRIPS第9條規定，會員應遵守（1971年）伯恩公約第1條至第21條及附錄之規定。但會員依本協定所享有之權利及所負擔之義務不及於伯恩公約第6條之1之規定所賦予或衍生之權利。所以我國著作權法至少須符合「伯恩公約」及「與貿易有關之智慧財產權協定」之規定。參見經濟部智慧財產局，國際公約彙編（中英文），頁88，2006年12月。

遠距教學之合理使用規定如下：

一、伯恩公約

伯恩公約〔Berne Convention for the Protection of Literary and Artistic Works（Paris Act of July 2, 1971, as amended on September 28, 1979）〕第10條第2項規定：「教學用之發行物、傳播內容或聲音或影像錄製物，是否准許得爲講示說明之目的，在該目的之正當範圍內，利用文學著作或藝術著作，依本聯盟各會員國之法律，或各會員國間現在或將來締結之特別協議定之，但所爲利用應符合合理慣例[5]。」依此規定，只要爲了教育目的及屬於公正慣行（fair practice），伯恩公約准許締約國以國內立法，限制著作人禁止將其著作納入教育廣播電視節目及錄音、錄影製品之權利。而此「教學」（teaching），包含各種等級之教學。易言之，包含在教育機構、市立、國立學校及私立學校之教學。但單純科學研究，不包含在此一許可使用之範圍[6]。而所謂「教學」一詞之解釋，並無證據顯示，排除虛擬學習環境（virtual learning environments）[7]。

此外，伯恩公約第9條第1項規定：「受本公約保護之文學及藝術著作，其著作人專有授權他人以任何方式或形式重製各該著作之權利。」第2項規定重製之一般例外：「上開著作得重製之特定特殊情形，依本聯盟各會員國之法律定之，惟所爲重製，不得牴觸著作之正常利用，亦不得不

5　譯文參見經濟部智慧財產局，前揭書，頁23-52，2006年12月，以及經濟部智慧局網站：http://www.tipo.gov.tw/ch/AllInOne_Show.aspx?path=2179&guid=fcd89516-05ef-4ee2-8579-3fc33f52759e&lang=zh-tw（最後瀏覽日：2009/1/26）。

6　WIPO著，劉波林譯，保護文學和藝術作品伯爾尼公約（1971巴黎文本）指南（*Guide to the Berne Convention for the Protection of Literary and Artistic Works (Paris Act, 1971)*），頁49，中國人民大學出版社，2002年7月。

7　參見Nic Garnett撰稿，何建志譯，自動化權利管理系統與著作權限制及例外規定（*Automated Rights Management Systems and Copyright Limitations and Exceptions*），頁8，世界智慧財產權組織著作權與相關權利常務委員會，第14會期，經濟部智慧財產局提供。

當損害著作人合法權。」

二、羅馬公約[8]

羅馬公約第15條第1項規定：「締約國得以國內法令，就下列事項，規定本公約保護之例外：(1)個人之使用；(2)時事報導之片斷的使用；(3)傳播機構利用自己之設備，就自己之傳播所為簡短之錄音；(4)專門為教育或科學研究目的之使用。」

三、與貿易有關之智慧財產權協定

依與貿易有關之智慧財產權協定（Agreement on Trade-Related Aspects of Intellectual Property Rights，簡稱TRIPS）第9條規定：「會員應遵守（1971年）伯恩公約第1條至第21條及附錄之規定。但會員依本協定所享有之權利及所負擔之義務不及於伯恩公約第6條之1之規定所賦予或衍生之權利。」故伯恩公約第10條第2項之規定，TRIPS之成員國亦須遵守。而TRIPS第13條另規定：「會員就專屬權所為限制或例外之規定，應以不違反著作之正常利用，且不至於不合理損害著作權人之合法權益之特殊情形為限。」此項限制，係規定於TRIPS本身，因此，解釋上適用於伯恩公約所有專屬權，如複製權、翻譯權、上演權、演奏權、廣播權、公開口述權、改作權、錄音權、電影化權、上映權、追及權，及TRIPS本身之出租權等。

8　羅馬公約即表演家、發音片製作人及傳播機關保護之國際公約（International Convention for the Protection of Performers, Producers of Phonograms and Broadcasting Organizations (Done at Rome on October 26, 1961)），又稱「鄰接權公約」，譯文參見經濟部智慧局網站：http://www.tipo.gov.tw/ch/AllInOne_Show.aspx?guid=8f67f280-e2a8-4b28-b68c-93fabf6cfb7c&lang=zh-tw&path=1446#15（最後瀏覽日：2009/1/26）。另見蕭雄淋，著作權法研究（一），頁525以下，著者發行，1989年9月增訂再版。

四、世界智慧財產權組織著作權條約[9]

　　依世界智慧財產權組織著作權條約（WIPO Copyright Treaty, 1996，簡稱WCT）第1條第4項規定：「締約方應遵守伯恩公約第1條至第21條及附屬書的規定。」因此，無論WCT之成員國是否為伯恩公約之會員國，均應適用伯恩公約第9條第2項之「三步測試原則」（three-step test）。另WCT第10條第1項規定：「締約方得透過其國內立法，在不違反著作的正常利用且不至於不合理損害文學與藝術著作之著作人的合法權益的情形下，對本條約賦予著作人的權利設定限制或例外。」第2項規定：「締約方於適用伯恩公約時，應將公約對權利所設的限制或例外，侷限在不違反著作的正常利用且不至於不合理損害文學與藝術著作之著作人的合法權益的情形為限。」上述第10條第1項是適用在WCT所規定之權利，亦即散布權（第6條）、出租權（第7條）、公開傳播權（第8條）。而在1996年的外交會議採納一項關於第10條的共同聲明：「根據了解，第10條許可締約各方，在伯恩公約可接受的範圍內，在將來以適當方式，以國內法將限制與例外規定適用於數位環境。同樣地，這些條款應當被理解為，在數位環境下，許可締約各方設計適當的新例外與限制規定。」「也了解到，關於伯恩公約所許可的限制與例外規定，第10條第2項並未減少或增加其適用範圍[10]。」

五、世界智慧財產權組織表演及錄音物條約

　　世界智慧財產權組織表演及錄音物條約（WIPO Performances and Phonograms Treaty, 1996，簡稱WPPT）第16條第1項規定：「締約方得透過其國內立法，對表演人及錄音物製作人之保護設定與其國內法上文學與藝術著作著作權之保護所受相同之限制或例外。」第2項規定：「締約方

9　參見經濟部智慧財產局，前揭書，頁86-107。

10　參見Nic Garnett撰稿，何建志譯，前揭文，頁6。

應將對本條約賦予之權利所設的限制或例外，侷限在不違反表演或錄音物之正常利用且不至於不合理損害表演人或錄音物製作人之合法權益的情形為限。」依1996年外交會議的共同聲明：「第1項共同聲明涉及第7條（表演人之重製權）、第11條（錄音物製作人之重製權）以及第16條。……而第7條及第11條規定之重製權，以及第16條規定所許可之例外規定，完全適用於數位環境，尤其是數位形式表演與錄音物之使用。根據本聲明之了解，將受保護的數位形式表演與錄音物儲存於電子媒體，構成了這些條文意義下的重製行為。」第2項共同聲明只有涉及第16條，規定如下：「關於世界智慧財產權組織著作權條約第10條（限制與例外規定）之本項聲明，亦適用於世界智慧財產權組織表演及錄音物條約第16條（限制與例外規定）[11]。」

　　由伯恩公約第9條第2項、TRIPS第13條、WCT第10條、WPPT第16條之規定，可以觀察到，國際公約對公約國之國內立法，幾乎均要求其應符合「三步測試原則」，即：

一、**限於特定特殊情形**：該例外規定僅限於狹窄而特定的使用種類。而該例外規定所牽涉的公共目的，是否具有相當價值，亦為斟酌因素之一。

二、**不得牴觸著作之正常利用**：根據該例外規定所為之使用，不影響權利人正常行使系爭權利可得之實際或潛在經濟收益。如果原本由某個排他權所涵蓋的使用情形，因例外或限制規定而受到免除，以致與權利人由該著作權得正常收取的經濟利益有經濟上的競爭，因此使權利人喪失顯著或實質商業收益，即牴觸著作之正常利用。

三、**不得不當損害著作人正當利益**：「不至於不合理」意指一種比「合理」略微嚴格的標準。本來合理使用之例外規定，都會使著作權人的利益承受某些損害。然而，如果一項例外或限制規定造成或可能造成

11　參見Nic Garnett撰稿，何建志譯，前揭文，頁6-7。

著作權人在收益上的不合理損失，則構成了「不合理」程度的損害。會員所提供的法定授權、強制授權或其他補償機制，有助於推翻不合理之認定[12]。

至於三步測試原則在新型態電子環境下，WTO爭端解決小組的決定並未提供結論性的解答基礎。然而，歐盟2001年著作權指令前言中第44句謂：「適用本指令之例外與限制規定時，應符合國際義務。此等例外與限制規定之適用，不得傷害權利人正當利益，或牴觸其著作或其他客體之正常利用。尤其是，會員國此等例外與限制規定之條款，應適當反映此等例外與限制規定在新型態電子環境下可能日益增加的經濟衝擊。因此，對於著作權與其他客體之特定使用情形，特定的例外與限制規定在範圍上可能需要更加限縮[13]。」

參、各國著作權法有關教育之合理使用

有關世界各主要國際公約對教育之合理使用規定，已如前述。世界各主要國家之著作權法又如何規定，分述如下。

一、美國著作權法

美國於2002年11月總統簽署完成「科技、教育暨著作權整合法」（Technology, Education, and Copyright Harmonization Act of 2002，簡稱TEACH Act），而除原有第110條第(1)項適用面對面的教學外，在2002年修改著作權法第110條第(2)項規定，主要為解決遠距教學問題。其規定如下：

12　參見Nic Garnett撰稿，何建志譯，前揭文，頁10-14。
13　參見Nic Garnett撰稿，何建志譯，前揭文，頁14-15。

「無論第106條如何規定，下列情形非屬對於著作權之侵害：

(1) 於非營利教育機構，在教室或用於教學之類似場所中，教師或學生於面對面教學活動之表演或展示著作。除非，在電影或其他視聽著作之場合，其表演，或個別影像之展示，係使用非依本法合法作成之重製物，且就該表演負責之人，知情或有理由相信其非合法作成；

(2) 除非在一著作製作或行銷主要目的是為了在數位網路中展示或表演依使用者「指示之傳遞活動」（mediated instructional activities），或一表演或展示是透過一依據本法非合法作成或取得之重製物或影音著作，且播送之政府機關或認定之非營利之教育機構知情或有理由相信其非合法作成或取得，藉由或位於播送過程中之非戲劇文學或音樂著作或任何其他著作合理或有限部分之表演，或一著作展示之量相當於現場授課課堂中典型使用之量，若——

(A) 該表演或展示係由一教師作成，受其指示或其直接監督，且該表演或展示乃一政府機構或非營利教育機構之系統化教學活動之常態部分；且可

(B) 該表演或展示與播送之教學內容有關且有重要幫助；亦且

(C) 該播送完全係為下列目的，並在科技允許之範圍內，將該播送之接收限定於——

(i) 將課程向已正式註冊之學生播送；或

(ii) 政府機構之官員或受僱人作為其職務或僱傭之一部分之接收；以及

(D) 播送之單位或機構——

(i) 機構提供給教師、學生與相關職員有關著作權之處理方式，具有資訊性之資料，且該資料正確描述美國與著作權有關之法律並促進合乎法律之處置，並給學生課程中使用材料可能受著作權保障之通知；並

(ii) 在數位傳輸之情形下——

(I) 採用合理避免下列事項之科技措施——

(aa) 播送事業或機關所播送之內容可以被收取者在課堂時間以外之範圍保有；以及

(bb) 接收者可以將著作對他人作未經授權、進一步之擴散；以及

(II)沒有從事任何合理預期下會妨礙著作權人用來防護上述保有或未經授權進一步擴散之技術保護措施[14]。」

二、日本著作權法[15]

我國1992年著作權法修正，大部分承襲日本及南韓著作權法。日本著作權法有關教育之合理使用規定於第33條至第36條及第38條。茲介紹如下。

（一）教科書等之揭載：日本著作權法第33條規定

1. 已公開發表之著作物，於學校教育目的上認為必要之範圍內，得揭載於教科書（即經文部大臣之檢定或有文部科學省著作之名義，供小學、中學、高等學校或中等教育學校及其他類似學校教育兒童或學生用之圖書）（第1項）。

2. 依前項之規定，將著作物揭載於教科書之人，應將其情形通知著作人，並斟酌同項規定之旨趣，著作物之種類及目的，通常使用金之額數及其他情事，而支付著作權人文化廳長官每年所規定一定數額之補償金（第2項）。

3. 文化廳長官依前項所規定補償金之數額，應於政府公報公告之（第3項）。

4. 高等學校（含中等教育學校後期課程）函授教育用學習圖書及第一項教科書之教師用指導書（限於發行該教科書之人所發行者），其著作物之揭載，準用前三項之規定（第4項）。

---

14 參見委辦單位：經濟部智慧財產局，執行單位：殷博智慧資產管理公司，美國著作權法令暨判決之研究，頁45-46，2008年11月30日。

15 日本著作權法條文參見：http://www.cric.or.jp/db/article/a1.html（最後瀏覽日：2009/1/28），該條文2008年6月18日最後修正。

（二）學校教育節目之廣播：日本著作權法第34條規定

1. 已公開發表之著作物，於學校教育目的上認為必要之限度內，並符合有關學校教育法令所規定教育課程之標準，得以廣播節目或有線廣播節目向學校加以廣播或有線廣播，或將該廣播受信，同時專門於有關該廣播之廣播對象地區〔廣播法（昭和25年法律第132號）第2條之2第2項規定之廣播對象地域，如非此指定區域，電波法（昭和25年法律第131號）第14條第3項第3款規定之廣播區域，以下同〕受信為目的所為自動公眾送信（送信可能化中，包含可歸於接續供公眾利用之電氣通信電路之自動公眾送信裝置之資訊），並得揭載該廣播節目或有線廣播節目所用之教材（第1項）。

2. 依前項規定利用著作物之人，應將其情形通知著作人，並支付著作權人相當數目之補償金（第2項）。

（三）學校或其他教育機關之複製：日本著作權法第35條規定

1. 於學校或其他教育機關（以營利為目的之設置者除外）擔任教育之人或授課之人，以供其授業過程使用為目的，於認為必要之限度內，得複製已公開發表之著作物。但依該著作物之種類、用途及複製的數目、態樣觀察，不當地損害著作權人之利益者，不在此限（第1項）。

2. 已公開發表之著作物，於前項教育機關授業過程，對直接接受該授業之人，提供或提示該著作物之原作品或複製物，或將該著作物依第38條規定上演、演奏、上映或口述利用者，得於該授業所為之場所以外之場所，對同時接受該授業之人為公眾送信（於自動公眾送信者，包含送信可能化）。但依該著作物之種類及用途及公眾送信之態樣，不當地有害於著作權人之利益者，不在此限（第2項）。

（四）作為考試問題之複製：日本著作權法第36條規定

1. 已公開發表之著作物，於入學考試或其他學識技能之考試或檢定之目的上認為必要之限度內，得作為考試或檢定問題，加以複製，或為公眾送

信（廣播或有線廣播除外，於自動公眾送信者，包含送信可能化，於第2項同）（第1項）。

2. 以營利為目的而為前項之複製或為公眾送信者，應支付著作權人相當於通常使用金數目之補償金（第2項）。

（五）非營利之公開再現：日本著作權法第38條規定

1. 不以營利為目的，且對於聽眾或觀眾亦無收取費用（不問任何名義，因著作物之提供或提示所受之對價，以下本條同）者，得公開上演、演奏、上映或口述已公開發表之著作物。但該上演、演奏、上映或口述，對於表演人或為口述之人支付報酬者，不在此限（第1項）。

2. 不以營利為目的，且對於聽眾或觀眾亦無收取費用者，得對於已廣播之著作物為有線廣播，或專門以該廣播之對象地域受信為目的而為自動公眾受信（包含送信可能化中，在已連接供公眾用之電信網路之自動送信伺服器上輸入資訊）（第2項）。

3. 不以營利為目的，且未對聽眾或觀眾收取費用，得以受信裝置公開傳達已廣播或有線廣播之著作物（包含已廣播之著作物而被自動公眾送信情形之該著作物）。以通常家庭用受信裝置所為者，亦同（第3項）。

三、南韓著作權法[16]

（一）學校目的之使用：南韓著作權法第25條規定

1. 基於高中、相等的學校或較低的學校（中小學）教育目的之必要範圍內，得於教科書中重製已經公開發表之著作。

2. 基於課堂教學目的之必要範圍內，依特別法（中小學教育法、高等教育法）設立或者由國家或地方政府經營之教育機構，得對於已公開發表著作之一部分加以重製、公開演出、廣播或實施互動式傳輸。如依照著作

16　南韓著作權法參見：http://eng.copyright.or.kr/law_01_01.html（最後瀏覽日：2009/1/28），該條文2006年12月28日最後修正。

之性質、利用之目的及方式等，使用著作之全部是不可避免的，則得使用該著作之全部。

3. 在上述第2項所定教育機構受教育之人，於第2項所定課堂教學目的之必要範圍內，得對於已公開發表之著作加以重製或互動地傳輸。

4. 欲依據第1項及第2項規定利用著作之人，應按照文化及觀光部所頒布之補償金標準，對著作財產權人支付補償金。但第2項所規定之高中、相等的學校或較低的學校（中小學），對於他人著作所為之重製、公開演出、廣播及互動式傳輸，不需要支付補償金。

5. 依據第4項收取補償金之權利，應由符合以下全部條件且係由文化及觀光部所規定之組織執行。當文化及觀光部指派該組織時，該組織之同意是必須的。此組織必須是：

(1) 由有權收取補償金之人所組成（簡稱補償金權利人）。

(2) 非基於營利目的。

(3) 具有實現其包括收取與分配補償金責任之充分能力。

6. 第5項所定之組織，不得拒絕為補償金權利人執行上述權利之要求，縱使該補償金權利人並非該組織之會員。在此情形，組織將有權以其名義，就補償金權利人之權利，為訴訟上及訴訟外之行為。

7. 文化及觀光部可撤銷第5項所定組織之指派，假如該組織發生以下狀況之一：

(1) 該組織不符合第5項所定條件。

(2) 該組織違反關於作品補償金之規定。

(3) 由於該組織於相當時間內停止執行其關於補償金之職務，而可能使補償金權利人之利益受損。

8. 第5項所定組織，就未分配之補償金已發出通知三年以上、並獲得文化及觀光部之授權下，為公共利益之目的可以使用未分配之補償金。

9. 根據第5項、第7項及第8項所定之關於組織之指派及撤銷、作品規範、補償金之通知及分派、基於公共利益對於未分派補償金利用之授權等，將由總統命令所決定。

10. 如教育機構依據第2項規定實行互動式傳輸，為了防止著作權以及本法

所保護權利被侵害，應採取依總統令所決定之必要措施，包括防止重製措施。

（二）為試題目的之重製：南韓著作權法第32條規定

基於非營利目的，入學或其他學識與技能考試之試題，於必要範圍內，得重製已公開發表之著作。

四、德國著作權法[17]

（一）供教會、學校及教學使用之編輯著作：德國著作權法第46條規定

1. 對於已公開發表之著作之部分、語文著作、少量音樂著作、造型藝術之個別作品、個別攝影著作，得以作為編輯著作之構成而加以重製、散布及公開傳輸，惟此等編輯著作須為集合多數著作人之作品，且依其性質係預定僅供學校、非營利之教育或進修機構、職業訓練機構之教學使用，或供教會使用。但預定供學校教學使用之著作，一律須經權利人同意始得公開傳輸。在上述重製物上或在公開傳輸上述著作時，應明示該編輯著作預定之使用目的。
2. 第1項所適用之音樂著作，須構成供音樂學院以外之學校音樂課程使用之編輯著作之一部分。
3. 在依第1項重製或公開傳輸著作前，應先將利用著作之意圖以掛號郵件通知著作人，如著作人之住居所不明時，通知專屬利用權人，並於通知寄出滿二週後，始得開始重製或公開傳輸。
4. 依第1項及第2項合法使用著作，應支付著作人適當之報酬。
5. 如著作不再符合著作人之信念，因而無法再期待著作人容忍著作之利用，且著作人基此理由已收回現有之利用權時，著作人得禁止第1項及

---

17 德國著作權法參見：http://bundesrecht.juris.de/urhg/BJNR012730965.html（最後瀏覽日：2009/1/28），該條文2008年1月1日作若干增訂。

第2項所許可之利用（第42條）。第136條第1項及第2項之規定準用之。

（二）學校播送：德國著作權法第47條規定

1. 學校、師範學院及教師進修機構，得就其播送之著作，以轉錄於影像或錄音載體之方式製作個別重製物。少年扶助機構、國立的各邦圖片供應機構及其他類似的公立機構，亦同。
2. 前項之影像或錄音重製物僅得供授課使用。影像或錄音重製物至遲應於學校播送後之次一學年度之末日銷毀，但已支付著作人適當之報酬者，不在此限。

（三）為教學與研究之公開傳輸：德國著作權法第52a條規定

1. 在為下列各該目的所必要之限度內，並且非為商業目的所為者，得為下列之公開傳輸：
(1) 在學校、高等院校、非營利之教育與進修機構以及職業訓練機構，僅為課程說明之目的，得對一定範圍之課程參與者公開傳輸已公開發表之著作片段、小篇幅著作以及報紙或期刊之個別文章。或者
(2) 為一定範圍之人之個人學術研究之目的，得對該一定範圍之人公開傳輸已公開發表之著作一部分、小篇幅著作以及報章雜誌之個別文章。
2. 預定供學校教學使用之著作，一律須經權利人同意始得公開傳輸。電影著作在本法施行地區之電影院開始進行通常之利用後未滿二年以前，一律須經權利人同意始得公開傳輸。
3. 在第1項所定之情形，為公開傳輸之必要亦得進行重製。
4. 第1項之公開傳輸應支付適當之報酬。報酬請求權僅得透過著作權集體管理團體而行使。

（四）法定報酬請求權：德國著作權法第63a條規定

　　本章所定之法定報酬請求權，著作人不得預先拋棄，僅得轉讓予著作權集體管理團體，或者連同出版權一併轉讓予出版人，但出版人須將報酬請求權委託同時管理著作人與出版人權利之著作權集體管理團體行使。

肆、我國遠距教學合理使用修法的幾個原則

一、著作權法應儘速解決遠距教學的合理使用問題

現行著作權法第44條至第65條係著作權法有關合理使用之規定[18]，其中有關教育之規定，除第65條一般合理使用之規定外，有下列四條：第46條之「爲學校授課需要之重製」、第47條之「教科書之重製與教育目的之公開播送」、第54條「教育目的辦理考試之重製」、第55條之「非營利目的之無形再現」。

我國於2003年著作權法修正，在第3條第1項第10款規定：「公開傳輸：指以有線電、無線電之網路或其他通訊方法，藉聲音或影像向公衆提供或傳達著作內容，包括使公衆得於其各選定之時間或地點，以上述方法接收著作內容。」第26條之1規定：「著作人除本法另有規定外，專有公開傳輸其著作之權利（第1項）。」「表演人就其經重製於錄音著作之表演，專有公開傳輸之權利（第2項）。」依此規定，著作人專有「公開傳輸權」。然而著作權法第46條、第47條、第52條、第54條、第55條規定，並不相對地包含有關「公開傳輸權」的合理使用規定。有鑑於網路已是遠距教學所不可少之工具，遠距教學在教育上有其必須性。由上述外國立法例之分析，我國著作權法立法，有必要儘速解決此一問題。

18　我國著作權法第44條至第65條，係規定於著作權法第三章第四節第4款「著作財產權之限制」中，此相當於日本著作權法第30條至第49條，此規定日本法稱爲「著作權之限制」，學者有謂「著作之自由利用」者（如半田正夫，著作權法概說，頁150以下，法學書院，平成19年6月13版）。我國多數統稱「合理使用」，茲從多數統稱。參見羅明通，著作權法論，頁153-154，台英國際商務法律事務所，2005年9月6版；章忠信，著作權法逐條釋義，頁109以下，五南圖書，2007年3月初版。

二、依賴著作權法第65條無法完整解決遠距教學合理使用問題

　　著作權法第65條規定：「著作之合理使用，不構成著作財產權之侵害（第1項）。」「著作之利用是否合於第四十四條至第六十三條規定或其他合理使用之情形，應審酌一切情狀，尤應注意下列事項，以為判斷之基準：一、利用之目的及性質，包括係為商業目的或非營利教育目的。二、著作之性質。三、所利用之質量及其在整個著作所占之比例。四、利用結果對著作潛在市場與現在價值之影響（第2項）。」上述著作權法第46條、第47條、第54條、第55條所無法解決的遠距或網路教學的問題，得否以著作權法第65條第2項「其他合理使用」之情形加以適用[19]？查我國著作權法第65條規定，主要來自美國著作權法第107條。雖然美國著作權法第107條為合理使用之概括規定，但美國為解決遠距教學問題，仍於2002年提出「科技、教育暨著作權整合法」，而修改著作權法第110條第(2)項規定[20]。足見有關遠距教學問題，宜以修改著作權法合理使用相關規定解決。

19　內政部87年6月15日台（87）內著會發用第8704807號函謂：「按著作權法第六十五條之規定，除有為審酌著作之利用是否合於第四十四條至第六十三條規定之判斷標準外，另有概括之規定，亦即利用之態樣，即使未符第四十四條至第六十三條規定，但如其利用之程度與第四十四條至第六十三條規定情形相類似或甚而更低，而以該條所定標準審酌亦屬合理者，則仍屬合理使用。惟具體個案是否合於上述合理使用之規定，因著作權係屬私權，是應於發生爭議時，由司法機關依具體個案事實加以認定之。」收錄於蕭雄淋編，著作權法判解決議、令函釋示、實務問題彙編，頁1608，五南圖書，2000年2版。

20　參見委辦單位：經濟部智慧財產局，執行單位：殷博智慧資產管理公司，美國著作權法令暨判決之研究，頁10、45-46，2008年11月30日。

三、訂定網路合理使用規定應重視公約的「三步測試原則」

　　由上述有關國際公約之分析，公約之會員國立法，須通過公約的「三步測試原則」之檢驗。我國已是世界貿易組織的成員國，有關著作權法合理使用規定之修法，不能不特別注意伯恩公約第9條第2項及TRIPS第13條之「三步測試原則」。尤其遠距教學往往牽涉到新興電子環境及網路科技。歐盟2001年著作權指令前言中第44句謂：「適用本指令之例外與限制規定時，應符合國際義務。此等例外與限制規定之適用，不得傷害權利人正當利益，或牴觸其著作或其他客體之正常利用。尤其是，會員國此等例外與限制規定之條款，應適當反映此等例外與限制規定在新型態電子環境下可能日益增加的經濟衝擊。因此，對於著作權與其他客體之特定使用情形，特定的例外與限制規定在範圍上可能需要更加限縮。」尤值得吾人重視。

伍、我國著作權法個別條文修法的方向

一、關於著作權法第46條

（一）**權利對象問題**：現行著作權法第46條之合理使用權利之對象，限於「重製」。美國著作權法第110條第(2)項、日本著作權法第35條第2項、南韓著作權法第25條第2項、德國著作權法第52a條第1項，均包含「公開傳輸」，為因應未來遠距教學需要，我國著作權法第46條之合理使用權利對象，有必要擴大至「公開傳輸」。

（二）**利用者問題**：現行著作權法第46條之利用者主體，限於「依法設立之各級學校及其擔任教學之人」。伯恩公約第10條第2項之「教學」（teaching），在解釋上不限於學校，已如前述。有關利用者，美國著作權法第110條第(2)項限於「政府機構或非營利教育機

構」、日本著作權法第35條第1項爲「學校或其他教育機關（以營利爲目的之設置者除外）擔任教育之人或授課之人」、南韓著作權法第25條第2項限於「依特別法（中小學教育法、高等教育法）設立或者由國家或地方政府經營之教育機構」、德國著作權法第52a條第1項限於「學校、高等院校、非營利之教育與進修機構以及職業訓練機構」。我國著作權法第46條之利用者，至少似可擴大至「依法設立之各級學校、教育機構及其擔任教學之人」。至於是否擴大至「政府機構」、「非營利之教育與進修機構以及職業訓練機構」，可再作政策考量。本文認爲，如果對教育目的之公開傳輸，採法定授權方式，則可擴大至「進修機構以及職業訓練機構」，並且須有一定的防止複製和監控機制。然而如果對公開傳輸，採合理使用制度，對權利人無須支付補償金，不宜擴大至「進修機構以及職業訓練機構」。

（三）**是否有著作限定及補償金問題**：美國著作權法第110條第(2)項，對著作展示之量，以通常現場教室情境所顯示之份量爲限[21]。日本著作權法第35條第2項，亦以在「主會場」之授課，得向「副會場」（公眾）同時中繼而「公眾送信」（含公開傳輸）之情形[22]，故有其著作限定的問題。由於美國、日本對此規定，採合理使用，而非法定授權方式，無須支付補償金，故要件較爲嚴格。德國及南韓採法定授權方式，須支付補償金，故其傳輸之要件，較爲寬鬆。南韓著作權法第25條第2項及第3項，尤其如此。未來我國著作權法第46條，擬採美、日模式，抑或德、韓模式，須作政策考量。

（四）**與著作權人的商業衝突問題**：德國著作權法第52a條第2項規定：「預定供學校教學使用之著作，一律須經權利人同意始得公開傳輸。電影著作在本法施行地區之電影院開始進行通常之利用後未

---

21 參見Nic Garnett撰稿，何建志譯，前揭文，頁107。

22 加戶守行，著作權法逐條講義，頁260-261，社團法人著作權情報センター，平成18年5訂版。

滿二年以前，一律須經權利人同意始得公開傳輸。」美國著作權法第110條第(2)項，對於製作或行銷主要目的是為了在數位網路中展示或表演依使用者「指示之傳遞活動」（mediated instructional activities）之著作，亦排除不適用得在教學上主張第110條之合理使用。此規定之意旨，均在避免與權利人有商業之衝突，以符合公約的「三步測試原則」。日本著作權法第35條第2項但書，解釋上亦如此[23]。我國未來是否採德國模式明定，抑或採日本模式，須作政策決定。本文以為，此部分採德國模式較佳，如果採日本模式，則須在立法理由中明示之。

二、有關著作權法第47條

（一）教科書之利用他人著作

現行著作權法第47條有關教科書使用他人著作，僅限制其目的，即限於「為編製依法令應經教育行政機關審定之教科用書，或教育行政機關編製教科用書者」，而非限制其利用主體。任何教科書業者，均得編製此教科書，而對他人已公開發表之著作，予以「重製、改作或編輯」，而將此教科書「散布」（第63條第3項）。此散布係對有形物而言[24]，解釋上不得公開傳輸。日本著作權法第33條、南韓著作權法第25條第1項規定，均不及於「公開傳輸」。由於教科書之公開傳輸，如果不限定於學校、教育機構等，而對於被傳輸之對象有一定之限制，可能有違反公約之「三步測試原則」之可能。由目前國際立法例顯示，教科書之公開傳輸，以透過第46條及第47條第3項之方式，以解決遠距教學問題為宜，而非直接由教科書業者公開傳輸其依法定授權利用他人之著作。

23　加戶守行，前揭書，頁262。

24　參見著作權法第3條第1項第12款：「散布：指不問有償或無償，將著作之原件或重製物提供公眾交易或流通。」

（二）教育目的之廣播

我國著作權法第47條第3項有關教育目的之公開播送，主要來自日本著作權法第34條及南韓著作權法第23條[25]。日本著作權法第34條規定，已於2006年擴及至網路之同步公開傳輸；南韓著作權法第25條第2項，亦將廣播擴及至公開傳輸。鑑於網路科技的發達，我國著作權法第47條第3項規定之「廣播」，亦應擴大其範圍，及於網路傳輸部分。至於採擇與廣播同步傳輸，抑或獨立傳輸？得斟酌教育界之需要及權利人意見，作政策決定。

三、有關著作權法第54條

我國著作權法第54條規定：「中央或地方機關、依法設立之各級學校或教育機構辦理之各種考試，得重製已公開發表之著作，供為試題之用。但已公開發表之著作如為試題者，不適用之。」由於考試具有秘密性，入學考試或職業考試事先取得權利人同意，勢有困難。我國著作權法第54條訂定之目的在此。然而在數位時代，各種考試，將不限於在現場考試，對遠距教育而言，以網路舉行考試，亦所常見。

日本於2003年修正著作權法第36條，有關為考試目的而利用他人著作，得為公開傳輸。而以營利為目的之考試，尚須支付補償金。由於日本著作權法第36條並無利用主體之限制，僅有利用目的之限制。我國著作權法第54條規定，有利用主體之限制。故我國著作權法第54條修法時，僅需將重製擴張到公開傳輸即可，無須採法定授權制度。

四、有關著作權法第55條

著作權法第55條規定：「非以營利為目的，未對觀眾或聽眾直接或間接收取任何費用，且未對表演人支付報酬者，得於活動中公開口述、公開

25　立法院秘書處編印，著作權法修正案，第152輯，頁51，1993年2月初版。

播送、公開上映或公開演出他人已公開發表之著作。」著作權法第46條規定，僅限於爲學校授課需要而「重製」他人之著作，如果教師係爲學校授課需要而「公開口述」、「公開上映」、「公開演出」他人之著作，無法適用第46條，僅能適用第55條或第65條規定主張合理使用[26]。例如教師口述他人之教科書，爲教學需要而放映一段影片或一段語言錄音帶等。

　　然而現行著作權法第55條，僅解決第一次的公開再現問題，對於一般已廣播之著作，得否爲教育目的，同時或異時以網路傳輸方式傳達於學生，或爲教育目的，以受信裝置公開傳達已廣播之聲音或影像於學生，此部分我國著作權法並未解決[27]。日本著作權法第38條第1項對於第一次非營利之公開再現，僅限於公開上演、演奏、上映或口述，而不包含廣播在內，而非營利之二次有線播送、公開傳輸及以受信裝置公開傳達等，均有詳細規定，一方面亦解決部分遠距教學問題，足爲我國立法政策參考。

26　日本著作權法第38條第1項規定：「不以營利爲目的，且對於聽眾或觀眾亦無收取費用（不問任何名義，因著作物之提供或提示所受之對價，以下本條同）者，得公開上演、演奏、上映或口述已公開發表之著作物。但該上演、演奏、上映或口述，對於表演人或爲口述之人支付報酬者，不在此限。」依日本學者見解，大學通常之授課而口述教科書，或放錄音帶，係符合日本著作權法第38條規定。大學教師雖有薪水，且學生須付學費，但此爲大學人力、物力資源提供之對價，而非對著作物提供之對價。參見作花文雄，詳解著作權法，頁329-330，株式會社ぎょうせい，平成14年8月2版；加戶守行，前揭書，頁274。

27　依據目前智慧財產局的函釋通說，著作權法第55條之「活動」，限於非經常性、常態性之活動，此種解釋，對於爲教育目的廣播後，在另一地方爲教育目的，以擴音器或其他器材將原播送之聲音或影像爲公眾傳達，亦不得以著作權法第55條主張合理使用，使爲教育目的主張第55條之空間大爲限縮。參見經濟部智慧財產局民國97年6月9日智著字第09700049370號函：「來函所述　貴府合署辦公大樓於每日（上班日）之6個固定時間點，利用大樓廣播系統連播高雄廣播電臺之節目（每次播放5或10分鐘），播放至府內各機關辦公室供同仁收聽一節，係屬常態性、經常性的利用，且非屬在活動中利用著作之情況，並不符合本法第55條所稱『合理使用』之情形。」96年10月5日智著字第09600090520號亦同此意旨。

陸、結論

「著作權法是印刷術的產物」。人類最早期的著作權法的出現，與印刷術的發達有關。人類著作權法各階段的進步與發展，都與傳播工具的推陳出新密切關聯。在古代人類思想的傳遞依賴手抄的時代，難以想像會產生著作權法。當時抄襲他人作品，大不了以刑事詐欺犯處理。直至活版印刷發明，大量複製他人作品成為可能，才有著作權之觀念。其後，由於著作商品性的取得與媒體的增加與翻陳出新，著作權法的著作種類與權利內容，不斷增加[28]。每次新傳播媒體出現或新的思想傳播方法改變，著作權法就面臨一次新的衝擊。外國著作權法如此，我國著作權法亦不例外。事實上，近30年來，錄影帶出租業、MTV、第四台、KTV、MP3、P2P等都曾考驗我國傳統著作權法的因應能力。迄今面臨電話、電視、個人電腦逐步整合的數位匯流（digital convergence）的時代，傳統的廣播與網路傳輸，已經無法截然劃分，我國著作權法上遠距教學的立法政策，亦須因應此一趨勢而調整。

我國著作權法於2003年已增訂著作人之專有「公開傳輸權」，惟有關利用人合理使用規定，並不因公開傳輸權之訂定，而相對按比例調整，此在遠距教學尤為明顯。我國著作權法第46條、第47條、第54條、第55條規定，顯然地均需有公開傳輸權的合理使用規定，然而此立法規定，畢竟無法自外於國際公約的基本原則。

在觀察世界各主要國際著作權公約後，發現有關公約締約國合理使用立法規定，均應遵守國際公約的「三步測試原則」。在「三步測試原則」下，在條文的設計上，涉及許多細節問題。例如究應採「同步傳輸」，抑或「非同步傳輸」？採合理使用制，抑或法定授權制？是否遠距教學所使用之著作，須與現場教學相當？有無網路管制機制？學生須否註冊？是否須以密碼方能上網互動等，此均須廣泛觀察世界各主要國家之立法，採取

---

28 參見山本桂一，著作權法，頁19-21，有斐閣，昭和48年8月再版。

適合我國國情之立法。

　　本文比較美國、日本、南韓、德國等四國有關遠距教育合理使用的立法，對我國著作權法相關規定之立法方向，作初步的討論與建議。在國際公約「三步測試原則」的限制下，要採擇最適於我國的立法，仍須觀察更多國家的立法，詳作比較，才能擬具更具體的條文和決策，以因應目前我國遠距教學上的迫切需要，此有待朝野各界的集體努力。

（本文原載智慧財產雜誌第124期，2009年4月1日號）

第三章
論兩岸著作權法法人著作之形成過程及比較

——從大清著作權律談起

壹、前言

在保護文學及藝術著作上，「版權傳統」（copyright tradition）和「作者權傳統」（author's right tradition）是全世界最主要兩個著作權法傳統。「版權傳統」的國家主要為英美法世界——英國、英國先前的殖民地，以及大英國協等國家；「作者權傳統」則是根源於大陸法系，盛行於歐陸及其先前殖民地拉丁美洲、非洲、亞洲等國家[1]。

「作者權傳統」與「版權傳統」在著作權理論上，有著不同的前提——「版權傳統」的哲學基礎，是根據功利主義。版權之目的，是激勵作品以最可能極低的代價作最大可能的不同生產；版權保護的目的，是在鼓勵新著作的創作。但相反地，「作者權傳統」則是根源於自然權利哲學，即保護著作人之著作，係基於權利及正義的要求[2]。

有關職務著作的規定，「版權傳統」與「作者權傳統」也有顯著差

---

[1] 二次大戰後之社會主義國家，中國著作權法尚未開始發達，如蘇聯、東歐國家等，其法律雖亦有特色，但未如上述「版權傳統」與「作者權傳統」壁壘分明，而且源遠流長。

[2] Poul Goldstein, *International Copyright: Principle, Law, and Practice*, pp. 3-4, Oxford (2001).

異──在以英美法系爲中心的「版權傳統」，較強調勞力和技術的程度，重視投資之保護；而以大陸法系爲中心的「作者權傳統」，則重視創作的水準高度，須達一定的創作高度，才賦予著作有關著作權的保護。此創作力較高或較低的需求不同，導致決定著作人應爲自然人或法人，有所不同[3]。在「作者權傳統」的國家，原則上自然人方可成爲著作人[4]；在「版權傳統」國家則否，法人亦得爲著作人[5]。

在國際公約上，伯恩公約第2條第6項規定：「本條之著作，在所有同盟國家，均受保護。其保護之範圍，及於著作人及其承繼人（the author and his successors in title）。」伯恩公約並未規定何人爲著作人、何人爲承繼人及權利轉讓之一般原則爲何，而有關著作人、權利人、權利之移轉則均委由締約國之內國法決定。因爲各國立法通常爲分歧的，而由於公約規定的缺乏，主張權利者必須依賴內國法院去尋找合宜的方法，以解決有關著作人身分和權利人的衝突問題[6]。

其次，伯恩公約第2條及第2條之2所規定之受保護之著作，其無須履行一定的形式，且無須具有新穎性，即受有保護（按：新穎性是專利的要件，不是著作權的要件）。伯恩公約之著作，只要具備智能的創作即可，並未規定其須具備一定的創作質量，它可以是由單一作者創作完成，亦可以是集複數作者之協力而完成者。伯恩公約並未明確規定有關智能的創作物，其創作者爲自然人或法人，且伯恩公約亦未說明，內國法之規定，

3　*Ibid.*, p. 4.

4　德國著作權法第7條規定：「著作人，係指著作之創作人。」此創作人限於自然人。參見Manfred Rehbinder著，張恩民譯，著作權法（*Urheberrecht*），頁181-182，法律出版社，2005年1月。另見Delia Lypzic著，中國對外翻譯出版公司譯，著作權和鄰接權（*Copyright and Neighboring Rights*），頁90-92，2000年7月。

5　參見美國著作權法第201條(b)項：「就本篇之目的而言，聘僱著作以僱用人或委託創作之人爲著作人，並擁有著作權之所有權利。但相關當事人簽訂書面文件另有不同之明示約定者，不在此限。」

6　See Sam Ricketson and Jane C. Ginsburg, International Copyright and Neighbouring Rights, *The Berne Convention and Beyond*, Vol. I, pp. 357-358 (2006).

應將著作定義爲由自然人或法人所創作完成。伯恩同盟中許多國家明示或暗示，著作應僅限於自然人所創作完成者（如法國法§111-1(3)、德國法§7），但亦有重要的例外，特別是英美法系國家（如荷蘭法§6-8、美國法§201(b)、澳洲法§97-9、英國法§9(2)a）。

　　究竟法人是否有著作能力，此一問題，無論中國或臺灣，都發生極大的爭論，此爭論點究竟如何？回溯到中國第一部成文著作權法——1910年之「大清著作權律」，其究竟認爲法人是否得爲著作人？而於「大清著作權律」制定屆滿100年的今天，來檢視這個問題，不僅饒富趣味，更具有歷史意義[7]。

貳、「大清著作權律」有關法人著作的規定

　　「大清著作權律」對於法人是否得爲著作人，未爲直接明文規範，但大清著作權律第8條規定：「凡以官署、學堂、公司、局所、寺院、會所出名發表之著作，其著作權得專有至三十年。」本條規定，依其草案說明謂：「按官署、學堂、公司、局所、寺院、會所等類，在法律上認爲無形人格。就理論而言，無形人格似不能著作，然而官署等類發行著作，實際上往往見之，如各部院統計表冊、鐵路公司報告，即其例也[8]。」

　　大清著作權律第8條規定，依當時學者解釋：「本條爲法人所有著作權之規定」而「著作與發行，本屬兩事，一人兼之亦可，分屬於二人亦可。日本明治32年（1899年）（舊）著作權法第6條云，以官公衙、學校

7　劉春田教授於《知識產權法》一書中謂：「大清著作權律的歷史意義主要體現爲：一方面，大清著作權律奠定了我國著作權法的基礎，此後歷次著作權法立法，無不受到這部法律的影響。另一方面，法律作爲一種文化，又是人類從事社會生活的教科書，一部法律的制定過程與實施，無疑是一個社會注入一種新的思想觀念，帶來一種精神。」見該書頁43，中國人民大學出版社，2003年6月。

8　參見前清政治官報，第1069號，頁527。

等團體著作之名義而發行之著作物，其著作權專有至三十年。本條不云以著作之名義而發行，只謂以官署、學校等團體出名發行之著作，似非認爲該著作係屬官署等團體自己所有之著作，而不過係由官署等團體居於發行之名，予以發行者，亦即，官署等團體並非該著作之著作人。然官署、學校等團體雖非自然人，惟其亦得如自然人之有著作，此實例甚多，如各署統計年鑑、各校講義及一覽表等皆是。故本條所云，應解爲：官署、學校等其自行創作而自行發行之著作，開著作之著作權爲官署、學校等屬法人之團體所有，惟法人非如有形，得定其生存死亡期間，故只可於發行之始起算，共滿三十年[9]。」

我國著作權法最早起源於前清宣統2年（1910年）之著作權律，而學者秦瑞玠之見解，引日本著作權法第6條規定，認爲本條係「法人著作」之規定，甚有啓示。因爲1910年之大清著作權律第5條規定：「著作權歸著作人終身有之；又著作人身故，得由承繼人繼續至三十年。」如果法人僅係承受自然人之著作權，而非著作人本身，則著作權應爲著作人終身加死亡後30年，而非僅爲30年。

參、「大清著作權律」第8條的立法來源

一、日本明治20年（1887年）之版權條例

日本於明治維新以前，僅專門著眼於出版物的取締，如明治2年（1869年）即訂有「出版條例」，但此乃有關出版物取締之規定，與著作人的保護無關，有關私法方面著作人或出版者的利益的保護，付諸闕如[10]。

明治2年之出版條例，經明治5年（1872年）修正，此修正幅度不大。

9　參見秦瑞玠，著作權律釋義，頁15，上海商務印書館，1912年7月初版。
10　參見榛村專一，著作權法概論，頁5-16，嚴松堂，昭和8年。

然至明治8年（1875年）修正出版條例，變動較大而將取締法規定與著作權保護混同規定。例如該條例第2條規定，對於著作之圖書與外國圖書之翻譯出版者，賦予其30年的專賣「版權」；並採取註冊主義，未經註冊即無保護。此外，於明治9年（1876年）6月，又公布「寫眞條例」，規定經註冊的寫眞（照片），賦予其五年的專賣版權。

日本就出版物之取締及著作權保護相關法律規定彼此分離、各設有個別法律規定，係在明治20年（1887年）制定「版權條例」以後[11]。「版權條例」為日本最早的著作權法，其於明治26年（1893年）4月經法律第64號修正，成為「版權法」。此修正內容不大，與版權條例無多大差異。

依版權條例第2條規定，以官廳、學校、會社、協會等名義出版圖書，亦承認其版權。其第10條規定，版權保護期間為著作人生存期間及其死亡後五年；於從版權登記之月至著作人死亡之月後再加五年，仍不滿25年者，其保護期間則是從版權登記之月開始35年；以官廳、學校、會金、協會等之著作名義出版者，及著作人死亡後方出版者，則是自版權登記之月起35年。

有關版權條例第2條及第10條規定，是否即屬於現今所謂之職務著作或法人著作規定，學者未見論及。然而在明治32年（1899年）舊著作權法制定後，於舊著作權法內亦有類似規定，學者對此是否歸屬於職務著作或法人著作，多有討論，詳如後述。

二、日本明治32年（1899年）之舊著作權法

誠如學者秦瑞玠所述，大清著作權律之立法，係參考日本舊著作權法第6條而來[12]。而日本明治32年舊著作權法是否承認法人得為著作人？如

11　此外，同年尚公布劇本樂譜條例、寫眞版權條例，以保護劇本樂譜之上演權及照片之複製權。此二規定，於明治26年（1893年）版權法公布後廢止。詳細參見勝本正晃，日本著作權法，頁27-29，嚴松堂，昭和15年。

12　王蘭萍於《近代中國著作權法的成長》一書中說：「大清著作權律對日本著作權制度，原則的移植約占91%，未予移植的約占9%。其中未予移植主要有四：

果承認，其依據爲何？一般多認爲：若是肯定舊著作權法承認法人之著作人適格者，其依據應係日本舊著作權法第6條規定，而亦有學者係依舊著作權法第22條之7規定，主張日本舊著作權法承認法人得爲著作人[13]。茲分別說明如下。

（一）舊著作權法第6條規定

依明治32年日本舊著作權法第6條規定，以官署、公衙、學校、社寺、協會、公司或其他團體爲著作名義而發行或上演之著作，其著作權保護期間自發行或上演時起30年。此規定與該法第3條一般保護期間終身加死亡後30年，並不相同。

日本明治32年舊著作權法，是否承認法人得爲著作人？原來有兩說，一說係「法人擬制說」，其認爲著作人僅自然人得爲之，蓋法人事實上並無法爲著作行爲，故法人不得爲著作人，法人僅得由屬自然人之著作人承繼其著作權；另一說則係「法人實在說」，其認爲法人得爲著作人。

採法人擬制說者，其認爲日本明治32年舊著作權法第6條之規定，僅係使法人擁有著作財產權，而不能擁有著作人格權，蓋僅自然人擁有著作能力，法人無著作能力，法人之原始擁有著作財產權，乃法律上擬制的不得已措施[14]。而法人實在說者則認爲，公司職員、受僱人於所創作之職務著作，例如統計表、調查報告等，依特約或職務規定，直接以官署、公司或僱用人作爲著作人，而預定以其名義公開發表，則其職員、受僱人僅只是法人之機關（organ）與手足（instrument），實際上應直接以官署、法人、僱用人等爲著作人[15]。從日本舊著作權法第6條之規定形式而言，應

（一）翻譯權；（二）興行權；（三）推定；（四）涉外著作權。」參見該書，頁123-127、131，北京大學出版社，2006年5月。

13　參見千野直邦，法人著作の概念，收錄於民法と著作權法の諸問題，半田正夫還曆紀念論集，頁513，法學書院，平成5年。

14　參見榛村專一，前揭書，頁93。

15　參見勝本正晃，前揭書，頁78。又當時的滿洲國著作權法第14條規定，使用人或法人之職員，對屬於使用主或法人之業務範圍之事項，而以自己的任務爲著作

認為「法人實在說」為有力學說[16]。

　　日本司法實務對之亦予以肯認，例如：東京地方法院明治38年（1905年）7月6日判決即謂：「同法第6條可謂係非官署、公衙等非法人，（其）若具著作權者則間接認定為法人之規定。是故第6條亦可謂間接認定官署、公衙等辦理著作物之發行或公演時，其著作權則歸屬於依官署、公衙所代表之本體──即國家之其他公私法人者。是故於本案則國家依自己之目的，依其機關著作，因此國家具有著作權[17]。」

（二）舊著作權法第22條之7規定

　　日本明治32年舊著作權法第22條之7規定：「凡以他人之著作，以聲音用機械而合法複製於機器者，應視為著作人，並對其機器具有著作權。」上述錄音著作之著作人，並非演唱者或作曲者，而係將音聲錄入（寫調）機器之人，而此等人一般多為企業者，此時錄音之製作企業，即原始擁有錄音著作之著作權，如以錄音製作公司為著作名義發行，則錄音製作公司自發行日起30年享有著作權，此時，可能得以錄音製作公司為著作人[18]。

者，其著作之著作權，屬於使用主或法人。

16　參見半田正夫，著作權法概說，頁62-63，法學書院，平成19年6月13版。

17　參見陳清秀，日本著作權法令暨判決之研究，判決（1），頁558-560，臺灣內政部，1994年4月。

18　參見城戶芳彥，著作權法研究，頁275，新興音樂出版社，昭和18年；榛村專一，前揭書，頁82。

肆、「大清著作權律」對北洋政府及
國民政府立法的影響

自「大清著作權律」制定頒布迄1949年間，北洋政府及國民政府有關法人著作之立法如下：

一、1915年北洋政府之著作權法，大抵沿襲1910年前「大清著作權律」規定。著作權原則上歸著作人所有（第4條至第6條）。而於第7條規定：「以官署、學校、公司、局所、寺院、會所之名義發行之著作，其著作權亦得享有三十年。」與前「大清著作權律」第8條規定，實質內容相同，僅文字作枝節之修正。

二、1928年國民政府之著作權法，立法精神承襲北洋政府之著作權法，著作權原則上歸屬著作人（第4條、第5條）。而於第7條規定：「著作物係用官署、學校、公司、會所或其他法人或團體名義者，其著作權之年限亦為三十年。」

本條規定，依當時的司法院24年院字第1366號解釋：「著作物用著作人個人之真實姓名，由官署、法人或團體等，呈請註冊為該著作權之所有人者，究與著作物單純用官署等名義者不同，其著作權享有之年限，應依著作人就該著作物於註冊後是否仍享有何種利益定之。若係由著作人將著作物全部轉讓於官署、法人或團體。不再享受何種利益，則著作權已全屬於官署、法人或團體，其享受之年限，應依著作權法第7條之規定，為三十年。倘著作人於法人或團體呈請註冊後，仍享受著作物之利益（如抽收版稅等），則其著作權與原著作人並未脫離關係，應依同法第4條、第5條之規定，為其享有之期間。」

司法院該項解釋，似乎認為如果著作係以官署、學校、公司、會所或其他法人或團體名義者，依第7條規定，其著作權之年限為三十年。然而，如果著作非以官署、學校、公司、會所或其他法人或團體名義者，而係以創作者個人名義出版發行，僅著作權轉讓予官署、學校、公司、會所或其他法人或團體名義者，其著作權之年限亦為三十年。

此項解釋，似缺乏依據，蓋：著作如果非以官署、學校、公司、會所或其他法人或團體爲著作人名義者，即不宜適用1928年著作權法第7條之規定，何以其著作權之年限亦爲30年？應爲原著作人終身加30年，方爲合理。

三、1944年修正之著作權法第7條規定：「著作物用官署、學校、公司、會所或其他法人或團體名義者，其著作權之年限爲三十年。」內容與1928年之著作權法第7條同，僅部分文字有所修正。

四、1949年著作權法的修正，對於前述著作權法第7條規定無修正。

伍、1949年以後臺灣著作權法的演變

1949年國民政府在臺灣，著作權法陸續有多次的修正，有關法人著作之規定如下。

一、1964年

著作權法修正，對於前述著作權法第7條規定，並無修正。

二、1985年

著作權法第10條規定：「出資聘人完成之著作，其著作權歸出資人享有之。但當事人間另有約定者，從其約定。」本條規定，大抵承襲1964年著作權法第16條規定，僅將1964年著作權法第16條之「出資聘人所成之著作物」，修改爲「出資聘人完成之著作」而已。

而值得注意的是，1985年之著作權法第10條規定，所謂「出資聘人完成之著作」，實務上認爲，此不僅包含出資者爲自然人或實際著作人爲自然人之情形，尚包含出資者爲法人或實際創作者爲法人之情形在內。實務見解如下。

（一）出資者爲自然人，創作者爲自然人

依臺灣內政部75年8月23日台（75）內著字第429302號函謂：「建築師受委託辦理建築物之設計，該著作之著作權，依著作權法第10條規定，歸出資人即委託人（業主）享有之。但當事人間另有約定者，從其約定[19]。」

（二）出資者爲法人，創作者爲自然人

臺灣高等法院84年上更（一）字第27號判決：「衡之被上訴人周○光係被上訴人寶○麗公司之設計師，如系爭著作物非屬該公司出資僱用其設計之作品，該公司豈會於其設計完成交與方○群鑲造成品時，提供鑲造用之材料及修改之意見，並負擔鑲造之工資，足見被上訴人寶○麗公司抗辯係其出資聘用周○光於八十年十二月間完成系爭著作物之設計乙節，應屬實在。則依八十一年六月十日修正公布前之著作權法第10條規定：『出資聘人完成之著作，其著作權歸出資人享有之。』系爭著作物之著作權應屬被上訴人寶○麗公司所有[20]。」

（三）出資者與創作者均爲法人

臺灣高等法院79年上易字第3451號判決：「系爭『充電器圖』圖形著作，係長○公司出資聘請藍○廣告有限公司設計創作完成，有藍○廣告有限公司開立予長○公司設計費用之統一發票及長○公司支出證明單等件影本附卷可按，而質諸被告郭○俊對上述設計打印完稿費用係向長○公司請款給付，該圖形乃爲長○公司伊負責部門之業務需要而製作等情，復不諱言，足見該圖形乃長○公司出資聘人完成……[21]。」

---

19 參見蕭雄淋編，著作權法判解決議、令函釋示、實務問題彙編，頁282，五南圖書，2001年10月3版。

20 蕭雄淋編，前揭書，頁281。

21 蕭雄淋編，前揭書，頁281。

（四）出資者為自然人，創作者為法人

目前實務上雖未顯示此案例，但理論上，並無不可。

上述「出資聘人完成著作」，理論上，除了包含僱傭外，尚包含承攬和委任關係之出資情形在內。僱傭關係情形，如上述臺灣高等法院84年上更（一）字第27號判決；承攬關係情形，則如上述臺灣高等法院79年上易字第3451號判決；委任關係，則如上述內政部75年8月23日台（75）內著字第429302號函。

再者，1985年著作權法第11條規定：「著作權自始依法歸機關、學校、公司或其他法人或團體享有者，其期間為三十年。」此較1964年著作權法第7條規定：「著作物用官署、學校、公司、會所或其他法人或團體名義者，其著作權之年限為三十年。」有很大的改變。1964年著作權法係法人或團體著作之規定，即著作之著作人為法人或其他團體，並以法人或其他團體具名之著作；而1985年著作權法第11條規定，則不一定以法人或其他團體為著作人，其亦可能以自然人為著作人，法人或其他團體為出資人——蓋只要法人或其他團體依著作權法第10條規定，出資聘請自然人或法人創作，則出資之法人或其他團體，即自始享有著作權。此時之著作權保護期間為30年。故亦可能自然人為著作人，法人或其他團體為出資人，此時因出資人為著作權人，而使法人或其他團體僅享有30年之著作權[22]。

---

22 參見臺灣行政院76年2月6日台（76）內字第2137號函：「本院有關單位意見：查本院五十二年十月五當台五十二內字第六五七一號令示：『因文字著作之受讓人與出資人均非著作人本人可比，核其情形與著作權法第七條所定內署學校等以他人之作品供自己登記著作權者相當，如其呈請註冊後著作人已不再享受何等利益，則其享有著作權之年限，似應類推適用上揭規定為三十年（司法院院字第一三六六號解釋參照）』，其中關於出資人享有著作權年限之解釋，雖係對修正前著作權法所為，惟查修正前著作權法第十六條所定：『出資聘人所成之著作物，其著作權歸出資人享有之。但當事人間有特約者，從其特約』，修正後著作權法改為第十條『出資聘人完成之著作，其著作權歸出資人享有之。但當事人間另有約定者，從其約定』，兩者間僅為文字修正，立法本旨並無不同，又修正前著作權法及修正後著作權法對於出資人享有之著作權年限均無明文規定，且本院

1985年著作權法第11條何以如此修正？依1985年臺灣行政院草案僅謂：「配合修正條文第14條，明定著作權自始依法歸機關、學校、法人團體享有者，著作權期間為30年。其如非自始享有，則依第14條規定之處理[23]。」在立法院審查會或院會，無立委對此有任何異議或提出意見，亦無人認為此係一重大修正[24]。

三、1990年

修正之著作權法，對1985年著作權法第10條及第11條規定，並無作成任何修正。

四、1992年

著作權法對過去從「大清著作權律」以來的著作權法架構，作出全面更動，對於是否應有所謂「法人著作」之議題，在臺灣立法機關引起激烈的辯論[25]。最終折衝而成之規定為1992年著作權法第11條規定：「法人之受僱人，在法人之企劃下，完成其職務上之著作，以該受僱人為著作人。但契約約定以法人或其代表人為著作人者，從其約定。」第12條規定：「受聘人在出資人之企劃下完成之著作，除前條情形外，以該受聘人為著作人。但契約約定以出資人或其代表人為著作人者，從其約定。」此一規定，明顯發生下列兩個問題：

上揭令示基於『出資人均非著作人本人可比，核其情形與著作權法第七條所定內署學校等以他人之作品供自己登記著作權者相當』，認出資人享有著作權之年限為三十年，法理上亦無不妥，故令示關於出資人享有著作權年限之解釋，似仍得繼續適用。」蕭雄淋編，前揭書，頁282。

23 參見臺灣立法院秘書處，著作權法案，法律案專輯，第82輯，頁13，內政（23），1985年9月。

24 參見臺灣立法院秘書處，前揭書，頁74-75、227。

25 詳蕭雄淋，談新著作權法的法人著作，收錄於蕭雄淋，著作權法漫談（二），頁377-388，1993年4月。

（一）依1992年著作權法第11條及第12條規定，出資聘人完成著作，如出資人與受僱人或受聘人未爲約定，則所完成之著作其著作人格權及著作財產權均屬受僱人或受聘人，此顯然與世界各國著作權法通例相違。蓋：美國著作權法之出資聘人完成著作，出資人原則上享有著作人格權及著作財產權[26]；日本[27]、中國、美國原則均承認法人得爲著作人，且僅符合一定之要件，法人即得爲著作人，無須特別約定；德國雖然不承認法人得爲著作人，但在職務關係完成之著作，法人仍得擁有不受限制之利用權。故至少在著作財產權方面，1992年臺灣著作權法第11條、第12條可能係全世界最不利於出資人的規定。

（二）依「大清著作權律」迄1992年著作權法修正前之舊法，法人無須依賴與原創作者之約定，其即當然享有著作人格權及著作財產權，且其他出資人亦無須約定即當然享有著作財產權；1992年著作權法則正好相反，如無約定，無論法人或其他出資人，均不得享有著作人格權或著作財產權。而依著作權法第111條規定，在新舊法過渡期間，則以「著作完成日」作爲應適用新法或舊法之分界，此將造成許多不公平，例如：A公司於1990年1月聘請職員甲爲其完成某著作，該著作預計三年完成，A公司因信任法律，故與甲之間並未爲著作權歸屬之約定；在1992年舊法時期因該著作尚未完成，不能產

---

26 美國著作權法第201條(a)項規定：「原始歸屬：本篇所保護之著作之著作權，自始歸該著作之著作人所有。共同著作各著作人爲該著作之著作權之共有人。」同條(b)項規定：「聘僱著作：就本篇之目的而言，聘僱著作以僱用人或委託創作之人視爲著作人，並擁有著作權之所有權利。但相關當事人簽訂書面文件另有不同之明示約定者，不在此限。」

27 日本1970年著作權法第15條第1項規定：「基於法人或其他使用人（以下各條稱「法人等」）之倡議（發意），而由從事該法人等之業務之人，在職務上作成之著作（電腦程式著作除外），如以法人等之名義公開發表，除作成時之契約、勤務規則或其他別有規定外，其著作人爲法人等。」第2項規定：「基於法人等之倡議，而由從事該法人等之業務之人，在職務上作成之電腦程式著作，除作成時之契約、勤務規則或其他別有規定外，其著作人爲法人等。」

生著作權（著作權法第13條），而在1993年1月該著作完成之時，則已屬適用新法之時期，著作權因A公司與職員甲間未爲著作權歸屬約定，而歸屬爲職員甲所有，此對A公司甚不公平。實務上常發生在舊法時期受聘於軟體公司之程式設計師，在新法時期離職，離職後不僅將在原公司開發之軟體拷貝而自行成立公司販賣之，且進一步禁止原公司繼續生產、銷售該軟體或再進一步予以研發，否則將追訴就其個人姓名表示權及同一性保持權之侵害責任，此對國內軟體產業造成極大困擾[28]。

（三）在1992年6月12日著作權法生效後，由於公司須與員工簽約，以確保其著作權益，此在與新進員工間之締約，尚能順利進行，惟於與舊有員工簽約時，由於勞工意識高漲，往往造成不少反彈，使勞資關係惡劣[29]。

五、1998年

爲了因應1992年著作權法對資方的不利地位，又修正著作權法，於著作權法第11條規定：「受雇人於職務上完成之著作，以該受雇人爲著作人。但契約約定以雇用人爲著作人者，從其約定（第1項）。」「依前項規定，以受雇人爲著作人者，其著作財產權歸雇用人享有。但契約約定其著作財產權歸受雇人享有者，從其約定（第2項）。」「前二項所稱受雇人，包括公務員（第3項）。」第12條規定：「出資聘請他人完成之著作，除前條情形外，以該受聘人爲著作人。但契約約定以出資人爲著作人者，從其約定（第1項）。」「依前項規定，以受聘人爲著作人者，其著作財產權依契約約定歸受聘人或出資人享有。未約定著作財產權之歸屬

---

28 參見蕭雄淋，同一性保持權侵害之若干問題——評台灣高等法院84年上字第314號判決，資訊法務透析，頁18以下，1996年2月。

29 參見蕭雄淋，談新著作權法的法人著作，收錄於蕭雄淋，著作權法漫談（二），頁386，著者發行，1993年4月。

者，其著作財產權歸受聘人享有（第2項）。」「依前項規定著作財產權
歸受聘人享有者，出資人得利用該著作（第3項）」上述規定，迄今並未
再作修正。

陸、中國著作權法的法人著作

一、中國著作權法的大略沿革

　　我國在前清宣統2年（1910年）即已頒布一部「大清著作權律」。民
國建立以後，該著作權律仍然沿用。1915年，北洋政府頒布了其北洋政府
之著作權法。1928年，國民政府亦頒布其國民政府之著作權法。1928年之
國民政府著作權法，並經1944年、1949年之修正。

　　在1949年後，中華人民共和國成立，中國雖不承認過去國民政府時
代頒布的著作權法，但自1949年迄1989年間，中國亦未頒布任何完整的著
作權法——在這一段時期內，有關著作權法之事項，大抵依照一些「決
議」、「命令」、「試行規定」、「試行條例」以解決。直到1990年9月7
日中國全國人大常委會第十五次會議始通過中華人民共和國之第一部「著
作權法」，並於1991年6月1日施行。另中國國務院於1991年6月1日公布之
「著作權法實施條例」，亦於同日施行；1991年6月4日中國國務院也公布
「計算機軟體保護條例」。

　　另中國於2001年10月27日第九屆全國人民代表大會常務委員會第24
次會議通過「全國人民代表大會常務委員會關於修改《著作權法》的決
定」，即就著作權法作成部分修正。此外，中國國務院總理朱鎔基於2002
年8月2日簽署國務院令第359號，公布「著作權法實施條例」，自2002年9
月15日起施行，而原由國家版權局1991年5月30日發布的「著作權法實施
條例」則同時作廢。

二、中國著作權法的作者類型

　　中國著作權法第2條第1項規定：「中國公民、法人或者其他組織的作品，不論是否發表，依照本法享有著作權。」第2項規定：「外國人、無國籍人的作品根據其作者所屬國或者經常居住地國同中國簽訂的協議或者共同參加的國際條約享有的著作權，受本法保護。」第11條第1項規定：「著作權屬於作者，本法另有規定的除外。」第2項規定：「創作作品的公民是作者。」第3項規定：「由法人或者其他組織主持，代表法人或者其他組織意志創作，並由法人或者其他組織承擔責任的作品，法人或者其他組織視為作者。」可見中國著作權法承認公民、法人及其他組織都可以成為作者，分述如下。

（一）公民

　　即創作著作的自然人。此自然人，包含中國公民、外國人、無國籍之人。而創作是一種事實行為，與行為能力無關，幼稚園之兒童之繪畫，亦得享有著作權[30]。再者，此「創作」係指直接產生文學、藝術和科學作品的智力活動。為他人創作進行組織工作，提供諮詢意見、物質條件，或進行其他輔助工作，均不視為創作[31]。

（二）法人

　　法人即具有民事權利能力和民事行為能力，依法獨立享有民事權利和承擔民事義務的主體[32]。依中國民法通則第37條規定，法人應當具備下列條件：1.依法成立；2.有必要的財產或者經費；3.有自己的名稱、組織機構和場所；4.能夠獨立承擔民事責任。

---

30 參見李雨峰、王遷、劉有東，著作權法，頁87，廈門大學出版社，2006年8月。另見中國著作權法第2條。

31 參見中國著作權法實施條例第3條。

32 參見中國民法通則第36條。

（三）其他組織

即不具備法人條件，經核准登記的組織。

有關「其他組織」一語，在1990年制定的著作權法第11條原予規定爲「非法人單位」。所謂「非法人單位」，大抵指大學的系、教研室、研究所的研究室、政府部門的處、室、科及臨時成立的編寫組或編委會等。由於它們既非自然人又非法人，而是處於自然人與法人間，爲將這些作品納入著作權的主體之中，著作權法特意創設了一個「非法人單位」術語[33]。其後舊「著作權法實施條例」第9條第2項，對此加以規定，「非法人單位」是指「不具備法人條件，經核准登記的社會團體、經濟組織或者組成法人的各個相對獨立的部門」。然而，此一規定概念仍不是很清楚，尤其是許多非法人單位既沒有獨立的組織機構和辦公場所，又沒有獨立的財產和經費，因而不具備承擔民事義務的能力，亦不能成爲民事權利和義務的主體[34]。

由於實體法「非法人單位」的概念，僅出現於著作權法中，復由於修訂後的「民事訴訟法」已將「其他組織」增加爲自然人和法人之外的新民事主體，故2001年修正著作權法時，乃將「非法人單位」修改爲「其他組織」，具體指涉屬法人以外且依法成立的組織，以與民事訴訟法規定一致[35]。

此「其他組織」，係指不具備法人條件但經核准登記的社團團體、經濟組織和依法成立的法人內部不具備法人條件的各個相對獨立的部門，例

33　參見李明德、許超，著作權法，頁136，法律出版社，2009年7月。

34　鄭成思於《版權法》（中國人民大學出版社，1997年8月2版）一書中説：「中國1990年著作權法中『非法人團體』版權人，在世界上是較少有的。在該法的實施條例中對『非法人團體』的『窮盡式解釋』，則是世界上更少有的。有多數場合，它的權利與義務，可以『上推』給法人；在少數場合，可以『下卸』給自然人。在確實遇到糾紛而法人或自然人『兩不沾邊』，從而需要求助於『非法人團體』靠攏時（例如當認爲非法人的『編委會』確實應承擔責任時），卻發現實施條例倒把這些『兩不沾邊』的團體排除了。」見該書頁26。

35　參見李明德、許超，前揭書，頁136。

如：中國社會科學院各研究所的各研究室、大專院校的各科系、各學院、國務院各部會中的各司局及其各處室、若干研究會、學會、協會下設的秘書處及各專業委員會等均是。然而，未經有關部門核准登記的社會團體、經濟組織、法人為完成某一具體事項而臨時組成的組織如課題組、編委會，或是法人設立的非實體的研究機構及組織——例如：沒有編制的研究中心之類——則並非「其他組織」，亦非「法人」[36]。

三、法人著作[37]之爭論

在中國學者，對是否訂定法人著作，頗有爭論，主要有以下三說[38]。

（一）否定說

理由主要如下：

1. 作者是在直接創作的作品基礎上產生的，這種創作能力是自然賦予人類的一種特性，只有自然人才具有這種智力創造能力。法人或其他組織作為一種組織體，其本身不具有思維能力，沒有自己的意志和情感，也不可能有自己的創作行為[39]。
2. 從著作權的歷史發展來看，著作權源於法國大革命時代提出之天賦人權理論，特別是著作權中的人身權[40]，而此人身權僅指自然人之權利[41]。
3. 一般國家之著作權法，著作權保護期間以自然人終身為計算基礎，而如果法人比照訂定保護期，則如果法人經營良好，可能存續甚久，此不僅

36　參見劉稚主編，著作權法實務與案例評析，頁53，中國工商出版社，2003年8月。
37　有學者稱此為「單位作品」，為使本文用語一致起見，在此仍暫稱「法人著作」。
38　參見李雨峰、王遷、劉有東，前揭書，頁89-90。
39　丁麗瑛，知識財產權法，頁51，廈門大學出版社，2002年；張曉秦、楊帆，著作權法概論，頁56，蘇州大學出版社，2007年9月。
40　此相當於我國著作權法之「著作人格權」。
41　參見李明德、許超，前揭書，頁135-136。

對社會不公平，對其他保護期，亦不公平[42]。

4. 國家作家、作曲家聯盟1956年通過之「著作權憲章」明確承認只有自然
　 人才能成為作者，且許多國家法律明確不承認法人得為著作人。例如西
　 班牙著作權法第5條、義大利著作權法第11條、法國著作權法第111條之1
　 及德國著作權法等[43]。

（二）肯定說

　　 理由主要如下[44]：

1. 民法的「法人實在說」，認為法人和自然人一樣，是實實在在的，或擬
　 制的人，具有意思活動能力，並且其意思是獨立的，它不同於其他組織
　 成員的意思。

2. 在實際情況中，有些大型作品，如地圖、報刊、百科全書及計算機軟件
　 等需要大量自然人的集體勞動和單位的資金投入才能完成，而且有的作
　 品在創作過程中，要體現單位的意志，而非具體執筆人的意志，如政府
　 工作報告等。

（三）折衷說

　　 此說原則上認為，只有自然人方得為作者，法人僅在一定要件下，得
被「視為作者」。學者多認為，中國著作權法係採取折衷說，即僅有血有
肉之自然人才是作品的創作者，而作為無生命的法人等社會組織，不是作
品的作者，只是在某些情況下被視為作者[45]。

42　參見沈仁幹主編，鄭成思版權文集，第一卷，頁41，中國人民大學出版社，2008
　　年4月。

43　參見王遷，著作權法學，頁151-152，北京大學出版社，2007年7月。

44　張曉秦、楊帆，前揭書，頁57；王遷，前揭書，頁153；康生主編，中華人民共和
　　國著作權法釋義，頁70，法律出版社，2002年版。

45　李明德、許超，前揭書，頁137。

四、法人著作之要件

依中國著作權法第11條第3項規定：「由法人或者其他組織主持，代表法人或者其他組織意志創作，並由法人或者其他組織承擔責任的作品，法人或者其他組織視為作者。」依此規定，法人著作之要件為[46]：

（一）**由法人或者其他組織主持**：即代表法人或其他組織的人員，負責組織該創作，而不是由該法人或其他組識的工作人員自發進行。如作品的選題、內容、發表方式，都由法人或其他組織主持[47]。

（二）**代表法人或者其他組織意志創作**：即創作思想和表達方式代表、體現法人或者其他組織意志者。而法人或者其他組織的意志，一般是通過法人或其他組織的領導機構（如公司的董事會）和法定代表人（如行政機關的首長），依法或按照章程執行職務而體現出來[48]。

（三）**由法人或者其他組織承擔責任的作品**：即非由實際的執筆人負責。例如某公司研制的程序軟體在運行上存在缺陷，該缺陷的責任，應由該公司承擔，而非由直接設計者承擔[49]。

柒、兩岸著作權法有關法人著作之評論

一、對中國著作權法有關法人著作之評論

中國著作權法於1990年正式制定，由於受到「版權傳統」和「作者權傳統」之雙重影響[50]，再加上又有若干屬於自己特色的獨創規定；此外，

---

46 李雨峰、王遷、劉有東，前揭書，頁91。

47 徐東海、唐匯西、戈晨編著，著作權法實用指南，頁153，山西人民出版社，1992年2月。

48 參見全國人大常務委員會法制工作委員會編，中華人民共和國著作權法釋義，頁70，法律出版社，2002年1月。

49 全國人大常務委員會法制工作委員會編，前揭書，頁70。

50 中國的著作權主管機關為「國家版權局」，而法律又稱「著作權法」，名稱顯然

中國的著作權法規，不以著作權法為限，尚包含其他法規，如「著作權法實施條例」、「計算機軟件保護條例」等，其規定雖屬於補充性質，但具有實質上之著作權法規定效力；復最高人民法院之解釋，亦扮演一定之角色。因而，欲了解中國著作權法，不能僅由著作權法規定去了解，尚就其相關法規及司法解釋予以理解。

中國著作權法有關法人著作之規定，有下列啓示：

（一）中國著作權法對於是否成立法人著作，於學說雖仍有所爭論，而有學者強力否定法人得以作爲著作人，然而，基於「有的作品是在法人或者其他組織的主持下創作的，體現了法人或者其他組織的意志，並不是執筆者的個人意志，並由該法人或者組織承擔作品的責任。如某機關的年終工作總結報告、某計算機公司研製的程序軟件等。特別是有些作品的創作，需要投入大量人力、物力和財力，個人一般不能完成這項任務。而且從法律的角度講，法人作爲法律擬制的人，同自然人一樣，具有民事權利能力和民事行爲能力，所以能夠成爲作者[51]。」基於職務著作及集體創作數量之日益龐大，中國著作權法最後亦承認法人著作。此一現象，於臺灣著作權法亦屬存在，臺灣著作權法基於同一理由以承認法人著作，或亦有其必要。

（二）中國著作權法承認法人或非法人組織得爲著作人，然而個人並非組織，如果個人爲出資者，且一樣「由出資者主持，由出資者之意志創作，且由出資者承擔責任」，是否出資者得爲著作人？日本及臺灣著作權法均承認非實際創作之個人出資者，在特定條件下，亦可能爲著作人；惟依中國著作權法第11條第2項似無可能。然而，中國最高人民法院關於審理著作權民事糾紛案件適用法律若干問題的解釋第13條：「除著作權法第十一條第三款規定的情形外，由他人

不盡一致，留學英美及歐洲各有學者，可見受到「版權傳統」與「作者權傳統」雙重影響。

51　全國人大常務委員會法制工作委員會編，前揭書，頁70。

執筆，本人審閱定稿並以本人名義發表的報告、講話等作品，著作權歸報告人或者講話人享有，著作權人可以支付執筆人適當報酬[52]。」非創作者之自然人，亦得成為著作人，法律規定與司法解釋，似有不同之處。臺灣著作權法第12條允許自然人之出資者，在一定條件下成為著作人，亦有必要。然而，如何防止非屬於工商業務所需要之職務著作，而係收買他人之學術著作據為己有之行為，值得立法者深思。

（三）在中國著作權法，法人著作與委託著作分離規定，此與美國、日本之規定不同。此規定有其優點，然而缺點亦如部分學者所疵議者，於部分情形，著作究係為法人著作抑或職務著作，其界限不明[53]，然而此界限不明者，多係電腦程式著作之情形。如果於前開法人著作或職務著作間界限不明之問題可予明確界定，則屬於法人著作者，即依法人著作處理，如果不屬於法人著作者，方依職務著作處理，此界限即屬清楚。中國著作權法將法人著作與職務著作分立之情形，與美、日立法不同，其優劣點值得進一步觀察。

---

52 2002年10月15日施行，法釋（2002）31號。引自馬原主編，著作權法分解適用集成，頁106，人民出版社，2003年3月。

53 在王遷的《著作權法學》一書中，即謂：「要真正區分『法人作品』與『特殊職務作品』，絕非易事。試舉一例：某計算機軟件公司組織其程序員開發了一套計算機軟件，該軟件究竟屬於法人作品還是殊職務作品呢？一方面，該軟件當然是由軟件公司這個法人主持開發的，也代表了軟件公司的意志。因為程序員必須根據軟件公司管理人員的要求計設計程序。如果軟件上市後出現問題，責任自然是由軟件公司承擔，而並非由程序員直接承擔。該軟件似乎完全符合法人作品的定義。另一方面，軟件是由軟件公司的程序員編寫的，程序員編寫軟件時，往往離不開公司提供的高性能計算機，特定資料、技術與同事的經驗等，即單位的物質技術條件。軟件的責任也自然由軟件公司承擔。該軟件也完全符合特殊職務作品的構成要件。而且我國著作權法在界定特殊職務作品時還專門將計算機軟件作為實例列出。那麼軟件公司程序員在公司的組織下，為了完成公司交付的任務所編寫完成的軟件，究竟是法人作品還是特殊的職務作品呢？」見該書頁151，北京大學出版社，2007年7月。

二、臺灣著作權法法人著作之評論

（一）法人著作是否承認之問題

　　有關法人得否為著作人，在1992年著作權法修正時，曾有極大的爭論，迄今仍有學者認為法人不宜為著作人。然而，基於下列觀點，臺灣著作權法應較中國著作權法更需要法人著作制度：

1. 就公約而論

(1) 伯恩公約（Berne Convention for the Protection of Literacy and Artistic Works）之參加國，有大陸法系之「作者權傳統」國家，如德國，亦有英美法系之「版權傳統」國家，如美國，而伯恩公約並未明確規定，著作之著作人應為自然人或法人。在伯恩公約會員國內，許多國家明示或暗示，著作之著作人應限於自然人（如法國法第111條之1第(3)項、德國法第7條），但亦有重要的例外，特別是英美法系國家（如荷蘭法第6條至第8條、美國法第201條(b)項、澳洲法第97條之9、英國法第9(2)a條）。足見伯恩公約對於此一問題並未表明態度[54]。而承襲伯恩公約精神的世界智慧財產權組織著作權條約，亦為如此。

(2) 在世界著作權公約（Universal Copyright Convention, UCC），係以美國為主之公約，其並未排斥法人得為著作人。1961年羅馬公約（Rome Convention）更強調錄音物之權利人為錄音物之製作人，此製作人係最初固定表演之音聲或其他之音聲的自然人或法人（第3條(c)項）。此所謂「最初固定表演之音聲或其他之音聲」之錄製品，其強調乃一工業活動，而非個人活動。法人之受僱人在其職務範圍內錄製聲音，應認為作為雇主的法人為製作人。而承襲羅馬公約精神的世界智慧財產權組織表演及錄音物條約，亦然相同。基於臺灣著作權法有關錄音係以著作權加以保護，而非如同中國著作權法以著作鄰接權加以保護，則承認法人得為著作人，至少在錄音著作之保護上，較符合羅馬公約和世界智慧財產權組織表演及錄音物條約之精神。

54　參見本文第二章第貳部分。

2. 就各國立法例而論

　　目前各國立法例中，美、日、南韓、中國、荷蘭、澳洲、英國之立法例，均承認法人著作之存在[55]，而在德國、法國立法例則僅承認自然人得為著作人[56]。基於1910年「大清著作權律」受有日本1899年舊著作權法之影響，1992年臺灣著作權法受有日本1970年著作權法及1987年南韓著作權法之影響，於整體法制之面向以觀，承認法人得為著作人，較能在法制繼受上不至產生斷裂；且臺灣與美國、日本、中國之著作權貿易最為大宗，在法制上，亦不宜與其相差太大。故從立法例之繼受及貿易政策採擇上，臺灣著作權法之立法，亦宜承認法人得為著作人。

3. 就立法沿革而論

　　自前清1910年之著作權律第8條之草案說明及著作權律立法後之學者論述，均已承認法人著作存在，其後該規定亦一直延續適用，在1990年臺灣高等法院79年上易字第3451號判決，亦承認法人亦得為出資聘人完成著作之受聘人，法人亦得創作著作，而臺灣主管機關之相關函釋亦承認法人得為著作人。雖然於1992年著作權法修法過程中，對於法人是否得為著作人生有爭論，然而既然長期已有承認法人著作之事實，如果將來立法不承認法人著作，則法人先前已為著作人，將依何理論而消滅？過去承認法人著作，在實務上並無扞格之處，如果貿易不承認法人著作存在，反而將在實務上將產生問題。

（二）法人著作係依一定要件而存在，抑或依約定而存在？

　　依臺灣著作權法第11條第1項規定：「受雇人於職務上完成之著作，以該受雇人為著作人。但契約約定以雇用人為著作人者，從其約定。」第12條第1項規定：「出資聘請他人完成之著作，除前條情形外，以該受聘人為著作人。但契約約定以出資人為著作人者，從其約定。」依此二規

55　荷蘭法第6條至第8條、美國法第201條(b)項、澳洲法第97條之9、英國法第9(2)a條、日本法第15條、南韓法第9條、中國法第11條第3項。

56　德國法第7條、法國法第111-1(3)條。

定，職務著作原則上以受僱人或受聘人爲著作人，但如果有約定，則受僱人或出資人亦得爲著作人。

　　然而，依美國著作權法第201條b項、日本著作權法第15條第1項、南韓著作權法第9條、中國著作權法第11條第3項規定，均係須依一定要件始得成爲「法人著作」，而非係依賴約定。臺灣著作權法第21條規定：「著作人格權專屬於著作人本身，不得讓與或繼承。」依臺灣著作權法第11條及第12條規定，實際創作之受僱人或受聘人，本爲「著作人」，因「約定」而不再成爲「著作人」，不得擁有著作人格權，此與著作人格權之讓與無異，第11條及第12條之立法理論，顯有矛盾，似應檢討[57]。

　　此外，如果受僱人在僱用人之企劃下，於職務上完成著作，預定以受僱人名義發表，如果仍須依約定，法人方爲著作人，則於臺灣中小企業內，雇主與受僱人間不見得人人均訂有書面契約，如果僱用人仍不能修改受僱人之著作，並以法人之名義發表，於實務上仍有困擾。

　　尤其在公法人之受僱人，往往與公法人間未具備有關職務著作之契約，而公法人之職員在職務上完成之著作，公法人之主管往往予以大加修改，如果謂此時仍然以受僱人爲著作人，則實在難以理解。因此，在法人

57　中國著作權法第17條規定：「受委託創作的作品，著作權的歸屬由委託人和受託人通過合同約定。合同未作明確約定或者沒有訂立合同的，著作權屬於受託人。」有中國學者對中國著作權法有關委託著作的規定，頗有異論，而認爲：「無論雙方有無約定委託作品著作權的歸屬，受託人仍然是委託作品的作者。那麼委託人能否在合同約定其享有委託作品著作權的情況下取得著作人身權呢？從我國著作權法第16條有關『特殊職務作品』的作者享有署名權，著作人通過合同約定中的著作權，似乎應包含人身權和財產權。即委託人和受託人可以通過合同使委託人原始取得包括人身權在內的全部著作權。但這種解釋將實際上使委託人享有署名權，與署名權應由作者享有的基本原則不簽。而且，這種解釋會導致學生出資僱用他人爲『槍手』撰寫畢業論文的行爲合法化，應當是不足取的。」參見王遷，著作權法學，頁157。另亦有學者認爲此委託人與受託人的約定，應限於著作財產權，不包含著作人格權在內，因爲著作人格權（精神權利），是不能移轉的。參見齊愛民、周偉萌等人，著作權法體系化判解研究，頁15，武漢大學出版社，2008年4月。

著作，應依一定條件而以法人爲著作人或「視爲」著作人，方屬合理。

　　至於應規定爲以法人「爲」著作人，或以法人「視爲」著作人？美國法及中國法規定「視爲」著作人，日本法及南韓法，並無「視爲」字樣。爲平衡「作者權傳統」與「版權傳統」對法人著作理論的衝突，應將法人「視爲」著作人爲妥。

捌、結論

　　法律是人類社會生活的產物，人類的社會生活是綿延不絕的，因此法律也是具有延續性者。法律的安定性，具有穩定社會的作用，法律僅在社會生活變遷，原有規定不足因應環境需要之時，方有改變之必要。立法者之立法，尤應注意法制史的整體脈絡。

　　「大清著作權律」係中國第一部成文之著作權法，早在100年前「大清著作權律」制定之時，「大清著作權律」第8條即規定：「凡以官署、學堂、公司、局所、寺院、會所出名發表之著作，其著作權得專有至三十年。」該規定表面上係有關著作權保護期間之規定，但實質上已蘊含是否承認法人著作之討論，而當時學者秦瑞玠更明確肯定法人著作之存在。「大清著作權律」第8條規定，直至1949年以前，幾乎未作更動。在臺灣此一規定之立法形式，直至1990年，尚屬存在。然而，1992年臺灣著作權法之立法，對此猶有極嚴重之爭論，惟爭論過程中，卻完全忽視80餘年來著作權法制史的變動脈絡。

　　在中國，基於時空的原因，在1949年起，完全拋棄過去的法制，於1990年制定著作權法時，對法人著作是否承認，仍有極大的爭議，此爭議之討論過程中，對於1910年中國第一部成文著作權法及其後的著作權法變動，亦未加以檢視，此在吾人紀念「大清著作權律」100年之今天，復予回顧此一問題，尤值得深思。

（本文爲2010年10月14日至15日中國著作權法律百年國際論壇所發表之論文，原載中國人民大學「中國著作權百年國際論壇論文集」，頁584-597）

第四章
著作權法第65條之修法芻議

壹、前言

　　著作權法第65條之一般合理使用（fair use）條文，係著作權法中在實務運作上，最令人困擾的規定。什麼行為構成著作權侵害？被告有無違反著作權法？往往會牽涉到利用人得否主張合理使用；而有無合理使用之適用，則往往牽涉到著作權法第65條規定。

　　我國著作權法第65條一般合理使用規定，在大陸法系國家，十分罕見。究竟其立法沿革及理由為何？在理論上是否妥適？在實務上有什麼適用上之困難？立法上有無修正之必要？如果有必要，究應如何修正？均值得探討。

　　以下先簡介該條規定之立法沿革。

貳、著作權法第65條之立法沿革

一、1992年之著作權法

　　著作權法第65條規定，係1992年著作權法修正時所新增。依1992年著作權法第65條規定：「著作之利用是否合於第四十四條至第六十三條規定，應審酌一切情狀，尤應注意左列事項，以為判斷之標準：一、利用之目的及性質，包括係為商業目的或非營利教育目的。二、著作之性質。三、所利用之質量及其在整個著作所占之比例。四、利用結果對著作潛在市場及現在價值之影響。」

該規定的行政院草案說明為：

（一）按第44條至第63條之規定，僅揭櫫著作財產權限制之抽象要件，為利各該條文於具體個案中之適用，本條爰規定於具體個案中，欲判斷是否合於各該條規定所定要件，所須審酌及注意事項。

（二）本條第1項所稱「利用之目的」乃法律上承認之目的，包括：評論、新聞報導、教學、學術、研究等。例如引用他人部分著作供為研究。其次，利用係為商業目的或為非營利、教育目的，亦為重要因素。第2款所稱「著作之性質」，係指被利用著作之本身是否具有被利用之引誘性，諸如工具書類及公開演說是。第3款稱「所利用之質量及其在整個著作所占之比例」，係指所利用部分在新著作中及被利用著作中，就整體觀察其質量所占比例。例如新著作可能為百萬言巨著，所利用之分量可能僅及該新著作百分之一，但對被利用著作而言，或占其整體之半甚至全部，故新著作與被利用著作在質量方面，均須加以比較。第4款「潛在市場之影響」，亦與利用態樣有關。

（三）本條係參考美國著作權法第107條之立法例增訂之[1]。

二、1998年之著作權法

由於1992年著作權法將第65條合理使用之一般規定，僅定性為對著作權法第44條至第63條之檢驗規定，而非係與著作權法的「法定例外」（statutory exemption）相區別之「合理使用」的獨立條款，與美國立法例不符，在世界各國亦罕見其例。1998年著作權法修正，乃修改為：「著作之合理使用，不構成著作財產權之侵害（第1項）。」「著作之利用是否合於第四十四條至第六十三條規定或其他合理使用之情形，應審酌一切情狀，尤應注意下列事項，以為判斷之標準：一、利用之目的及性質，包括

1　參見立法院秘書處，著作權法修正案，法律案專輯，第152輯，頁67-68，1993年2月初版。

係爲商業目的或非營利教育目的。二、著作之性質。三、所利用之質量及其在整個著作所占之比例。四、利用結果對著作潛在市場與現在價值之影響（第2項）。」

該條規定之修正理由爲[2]：

（一）按合理使用之法律效果如何，舊法漏未規定，爰參考美國著作權法第107條之立法例，修正如第1項。

（二）舊法有關著作財產權之限制（學理上所泛稱之「合理使用」）僅限於第44條至第63條規定之範圍，而第65條係爲審酌著作之利用是否合於第44條至第63條規定所訂定之判斷標準，惟由於著作利用之態樣日趨複雜，舊法第44條至第63條規定之合理使用範圍，已顯僵化，無足適應實際之需要。

（三）爲擴大合理使用之範圍，新法將本條修正爲概括之規定，亦即利用之態樣，即使未符合第44條至第63條規定，但如其利用之程度與第44條至第63條規定情形相類似或甚而更低，而以本條所定標準審酌亦屬合理者，則仍屬合理使用。

三、2003年之著作權法

1998年之著作權法第65條，原只有第1項及第2項，2003年著作權法把第2項判斷之「標準」修改爲「基準」。另增加第3項及第4項。第65條規定全文如下：「著作之合理使用，不構成著作財產權之侵害（第1項）。」「著作之利用是否合於第四十四條至第六十三條規定或其他合理使用之情形，應審酌一切情狀，尤應注意下列事項，以爲判斷之基準：一、利用之目的及性質，包括係爲商業目的或非營利教育目的。二、著作之性質。三、所利用之質量及其在整個著作所占之比例。四、利用結果對著作潛在市場與現在價值之影響（第2項）。」「著作權人團體與利用人團體就著作之合理使用範圍達成協議者，得爲前項判斷之參考

2　參見經濟部智慧財產局，歷年著作權法規彙編專輯，頁303-304，2005年9月。

（第3項）。」「前項協議過程中，得諮詢著作權專責機關之意見（第4項）。」

2003年著作權法第65條第3項增訂理由為[3]：「何者為合理使用？何者為非合理使用？經由著作市場長期自然運作，在社會上往往會形成某些客觀上一致看法，即一般所謂『共識』。此種共識可供法院判斷有無合理使用適用之參考，爰參照美國實務運作之情形，增訂第3項。」

第4項增訂理由為：「於第3項社會共識之過程中，各方意見如有差距，通常期待著作權專責機關得提供相關意見，以利共識之形成，乃增訂第4項。」

參、著作權法第65條在實務運作上引起的問題

現行著作權法第65條第2項規定：「著作之利用是否合於第四十四條至第六十三條規定或其他合理使用之情形，應審酌一切情狀，尤應注意下列事項，以為判斷之基準」，即著作之利用，是否合於著作權法第44條至第63條規定，尚應受著作權法第65條第2項四個判斷基準的審酌，且此審酌非僅考量其中一款，而是全部四款均應受到審酌[4]。此項規定，甚有不妥，理由如下。

3　經濟部智慧財產局，前揭書，頁415。

4　參見最高法院92年度台上字第4911號、93年度台上字第2176號判決；"All four of these factors must be considered, notwithstanding the temptation to label some aspect of each as presumptively dispositive." Melville B. Nimmer and David Nimmer, *Nimmer on Copyright*, Vol. 4, pp. 13-161 (2005.8)。詳細並參見嚴裕欽，司法機關就著作權法合理使用四款法定判斷基準審查原則之探討，智慧財產權月刊，第116期，頁75-106，2008年8月。

一、就理論而言

美國著作權法之「合理使用」規定，理論上原與著作權之「法定例外」，嚴加分別。蓋「合理使用」係針對所有不同著作及所有利用著作類型所作的規定。利用人於利用著作時，如果被法院判定係屬公平、合理，即得適用該規定。而「法定例外」係立法機關，基於立法政策，對特定著作之特定利用行為，所設計之免責規定[5]。「合理使用」是否構成，應由法院決定，相同情況，今日構成合理使用之事實，明日卻不一定構成合理使用[6]。而「法定例外」是否構成，則有一定的成文要件，在該要件內，法院不能恣意認定，而應遵守該法定要件，如果因環境變遷，欲改變結論，不能由法院逕行決定，而應由立法機關另行修改法律。

我國著作權法立法卻加以混淆，使我國著作權法第44條至第63條規定應屬「法定例外」之規定，卻須受應屬於「合理使用」之第65條第2項之四個條款之檢驗，不僅理論上有所矛盾，且造成著作財產權限制條款，充滿了不確定性，學者迭有爭議[7]。利用者或權利人詢問主管機關或律師，

5　Paul Goldstein, *Copyright: Principles, Law and Practice*, Vol. II, §12.1.1, 12: 6-12: 7 (2010)。另參見黃怡騰，著作權法上合理使用之研究，國立政治大學法律研究所博士論文，頁96-97，1996年7月。

6　House Reporter, p. 66.

7　黃銘傑於〈日本著作權現況與相關修正之研究〉專論中謂：「雖然，我國著作權法第三章第四節第四款之名稱為『著作財產權之限制』，原與同屬大陸法系之日本著作權法用語相同，惟當我國著作權法於1992年效法美國著作權法於判例法體系下所形成、以權利抗辯為基礎之『合理使用』概念，而修正第65條規定後，不僅『合理使用』一語已取代權利限制，並於為數不少的合理適用具體條文中，置入『合理範圍』一詞。由於『合理範圍』界限的不夠清晰，時而非經司法機關的最終判斷，無法得知相關著作的利用行為是否處於『合理範圍』界限內，此一結果使得在有關合理使用行為上，我國公、私部門皆較其日本同儕，負擔著更大的法律風險。在日本的權利限制規範理念下，行為是否屬於權利限制的範疇，清楚可知，利用人毋庸憂心其使用是否有超過所謂的『合理範圍』，但由於權利限制乃是基於各種公益等事由，而對著作權所加諸的例外限制，因此其使用乃應嚴格限制於此類公益等目的內，於此目的外之行為，即非權利限制所及之範圍。從

某種情形，是否構成著作財產權限制？答案均為：須再檢驗是否符合著作權法第65條第2項之四個合理使用之檢驗基準規定，並由法院再作司法判斷。是則第44條至第63條，每一個條文都是「不確定法律概念」，不僅要件變得非常不明確，充滿不確定性，法官的自由裁量權增大，律師無法將著作權法問題的可否答案具體明確告訴當事人，主管機關無法將著作權法問題的可否答案，具體明確回覆相關機關及詢問民眾，法院判決亦充滿不確定性和非可預測性。如此規定，可否界限不明，利用人其實無從遵守，有修正之必要。

二、就比較法觀點而言

（一）美國法

我國著作權法第65條繼受自美國著作權法第107條，已如前述立法沿革所述。美國著作權法第107條之四個檢驗基準，並非用以檢驗美國著作權法第108條至第122條之規定。蓋美國著作權法第107條係「合理使用」原則，而美國著作權法第108條至第122條則係「法定例外」之規定，二者功能不同，適用性質亦不同。而我國著作權法第65條相當於美國著作權法第107條，第44條至第63條相當於美國著作權法第108條至第122條。我國著作權法第65條第2項之四款檢驗基準，成為檢驗第44條至第63條之規定，自屬矛盾[8]。

而，縱使原先係於權利限制內所為的合法利用行為，但若將此因合法行為所製作之著作，用於該當權利限制目的外之領域，則屬侵權行為。『合理使用』與『權利限制』不僅於規範理念上有所差異，其實際操作與法律風險，亦大相迥異。」見第六章研究發現之第二點，頁131-132，經濟部智慧財產局，2005年8月15日。

8　學者黃怡騰於註5所揭《著作權法合理使用原則之研究》一書中謂：「我國著作權法竟不分辨著作權之合理使用與法定例外之區別，竟見我國著作權法以本質上屬於對一般人利用行為為其適用對象的著作權法第65條規定，以之作為檢驗和各種法定例外規定的『抵制規定』」，「另者，我國著作權法除取引美國著作權法第107條之合理使用條款內容外，於我國立法時，更見起草人及立法者再於第65條條

（二）日本法

日本自平成21年（2009年）5月以後，文部省文化廳著作權分科法制問題小委員會，有多次討論訂定一般合理使用規定之議[9]，且有甚多論文出現[10]。日本所以有一般合理使用規定之議，乃係日本著作權法有關著作權限制之規定，係屬列舉規定，列舉規定未免掛一漏萬，在現實面許多可能發生，並不嚴重損害著作權人利益，但在法律邏輯上卻無法避免侵害著作權之情形，有需要概括的合理使用規定，以為解決。舉例如下[11]：

1. 商店為販賣合法美術品原作，而在自己商店的網站把該美術品拍照作為目錄。

2. 影印機、錄音機、錄影機等之研發，為確認其性能，而就他人著作影印、錄音或錄影。

3. 公司董事長不諳英文，秘書自外國電視中翻譯重要新聞供董事長作決策參考。

4. 就與公司相關之他人網頁或電視新聞，在公司內部會議放映出來。

5. 唱片販賣店為促進唱片販賣目的，而就販賣中的CD播放給來店客人試聽。

6. 家電量販店為向來店顧客訴求高畫質之電視，而將DVD在店頭上映。

7. 小兒科護士手縫受歡迎的性格流行布偶娃娃，給入院的兒童。

日本學者雖有不少有關一般合理使用是否納入日本著作權法之論文，然而從未有人主張將一般合理使用規定，作為日本著作權法第30條至第49

文內，再畫蛇添足，加上如下一段文字，以致使著作權之法定例外規定，因之竟與著作權合理使用規定，意外掛鉤，相互糾結混淆未清……。」見該書頁519。

9　參見文化廳網站：http://www.bunka.go.jp/chosakuken/singikai/housei/index.html（最後瀏覽日：2010/8/15）。

10　前揭註，日本著作權分科会法制問題小委員会，平成21年第1回以下迄今之討論。

11　若干具體案件參見文化審議会著作権分科会法制問題小委員会（平成21年第6回）議事錄，資料4：「権利制限の一般規定により権利制限されるべき──具体的な著作物の利用行為」。參見文化廳網站：http://www.bunka.go.jp/chosakuken/singikai/housei/h21_shiho_06/gijiyoshi.html（最後瀏覽日：2010/8/15）。

條有關「法定例外」檢驗基準之議者。足見我國著作權法第65條第2項，將合理使用與法定例外混為一談，是一種錯誤之立法。

（三）南韓法

2007年12月26日南韓政府向國會提出著作權法修正案，其中第35條之3採用美國合理使用規定及伯恩公約「三步測試原則」[12]。該法案於著作權法第35條之3規定[13]：

「(1)除第23條至第35條之2規定者外，在不與著作之通常利用方法相衝突，不致不合理有害於著作人合法之利益者，得利用著作。

(2)著作之利用行為，是否該當第1項之合理使用，其判斷應斟酌下列事項：

①利用之目的及性質，包括係為商業目的或非營利教育目的。

②著作之種類及用途。

③所利用之質量及其在整個著作所占之比例。

④利用結果對著作潛在市場與現在價值之影響。」

---

12 伯恩公約1971年巴黎條款第9條第1項規定：「受本公約保護之文學及藝術著作，其著作人專有授權他人以任何方式或形式重製各該著作之權利。」第2項規定重製之一般例外：「上開著作得重製之特定特殊情形，依本聯盟各會員國之法律定之，惟所為重製，不得牴觸著作之正常利用，亦不得不當損害著作人合法權益。」伯恩公約第9條第2項規定，即學說所稱之「三步測試原則」。在世界智慧財產權組識著作權條約第10條及世界智慧財產權組織表演及錄音物條約第16條，亦有類似規定。

13 參見日本著作權制度における權利制限規定に関する調査研究会，「著作物の流通，契約システムの調査研究『著作權制度における權利制限規定に関する訓查研究』報告書」別冊，その他の諸外国地域における權利制限規定に関する調査研究，頁20，平成21年3月。此法案於該會期未通過，於2008年10月10日，政府再度向國會提出該法案。然而迄2009年7月31日最新修正通過之法案，尚未見通過第35條之3規定。參見國家法律資訊中心網站：http://www.law.go.kr/lsSc.do?menuId=0&p1=&subMenu=1&query=%EC%A0%80%EC%9E%91%EA%B6%8C%EB%B2%95&x=36&y=33#liBgcolor0（最後瀏覽日：2010/8/15）。

　　南韓著作權法第23條至第35條係相當於我國著作權法第44條至第63條有關著作財產權限制之規定。南韓著作權法修正草案第35條之3之一般合理使用原則，其中的四款檢驗基準，與我國著作權法第65條第2項相當。但是南韓政府提案之著作權法修正草案第35條之3規定，並不檢驗南韓著作權法第23條至第35條有關法定例外之規定，僅係獨立合理使用規定之檢驗基準。足見南韓該法案提出當時，亦知我國著作權法以第65條第2項之四款基準，作為檢驗第44條至第63條之規定，不僅在立法理論係屬違誤，且在實務上亦將陷於法律之不確定狀態。著作權法的一般合理使用規定，僅係在解決著作財產權限制規定之不足，而非在檢驗「法定例外」條款。

（四）其他國家之著作權法

　　中國著作權法實施條例第21條規定：「依照著作權法有關規定，使用可以不經著作權人許可的已經發表的作品的，不得影響該作品的正常的使用，也不得不合理地損害著作權人的合法利益。」法國智慧財產權法第122條之5第2項規定：「本條所揭示之例外規定，不得妨害著作物之通常利用，亦不得不當地損害著作人之正當利益。」此二規定，雖似對著作財產權限制之檢驗規定，但一方面此為各國際公約的「三步測試原則」，有此規定，僅在履行公約義務，其與美國著作權法第107條之合理使用規定的功能不同。蓋此規定似僅係在立法政策上之指標，而非法院在具體個案上針對法定例外條款的必須檢驗基準。而以色列著作權法第19條、菲律賓著作權法第185條、新加坡著作權法第35條、香港版權條例第38條，均採美國著作權法第107條之立法模式，而為相同的四項檢驗基準。然而，該等規定係獨立規定，並非檢驗其他法定例外條款之檢驗基準[14]。由此而知，我國著作權法以第65條第2項合理使用之四款檢驗基準，作為檢驗法定例外規定之檢驗基準，係世界所無之制度，應加以檢討。

---

14 有關上述各國一般合理使用規定之條文，參見蕭雄淋、嚴裕欽、幸秋妙，國際著作權法合理使用立法趨勢之研究，頁204-219，經濟部智慧財產局，2009年12月。

三、我國著作權法適用上的矛盾

事實上，我國著作權法從第44條至第63條規定，其中條文有「合理範圍」字樣者，有第44條、第45條、第46條、第47條、第50條、第51條、第52條等七條規定，而無「合理範圍」字樣者，有第48條、第48-1條、第49條、第53條至第63條等14條條文。其中無「合理範圍」規定者，許多條文乃著作財產權限制要件自我俱足之條文，例如第53條至第62條規定，均無須經第65條第2項之四款檢驗基準之檢驗[15]，實務上亦無斟酌第65條第2項者。故第65條第2項規定：「著作之利用是否合於第四十四條至第六十三條規定……合理使用之情形，應審酌一切情狀，尤應注意下列事項，以為判斷之基準」，係矛盾之規定，有修正之必要。

肆、修正著作權法第65條之三種可能模式

為解決著作權法第44條至第63條規定，是否尚應受著作權法第65條第2項四個判斷基準的審酌，可能有下列三種修法模式。

一、「合理範圍說」修正模式

此種修正模式，即在第65條第2項修正，限於第44條至第63條條文中有「合理範圍」文字者，方適用第65條第2項規定。

第44條至第63條中，法文有「合理範圍」字樣者，有第44條、第45條、第46條、第47條、第50條、第51條、第52條等七條規定，而無「合理範圍」字樣者，有第48條、第48-1條、第49條、第53條至第63條等14條條文。故依此說，應僅第44條、第45條、第46條、第47條、第50條、第51

15　此在第59條之1及第60條之第一次銷售理論最明顯，無適用著作權法第65條第2項四檢驗基準之可能。

條、第52條等七條條文，適用第65條第2項之四款檢驗基準[16]。

二、「獨立說」修正模式

此種修正模式，即修正第65條第2項，而將第65條定位係獨立之合理使用規定，不作為第44條至第63條之檢驗基準。

此說認為，我國著作權法第65條，既然係仿自美國著作權法第107條規定而來，而美國著作權法第108條至第122條有關法定例外規定，無須受美國著作權法第107條之四個判斷基準之檢驗。在第108條至第122條所無規定者，利用者尚得主張第107條合理使用之獨立抗辯規定。理論上，我國著作權法第44條至第63條規定，既係參考自日本著作權法著作財產權限制之規定，應是自我滿足之規定，不宜受著作權法第65條第2項之四款檢驗基準的檢驗。

三、「依性質適用說」修正模式

此種修正模式認為，第44條至第63條應視其性質，僅若干規定受第65條第2項四款檢驗基準之檢驗，其餘規定不受第65條第2項四款之檢驗。

16　2009年1月9日在經濟部智慧財產局曾經召開一個「國際著作權法合理使用立法趨勢之研究」初期專家意見交流會，與會者多為經濟部智慧財產局著作權審議調解委員會委員，在該會中，章忠信委員認為：「44條到63條的合理使用，65條第2項對44條到63條的合理使用加以檢驗，我覺得可能有些條文要挑掉。像59條之1，還要再看65條第2項那款嗎？很多這樣類似的條文，應該就要挑掉。倒不是說所有沒有在合理範圍內的都要拿掉，倒也不見得。例如第55條，我們就實際發生過，智慧局說只要符合55條，就不要看65條，MPA當然就有意見；所以最後就再加一個解釋說還是要看65條；但55條並沒有談到要在合理範圍內。」「所以，我們可能要去處理的，是44到63條。例如60條絕對沒有在合理範圍內，不需要去看65條。所以釐清哪些條文是真的不必的，那個就把它排除掉；其他的就讓它繼續用65條第2項的標準，這也沒有什麼不好。」「至於其他合理範圍，我認為就很有必要，尤其在刑事訴訟的案件，如果沒有這一條，會死一堆人。」參見蕭雄淋、嚴裕欽、幸秋妙，前揭書，頁299。

此種修正模式之理論依據，在於我國著作權法第44條至第63條規定，基本上是仿照日本著作權法第30條至第49條而成。而日本著作權法第30條至第49條規定，係獨立自我充足，無假外求的著作財產權限制之規定。再者，我國著作權法第59條之1、第60條規定，雖係仿照美國著作權法第109條有關「第一次銷售理論」之規定，此為日本所未明文規定。但是美國著作權法第109條規定，亦無須受美國著作權法第107條一般合理使用條款之檢驗。我國著作權法第44條至第63條規定，只要其中法條有關「合理範圍」之文字，改為相當於日本著作權法第30條至第49條之相關文字即可，無須再受著作權法第65條第2項之四款之檢驗。著作權法第44條至第63條規定，須受著作權法第65條檢驗者，應是原來美國著作權法第108條至第122條所未規定，且法條規範彈性極大，法律被引用得很普遍之情形，例如第51條（個人使用）、第52條（引用）等情形。

伍、修正著作權法第65條各種可能模式之可行性分析

茲將上述三種修正模式的可行性，次第加以分析如下。

一、「合理範圍說」修正模式之可行性分析

「合理範圍說」修正模式認為，於第44條至第63條有「合理範圍」文字之條文，方適用第65條第2項規定。此種情形無須修改著作權法第44條至第63條之文字，優點為修改幅度小，立法阻力小。然而「合理範圍說」修正模式，仍有下列缺點：

（一）無法解決著作權法理論上「法定例外」與「合理使用」的理論混淆和糾葛問題，也無法解決因此種理論混淆和糾葛所產生著作權法「法定例外」條款的不確定性和不可預測性的問題，只是範圍較小而已。蓋第44條至第63條中，法文有「合理範圍」字樣者，有第44

條、第45條、第46條、第47條、第50條、第51條、第52條等七條規定，此等規定，法條均有一定的要件，且均繼受自日本著作權法，如果法條「合理範圍」文字，能夠依日本著作權法相關規定文字再作修正斟酌，亦可成為著作財產權限制的自我俱足的條文，無須再受著作權法第65條第2項的檢驗。如此一來，利用者就著作之利用，較有明確的標準可以遵循，使著作權法第65條的一般合理使用原則成為純粹利用人無其他「法定例外」條款足資引用時的抗辯規定，此不僅較符合美國著作權法及其他外國相關立法例的原意，且可以減少很多不確定法律概念的適用。上述七條規定，日本著作權法規定，既然適用良好，何以我國還須受一般合理使用的四基準檢驗？

（二）符合一般「合理使用」規定，係無須付費，亦無須得著作權人同意。而著作權法第47條係「法定授權」之規定，須對著作財產權另外付費。而依我國著作權法第65條第2項規定，第47條尚須受到著作權法第65條第2項的四檢驗基準的檢驗。如果通過該檢驗，理論上也一樣可以成為一般的合理使用，無須付費，與第47條之付費不同。如果無法通過著作權法第65條第2項的四檢驗基準的檢驗，則將無法適用第47條，那麼第47條於何情況有適用的可能？更何況第47條教科書的使用，一般都由民間的教科書業者來承接實際重製工作，而此業者多係以營利公司為之，且印刷數量非常龐大，對著作權人的潛在市場一定有影響，又如何能通過著作權法第65條第2項的四款檢驗基準的檢驗？可見此說亦有其不可行之處。

二、「獨立說」修正模式之可行性分析

「獨立說」修正模式認為，第65條係獨立之合理使用規定，第44條至第63條之規定，全部無須受第65條第2項之四款檢驗基準檢驗。此說在理論上較為可行，但是有幾個值得斟酌之處：

（一）美國著作權法第107條固然無須檢驗美國著作權法第108條至第122

條規定。然而美國著作權法第108條至第122條，並無類似我國著作權法第49條、第51條、第52條規定。美國著作權法第107條本身即在執行相當於我國著作權法第49條、第51條、第52條規定的功能。採美國合理使用模式的以色列著作權法第19條及菲律賓著作權法第185條亦有此情況。而我國已有第49條、第51條、第52條，那麼這三條規定，是否須受第65條第2項四基準的檢驗？

（二）我國著作權法第51條規定，係來自日本著作權法第30條規定，而日本著作權法第30條，在1999年及2009年，均作大幅度之修正。現行日本著作權法第30條規定：「第30條（私人使用目的之複製）為著作權標的之著作物（以下本款簡稱「著作物」），以個人、家庭或其他相類似之範圍內的使用目的，除以下各款者外，其使用之人得加以複製：1.以供公眾使用為目的而設置之自動複製機器（即有複製之機能，關於其裝置之全部或主要部分係自動化之機器）而複製者。2.知悉其複製將使技術保護措施之規避成為可能，或其行為使保護措施不生妨礙之結果所為之複製者〔所謂保護措施之規避，即為在技術保護手段所用的信號加以除去或改變（所謂除去或改變，不含因伴隨記錄或送信方式技術變換的制約所為之除去或改變，於第120條之2第1款及第2款亦同），而使技術保護措施所防止之行為產生可能性，或技術保護措施所抑制之行為不產生妨害結果〕。3.明知其事實，仍以接收自動公眾送信（含於國外所為之自動公眾送信，如於國內為之即成立侵害著作權者）之數位方式侵害著作權者（第1項）。」「為私人使用目的，以政令所規定有數位錄音或錄影機能之機器，將政令所規定之數位方式之錄音或錄影之記錄媒體，予以錄音或錄影者，應支付著作權人相當數額之補償金（第2項）。」日本著作權法第30條的私人使用制度，較我國著作權法第51條詳盡，排除具有科技保護措施之著作，對網路的下載，限於非明知，且對數位錄音、錄影機器引進補償金制度，此在我國是否可行，爭論尚大。如果目前先將著作權法第51條之暫以第65條第2項之四款檢驗基準來衡量，俟全世界有關私人利用立法較為明朗再來

確定著作權法第65條之立法，亦不失務實可行之方法。否則採「獨立說」之立法模式，必須馬上解決著作權法第51條之立法政策問題，而此立法政策即使國外立法，亦爭議甚大，在國內亦無共議，非短期可立法解決者。

（三）我國著作權法第52條規定，係來自日本著作權法第32條第1項規定。日本著作權法第32條第1項規定：「已公開發表之著作物，得加以引用。但其引用應屬公正慣行，並在報導、批評、研究或其他引用目的上正當之範圍內爲之。」依日本學者解釋，日本著作權法第32條第1項之引用規定，其界限並不明確，美國著作權法第107條規定，係解釋上很有益的參考[17]。日本學者對日本著作權法第32條第1項「引用」的規定，猶認爲美國著作權法第107條規定爲解釋之參考，我國著作權法第52條規定，要件亦不十分明確，可能受著作權法第65條第2項之四款檢驗基準之檢驗較佳。

三、「依性質適用說」修正模式之可行性分析

（一）依上述「獨立說」與「合理範圍說」修正模式之分析，依「依性質適用說」修正模式，似乎較爲可行。而由於「合理範圍說」之法條有「合理範圍」文字之第44條、第45條、第46條、第47條、第50條、第51條、第52條等七條規定，其中第47條爲「法定授權」規定，法定授權必須對權利付費，與第65條之一般合理使用原則，有所不同，不宜再受第65條第2項之檢驗，已如前述。另第44條有但書規定：「但依該著作之種類、用途及其重製物之數量、方法，有害於著作財產權人之利益者，不在此限。」此但書於第45條及第46條均有適用，可謂對利用人的利用限制十分嚴格。再者，第44條至第46條規定，要件均極嚴密，只要將「合理範圍內」之文字，作適

---

17 參見中川善之助、阿部浩二，著作權，頁178，第一法規株式會社，昭和55年7月改訂版。

當修正，實無須再適用第65條第2項規定。

（二）另著作權法第50條規定：「以中央或地方機關或公法人之名義公開發表之著作，在合理範圍內，得重製、公開播送或公開傳輸。」此規定於1992年修法時，係仿日本著作權法第32條第2項及第40條第2項及第3項而來[18]。而日本著作權法第32條第2項規定：「國家或地方公共團體之機關、獨立行政法人或地方獨立行政法人，以為使一般人所周知為目的，在其著作名義下所公開發表之情報資料、調查統計資料、報告書或其他相類似之著作物，新聞紙、雜誌或其他刊行物作為說明資料，得加以轉載。但有禁止轉載之表示者，不在此限。」第40條第2項規定：「於國家或地方公共團體、獨立行政法人或地方獨立行政法人所為公開演說或陳述，除前項規定外，在報導目的認為正當者，得在新聞紙或雜誌上揭載，或為廣播或有線廣播，或將該廣播受信同時在專於有關該廣播之廣播對象地域受信為目的而為自動公眾送信（包含送信可能化中，在已連接供公眾用之電信網路之自動送信伺服器上輸入資訊）。」第3項規定：「依前項規定廣播或有線廣播，或自動公眾送信所為之演說或陳述，得以受信裝置公開傳達。」日本上開著作權法規定，並無「量」的限制，只要目的正當，均得使用，無保護著作財產權人之潛在利益問題。亦即我國著作權法第50條規定，在性質上亦不宜規定「在合理範圍內」之規定文字。易言之，即第50條規定，適用著作權法第65條第2項之四款檢驗基準，並不適宜。

（三）1955年，美國國會為大幅度修正著作權法，授權美國著作權局進行一項對著作權法的綜合性、基礎性之研究。美國著作權局即委託29位著作權專家就34個議題作研究，其中合理使用議題之研究者為Alan Latman教授。在Alan Latman教授的研究中，列舉習慣法上認可的八種合理使用類型：附帶使用（incidental use）、評論（review and criticism）、搞笑模仿秀（parody）或諷刺劇（burlesque）、學

18　參見立法院秘書處，著作權法修正案（下），頁381-382，1993年2月。

術研究、個人使用、新聞、訴訟程序中使用、非營利及政府機關之使用等[19]。上述有關附帶使用、搞笑模仿秀等規定，我國及日本著作權法均未有相關的訂定，此本係有待合理使用規定之法理加以解決。而其他規定，我國雖有加以制定，但著作權法第44條至第46條規定，立法已相當完備，無須再適用著作權法第65條第2項規定，第47條為法定授權規定，性質上與一般合理使用規定不符，亦不宜適用著作權法第65條第2項規定，所餘者僅著作權法第49條、第51條、第52條而已。

（四）查著作權法第49條規定：「以廣播、攝影、錄影、新聞紙、網路或其他方法為時事報導者，在報導之必要範圍內，得利用其報導過程中所接觸之著作。」此規定主要係來自日本著作權法第41條規定[20]。日本著作權法第41條規定：「以攝影、錄影、廣播或其他方法報導時事事件者，就構成該事件之著作物或該事件所見所聞過程之著作物，在報導目的上認為正當之範圍內，得複製及伴隨該事件報導之利用。」我國著作權法第49條，已與日本著作權法第41條規定相當，且原條文並無「在合理範圍內」字樣，基於著作財產權限制規定，應儘量明確性及有預測可能性之原則，著作權法第49條亦不適用著作權法第65條第2項規定，所餘僅著作權法第51條及第52條而已。

（五）著作權法第51條所規定之「私人使用目的」之規範，乃關係重大之條文，在日本已修正多次，各國均有爭論。我國並未跟進修正，如果跟進修正，恐將爭議甚大，或許數年內無法定案。而著作權法第52條所規定之「引用」，在日本學者認為須參考美國著作權法第107條作解釋，已如前述，且我國著作權法第51條、第52條均係美

---

[19] Alan Latman, *Fair Use of Copyrighted Work*, in Studies on Copyright, pp. 785-793 (Arthur Fisher, 1963)；中文資料參見王清，著作權限制制度比較研究，頁159，人民出版社，2007年11月。

[20] 參見立法院秘書處，前揭書，頁381。

國著作權法第108條至第122條所未規定，在美國須適用著作權法第107條者。再加以如果我國一般合理使用原則直接採「獨立說」修正模式，固然理論較爲理想，但恐怕立法不易通過[21]。「依性質適用說」修正模式，也許是理想與現實兼顧中較可行之路。

陸、結論

著作權法之合理使用問題，係著作權法中最困難，也是最令人困擾的問題。美國的合理使用原則，係由習慣法（common law）產生。1976年之美國著作權法第107條之合理使用原則，並非係第108條至第122條之法定例外規定之判斷標準，而係將美國1976年以前之司法實務有關合理使用之司法判決，加以明文化，「目的在於將司法實務之『合理使用』原則重述一遍，絕不是欲將該原則予以改變、限縮或擴張[22]」。

我國著作權法第65條訂定之一般合理使用原則，本即大陸法系國家著作權法立法例之異數。尤其我國著作權法第65條之一般合理使用之四款檢驗基準，成爲法定例外之檢驗規定，更是世界各國立法例所無。此種「合理使用」與「法定例外」相互混淆之立法方式，不僅在著作權法理論有所矛盾，其實施結果亦使我國行政及司法實務，充滿不確定性及不可預測性，應予修正。

本文分析我國著作權法第65條之各種可能之修正模式，其中以「獨立說」修正模式，在理論上最爲理想，而以「依性質適用說」修正模式，在

---

21 註16之民國98年1月9日在經濟部智慧財產局曾經召開的「國際著作權法合理使用立法趨勢之研究」初期專家意見交流會，葉奇鑫委員說：「就我個人的利益認爲，我是贊成維持65條原狀，否則MPA一定不會讓你法案通過。是不是44條到63條每一個『合理範圍』這四個字都可以拿掉，這是很大的工程，比如51條就涵蓋有多少種的情形？如果把『合理範圍』拿掉，改列成例示規定，整個修法工程是很浩大的。」參見蕭雄淋、嚴裕欽、幸秋妙，前揭書，頁298。

22 House Reporter, p. 66.

實際上最為可行。

　　茲以「依性質適用說」修正模式，試擬著作權法第65條之修正草案規定，以為本文之結論：「著作之合理使用，不構成著作財產權之侵害（第1項）。著作之利用是否合於第五十一條、第五十二條規定或其他合理使用之情形，應審酌一切情狀，尤應注意下列事項，以為判斷之基準：一、利用之目的及性質，包括係為商業目的或非營利教育目的。二、著作之性質。三、所利用之質量及其在整個著作所占之比例。四、利用結果對著作潛在市場與現在價值之影響（第2項）。著作權人團體與利用人團體就著作之合理使用範圍達成協議者，得為前項判斷之參考（第3項）。前項協議過程中，得諮詢著作權專責機關之意見（第4項）。」

　　其修正理由為：「一、本條繼受自美國著作權法第107條，美國著作權法第107條之四款檢驗基準，並非用以檢驗美國著作權法第108條至第122條之著作權法定例外之規定。本條第2項之四款檢驗基準，成為檢驗第44條至第63條之規定，在立法上理論並不妥當，乃將本條第2項適用法定例外之情形減至最低程度。即除第51條及第52條規定外，其他第44條至第63條之法定例外規定，不受第65條第2款四項條款之檢驗。二、修正草案所以將第51條、第52條之合理範圍，適用第65條第2項之判斷標準，乃因美國著作權法有關相當於本法第51條之個人使用及第52條之引用規定，並非另有法定例外條款，而仍適用美國著作權法第107條規定。又第51條及第52條規定，關係權利人權益甚大，在認定得利用與否，往往與本條第2項之斟酌條款有關，草案乃保留使第51條及第52條之合理範圍之判斷，須依適用本條第2項規定。」

（本文原載智慧財產月刊，第143期，2010年11月）

第五章
論述電腦字型之著作權保護

壹、問題之提出

一、書法受著作權法保護

　　人類所以為萬物之靈，役使萬物，而擁有文明，文字的發明是極重要的因素。《呂氏春秋君守篇》記載：「奚仲作車，倉頡作書，后稷作稼，皋陶作刑，昆吾作陶，夏鯀作城，此六人者，所作當矣。」文字的發明，是人類文明進展中極重要的里程碑。因為文字能夠在人類漫長的歷史歲月中，詳細記載前人的知識、經驗和智慧。文字使人類思想細密而有邏輯，使人類智慧深沉、感情豐富。人類的典章制度和文學創造，都依賴文字記載加以傳承。因此，《淮南子本經》中記載：「昔者倉頡作書，而天雨粟，鬼夜哭。」蓋人類有了文字，造化不能藏其秘，個人有限的生命，得以依賴文字記載而累積其經驗與智慧，使人類全體生命不再因個人有限壽命而被侷限，因而人類文明能夠綿延長久。

　　中國漢字是一種字體，特點是結構簡省，筆畫連綿。古人多用毛筆書法行文，而毛筆書法經過文人墨客的長年浸淫其中，已經成為一種具有相當美感的藝術。東晉書法家王羲之的《蘭亭序》、唐朝顏真卿的《祭侄稿》、宋朝蘇東坡的《黃州寒食帖》，都是天下聞名的書法[1]。

　　書法作為一種個人手工的藝術字體，我國第一部著作權法，即1910

---

[1]　此三者被喻為書法界天下三大行書，詳見江雅慧，生命的變奏曲──「天下三大行書」，參見：http://www.mdu.edu.tw/~ics/2010/1000113/03.pdf（最後瀏覽日：2011/9/26）。

年公布大清著作權律即已保護[2]。該保護於1915年北洋軍閥之著作權法[3]、1928年國民政府之著作權法[4]，均加以沿續。1944年、1949年、1964年修正之著作權，雖然刪除「字帖」之保護，但1985年[5]、1992年之著作權法繼續對書法予以保護[6]，以迄於今。

二、字型繪畫與字體

字型繪畫之內涵與權利保護所及範圍仍不明書法受著作權法保護，已無疑義。然而有關「文字字體」本身，於1985年以前，著作權法未予規定。1985年修正之著作權法第3條第11款規定：「美術著作：指著作人以智巧、匠技、描繪、或表現之繪畫、建築圖、雕塑、書法或其他具有美感之著作。但有標示作用，或涉及本體形貌以外意義，或係表達物體結構、實用物品形狀、文字字體、色彩及布局、構想、觀念之設計不屬之。」該

2　前清宣統2年（1910年）著作權律第1條規定：「凡稱著作物而專有重製之利益者，曰著作權（第1項）。」「稱著作權物者，文藝、圖畫、帖本、照片、雕刻、模型等是（第2項）。」其中「帖本」，依著作權律草案說明，稱為「碑帖」，參見前清政治官報，第1068號，頁525-526。

3　1915年北洋軍閥之著作權法第1條規定：「下列著作物，依本法註冊專有重製之利益者，為有著作權：一、文書、講義、演述；二、樂譜、戲曲；三、圖畫、帖本；四、照片、雕刻、模型；五、其他有關學藝美術之著作物。」被保護之著作，包含「帖本」。

4　1928年國民政府之著作權法第1條第1項規定：「就下列著作物依本法註冊，專有重製之利益者，為有著作權：一、照片雕刻模型；二、書籍論著及說部；三、樂譜劇本；四、圖畫字帖；五、其他關於文藝學術或美術之著作物。」被保護之著作，包含「字帖」。

5　1985年之著作權法第3條第11款規定：「美術著作：指著作人以智巧、匠技、描繪或表現之繪畫、建築圖、雕塑、書法或其他具有美感之著作。但有標示作用，或涉及本體形貌以外意義，或係表達物體結構、實用物品形狀、文字字體、色彩及布局、構想、觀念之設計不屬之。」被保護之美術著作，包含「書法」，但不包含「字體」。

6　1992年6月10日公布「著作權法第五條第一項各款著作內容例示」第2項第4款之「美術著作」包含「書法（法書）」在內。

規定，已明示「文字字體」並不受保護。然而1992年發布之「著作權法第五條第一項各款著作內容例示」第2項規定：「本法第五條第一項所定之各款著作，其內容例示如左：……（四）美術著作：包括繪畫、版畫、漫畫、連環圖（卡通）、素描、法書（書法）、字型繪畫、雕塑、美術工藝品及其他之美術著作。」其中包含「字型繪畫」在內，亦即「字型繪畫」被當作美術著作，加以保護。

我國目前已保護「字型繪畫」，此「字型繪畫」與「字體」有無不同？又目前由於數位化時代的來臨，過去用活字字體打字及印刷，已經被電腦字體所取代。像華康少女體頗具特色，與過去傳統字體有相當歧異，有可能被視為有原創性，此原創性之電腦字型，其保護之範圍如何？是保護整組字體，抑或及於電腦字型所印出之文字本身？

目前電腦公司販售之套裝電腦字型，在合約上往往限於非營利使用。設若有營利公司購買，並以此字型在電腦上輸出，作為招牌或商標文字，或學者購買套裝字型軟體而以電腦打字輸出出版書籍，是否需要另經字型設計的著作權人的授權？

目前中國已有最大的漢語字庫設計公司方正電子公司，對日用消費品公司寶潔公司在其55款產品上，包含「飄柔洗髮露」、「飄柔精華素」、「幫寶適紙尿褲」、「自然陽光無磷洗衣粉」、「佳潔士冰極山泉牙膏」等使用方正公司「倩體」字庫上的字體，而認為侵害方正公司的著作權，因此提起侵害著作權之訴訟，要求公開賠禮道歉、消除影響、賠償經濟損失人民幣134萬元及相關制止侵權所花費用人民幣10萬元等[7]。此種起訴所主張之法律關係，認為電腦字型之保護，及於電腦字型在使用上輸出之字體在內[8]。

7　參見馬東曉、董秀生，方正字庫字體能否作為美術著作受著作權法保護？，中國著作權法律百年國際論壇論文集，頁2-5，北京中國人民大學，2010年10月。此外，中國社科院法學所張玉瑞教授，亦針對字體及電腦字型之保護，發表一篇詳細的論文：字體、計算機字體的版權保護，見中國著作權法律百年國際論壇論文集，頁326-345。

8　上述方正公司所提之著作權訴訟，北京市海淀區人民法院2008海民初字第24047

　　如果我國有字型設計公司，也像華康字型一樣，擁有多種有可能被認定有原創性的電腦字型，對於其他公司使用其電腦字型輸出字體作商業使用，或在出版上的書籍使用其字型，也提起訴訟，法院將如何處理？因事涉使用層面極廣之電腦用型，大至所有文創產業，小至個人工作室，均有被訴侵害著作權之可能。在數位化時代，有關電腦字型之著作權保護範圍如何？實有探討之必要。

貳、有關字型的公約

一、維也納協定之起草

　　有關我國現行著作權法美術著作所保護之「字型繪畫」，我國主管機關翻譯爲：「letter form drawing (typeface)」。有關印刷用字體（typeface）之國際保護，從1960年至1972年，世界智慧財產權組織（WIPO）召開六次政府專家委員會加以研究，於1973年6月12日，在維也納成立「印刷用字體之保護及其國際保存維也納協定」（The Vienna Agreement for the Protection of Type Faces and Their International Deposit）[9]。依該協定第35條規定，如果有五個國家加入後三個月，協定即發生效力，但當時因只有德、法等國加入，尚未滿五個國家，因而尚不發生效力[10]。

　　號民事判決認爲，方正公司的倩體字庫，具有一定的獨創性，屬於著作權法之美術著作，可以整體保護，但是字庫中的單字，不能作美術著作予以權利保護。判決全文見：http://bjgy.chinacourt.org/public/paperview.php?id=480749（最後瀏覽日：2011/10/1）；第二審維持原判，參見：http://tech.17ok.com/news/1294/2011/0714/2010318.html（最後瀏覽日：2011/10/1）。

9　參見：http://www.ubertazzi.it/it/codice/doc47.pdf（最後瀏覽日：2011/9/26）。

10　參見大家重夫，タイプフェイスの法的保護と著作權，頁76，成文堂，平成12年。法國於1976年5月27日批准，德國於1981年11月9日批准。

二、維也納協定之內容

此協定值得注意之條款為：

（一）typeface之定義

依該協定第2條第1款規定，就本公約及其規則之目的而言，「字型」（typeface）意指以下各項之整套設計：1.字母本身，連同其附屬物，諸如重音及標點符號；2.數字及其他比喻符號，諸如傳統符號、象徵符號及科學符號；3.裝飾，諸如邊飾、花葉飾及圖飾。上述設計之目的在於提供以平面設計撰寫文本的工具。「字型」一詞不包括純粹由技術需求所決定的形式之設計[11]。

（二）typeface保護之原則及種類

依該協定第3條規定，typeface締約國承諾依據本公約之規定，透過建立一個特別的全國性寄存，或者透過調整各國工業設計法上既有的寄存，或者透過各國的著作權法規定，確保字型設計受到保護。上述不同種類之保護得併存。

足見依該協定規定，有關字型之保護，並非僅以著作權保護一途，亦可能以新式樣專利方式或特別立法方式，加以保護。

（三）typeface受保護之要件

依該協定第7條規定：

1. 字型之保護應以字型係新穎性（novelty）為要件，或者以字型原創性（originality）為要件，或者以兩者併為要件。
2. 字型之新穎性與原創性應關聯到字型之樣式或整體外觀來認定，並於必要時考量合格的專業界所公認之標準。

11　原文為：The term "type faces" does not include type faces of a form dictated by purelytechnical requirements.

亦即如果以著作權加以保護，則須達到原創性標準，如果以專利來保護，則須達到新穎性的要求。

（四）typeface保護之內容

依該協定第8條第1項規定，字型之保護應賦予字型所有人禁止以下行為之權利：

1. 未經其同意而重製字型，包括完全相同或略作修改之重製，而其目的在於提供以平面設計撰寫文本的工具，且不論所使用的技術或材料。

2. 未經其同意而將前述重製物加以商業性之散布或輸入。

此外，第8條第4項規定，取得字型之人在撰寫文本的通常過程中，對字型之要素加以製作，不視為第1項第(i)款所稱之重製。

又第8條第5項亦有類似著作權法著作財產權限制之規定，即締約國應立法，在公益目的之遂行上，對typeface加以限制，以防止其權利濫用。又此立法措施，不妨礙權利人的報酬請求權。

由第8條第4項看來，如果是在電腦字型的使用，電腦字型的權利人，其權利似不能及於通常打字或字型使用而輸出在文本上的字體[12]。

參、有關字型之外國立法及保護

一、美國法

（一）保護概述

美國對typeface，基本上是以新式樣專利加以保護。在著作權保護方面，意見則稍見紛歧[13]。

12　英國著作權法第55條及香港著作權法第62條，可能即依此意旨而訂。

13　參見大家重夫，前揭書，頁82-86。

在美國，歷史上主流意見認為字型不得作為著作權之標的[14]，所以字型產業可以稱為智慧財產傳統上的一片化外之地（IP'snegative spaces）[15]，但學者有反對意見[16]。在美國，排除字型不予保護的理由，就是圖書出版業者和作者擔心在他們毫無所知下，印刷廠可能會使用到某一侵權的字型，而招來法院假處分或銷毀侵權品以及損害賠償[17]。

早在1976年時，美國尚未加入伯恩公約，對著作權事件，仍在註冊主義時代。當時有以字型設計（type design）向著作權局申請，著作權局以著作權登記規則第200節之1（不得為著作權之標的）及第200節之10（美術著作類G），駁回其登記。而且1976年著作權法一生效後，第四巡迴上訴法院就作出一件判決，支持著作權註冊局對字型之註冊申請予以駁回[18]。各法院也都否定了一些企圖依據各州之不公平競爭法來規避國會的判斷和決定的努力[19]。

在美國，有關字型的設計是否受著作權保護？1976年美國著作權法第102條(a)項第5款，著作權保護擴及到「圖畫、圖形及雕塑著作」（pictorial, graphic, and sculptural works），而依美國著作權法第101條之定義，「圖畫、圖形及雕塑著作」涵蓋「平面和立體的純美術、圖形藝術和應用美術著作……此等著作應包括手工藝作品，就其形式面、而非機械或實用面而言；本條所定義的實用物品之設計（design of a useful article），僅在該設計包含圖畫、圖形或雕塑之特徵，且該特徵可從該物品之實用面

---

[14] Jacqueline D. Lipton, To © or Not to ©? Copyright and Innovation in the Digital Typeface Industry, pp. 5-6 (2009), http://works.bepress.com/jacqueline_lipton/5/ (last visited: 2011/9/26).

[15] 雖然人們常以功利主義（utilitarian theory）來解釋智慧財產，近來的研究卻證實了在某些產業中，即使沒有智慧財產權，創意也能蓬勃發展，這些產業可稱為智慧財產的化外之地（IP's negative spaces），包括時尚、廚藝、身體藝術和魔術等。See Jacqueline D. Lipton, supra note 14, p. 2.

[16] See Melville B. Nimmer and David Nimmer, Nimmer on Copyright, §2.15 (2005).

[17] William F. Patry, Patry on Copyright, 4: 19, Vol. 2 (2007).

[18] Eltra Corp. v. Ringer, 579 F.2d 294 (4th Cir 1978).

[19] William F. Patry, supra note 17, pp. 4-72.

分離而獨立存在之限度內，始得視為圖畫、圖形或雕塑著作。」

雖然字型可能是一種應用美術，但著作權的保護只及於它的形式的藝術面（artistic aspect），而不及於它的實用屬性（utilitarian attributes）。如果字型的藝術屬性微不足道（de minimus），或者無法從功能面分離，該藝術面不得作為著作權之標的。1976年著作權法的眾議院委員會報告表示：「（本委員會）曾思考賦予字型設計著作權保護的可能性，但決定予以延緩……本委員會並不認為字型設計……是本法案第101條定義的劃分線下所稱可享有著作權的『圖畫、圖形或雕塑著作』[20]」，此處所謂的劃分線是指實用物品的藝術要素（artistic elements）能否從該物品的實用面分離。眾議院委員會並不否認字型設計構成憲法意義的「著作」，因而並不否認國會有權將著作權之保護擴及到字型設計。但眾議院委員會選擇「延緩」字型設計之保護，亦即選擇不將字型設計視為第102條第(a)項立法定義下的「著作人的創作」（works of authorship）。

大部分法院和學者就採信眾議院報告的說法。不過Melville Nimmer教授對上述觀點提出了各種疑慮。

（二）Melville Nimmer教授的觀點

Melville Nimmer教授對於字型不受著作權法保護觀點，有下列的質疑[21]：

1. 眾議院委員會將第101條的定義套用到字型設計上，係與法條文字相牴觸，而非對法條文字的解釋。基此，法院應遵守的是法條文字，而非立法意見。可此一牴觸似乎是存在的，蓋眾議院委員會報告用以排除保護字型設計的第101條定義，依法條文字僅適用於「實用物品之設計」（the design of a useful article）。眾議院委員會報告是假定字型設計構成「實用物品之設計」，但唯有當字型本身可以被視為「實用物品」，此一假定才能成立。在第101條中「實用物品」被定義為「一物品具有固

---

20 H.R. Rep 94-1476, 94th Cong., 2d Sess. 55 (1976).

21 Melville B. Nimmer and David Nimmer, supra note 16, at 2-178. 7 to 2-182.

有的實用功能，不僅是描繪物品之外觀或傳達訊息」（an article having an intrinsic utilitarian function that is not merely to portray the appearance of the article or to convey information）。顯然地，字型固有的實用功能就是要「傳達訊息」，如果字型不傳達任何訊息，它就沒有實用功能。因此，字型並非第101條所定義的「實用物品」，從而並非眾議院委員會報告所想要以該定義適用的對象。

2. 參議院報告對字型設計的法律地位未表示任何意見，從參議院方面來說，在這個問題上，法條文字應是可以適用，是不辯自明的。眾議院明示地排除保護的陳述，會比參議院在同一問題上的沉默更有份量？

3. 假如字型的確構成「實用物品」，那麼第101條有關圖形與雕塑著作定義中所提到的「實用物品之設計」，以及第113條第(b)項所說的「描繪實用物品之著作」，兩者似乎都在指稱字型設計，如此一來，至少就字型設計而言，第101條的「畫分線」和第113條第(b)項單純維持1909年的狀況，這兩者似有衝突。如果此一衝突存在，那麼很顯然地，第113條第(b)項優先於第101條，第113條第(b)項修改了本法、包括第101條的一切。因此，當眾議院報告宣稱藉由適用「第101條的畫分線」而將字型設計排除於著作權保護之外時，是把現行法的法條規定解釋成對法院不具拘束力，除非法院認為在1909年著作權法上也會得到同一結論。在此意義下，眾議院委員會對字型設計所作的陳述，必須被理解為是對解釋1909年著作權法的一項建議，而非對法院就現行法解釋的一項強制命令。

4. 原則上，字型是基於傳統字母此一事實，不應剝奪「僅僅是字型的變化」享受著作權保護，如果這些變化和傳統字體之間有「可區辨的變化」（distinguishable variations）。字型的明暗、尺寸和安排，以及希伯來文字上標示的重音和唱誦符號，都曾被承認享有著作權。然而最近在直接涉及此一問題的Eltra Corp. v. Ringer一案，法院卻認為字型設計不得享有著作權，拒絕核發執行令命著作權局核准原告的著作權註冊申請。Eltra Corp. v. Ringer案的事實審法院，似乎首先與其判決結論衝突地指出，Mazer v. Stein一案「已經解決了字型是否能被看成美術著作的

問題，字型不能因爲字母本身具備有別於其藝術設計的基礎功能，而被拒絕著作權之註冊，就如同Mazer v. Stein案中的小雕像不能因爲其原訂的實用用途是作爲餐桌燈的基座，而被拒絕著作權之註冊……在本案無可爭辯的事實下，（本案的）字型設計是一件美術著作」，然而結論卻相反，此結論頗有疑問。

（三）Jacqueline D. Lipton教授的觀點

在有關字型不受著作權法保護的著名Eltra案，第四巡迴上訴法院的論據，大體上是立基於著作權局規則（Copyright Office Regulations）對1909年著作權法上「美術著作」的定義排除了純粹實用的物品。該規則相關的規定如下：「如果某一項物品唯一的內在功能是它的實用性，縱使該物品極爲獨特且造型迷人，也不因此有資格被稱爲美術著作。然而，如果某一實用物品的造型包含了諸如藝術雕塑、雕刻或圖畫的特徵，可以分開辨識並且可以如同美術作品獨立存在，那麼這些特徵就可以註冊著作權[22]。」上訴法院認爲依此規定：「很顯然地，字型是一種工業設計，其設計無法作爲一種美術著作而分開獨立存在，基於此理由，字型從來不曾被認爲可以依據（舊法）第5條第(g)項享有著作權[23]。」

在理論上，贊成和反對字型著作權均有相當的政策理由。依「圖畫、圖形及雕塑著作」的法條定義，僅此等著作的藝術要素得作爲著作權之標的，然而其功能要素（functional elements）則否。具體言之，法條係意在對於實用物品的設計面進行一項可分離性的測試（separability test），字型在此點上是頗有疑問。一方面，字型係實用物品，工業時代藉以體現印刷字型的舊式網片和圖版，當然係上述意義下之實用物品，問題乃在於：除了以實體印版或電影膠片來重製一項設計的情形外，字型設計的藝術要素，在物理上（physically）或者在概念上，是否可以、以及在何時可以從

22　Copyright Regulation §202.10(c).

23　Eltra Corp. v. Ringer, 579 F.2d 294 (4th Cir 1978).

它的功能屬性分離開來，此答案可能得視個案而定[24]。

　　就著作權法的意義而言，字型的藝術要素通常是無法在物理上與它的功能要素分離開來。關於物理上的可分離性（physical separability）的代表性案例之一Mazer v. Stein[25]一案即闡明了此點。在本案，最高法院肯定被作為一件功能性物品，亦即一盞燈的基座的Balinese Dancers小雕像，可享有著作權，該小雕像在物理上可從該燈分離開來。字型設計必須放在概念上的可分離性（conceptual separability）這個理論範疇來思考。

　　茲舉幾個例子來說明：

1.「軟骨人」字型

　　儘管受到既有字母樣式的侷限，設計者仍然發揮了相當創意的一個例子就是「軟骨人」字型（the Putty Peeps font）。這套字型是利用像油泥般軟滑（putty-like）的人形來創造字母樣式。比起一般字型的設計者，「軟骨人」字型的設計者似乎更不受到字母樣式的侷限，而更專注在如何使油泥般軟滑的人形略為近似於既有的字母樣式。這套字型的藝術要素在概念上可以和字母樣式的實用功能分離，因為把像人的圖形（human-like shapes）用作字母，此一觀念就足以和字母樣式本身分離而滿足了概念上的可分離性，或者因為設計者在設計字型時並沒有過度受到既有字母樣式的侷限[26]。

2. Putty Peeps字型

　　亦有可能字母的字型設計，具有多雙功能，例如有一個兒童臥室的小夜燈之設計，燈座是一個英文字母，剛好代表該兒童名字的第一個字母。這個以三度空間呈現的字母——如果就著作權法而言，具備足夠的藝術性和原創性——依照Mazer v. Stein案的見解，應該在物理上可以從小夜燈的功能面分離開來[27]。

24　Jacqueline D. Lipton, supra note 14, pp. 10-11.

25　347 U.S. 201 (1954).

26　Jacqueline D. Lipton, supra note 14, pp. 11-12.

27　*Ibid.*, pp. 12-13.

3.懸掛名字的字組

在此例中，字母樣式具備雙重功能，既是建構語言的磚塊，又是臥室門的標示系統。這些字母也可以說是有藝術性的，因為字母的設計和伴隨的圖案都是設計者的原創作品。例如燈座或門牌標示也可能享有著作權——如果其設計具備足夠原創性[28]。

4.字母火車玩具

三度空間的教學用字母玩具，例如「字母火車」，此種字母同時具備作為構成文字之磚塊的溝通功能，以及作為教學玩具的功能。這些字母在呈現上也許多一點創意或少一點創意，但始終存在的相同問題是——如果其設計具備足夠原創性，該物品是否因為具備實用屬性而被拒絕著作權之保護？

上述例子中，均同時以藝術方法和實用方法來使用字母，而且其字型均備兩種不同的實用功能——作為構成文字的磚塊，同時作為燈座、玩具或門牌標示。對於著作權法的目的而言，此種種不同的實用面可能可以在物理上或概念上有意義地從美學面分離開來。在應用先前所述的概念上可分離性進行測試時，處在上下脈絡中的某個字型的呈現如果具備足夠的藝術性，可能會符合著作權法的要求，而受保護[29]。

二、日本法

日本著作權法第2條規定，所謂「著作」，即「表現創作的思想或感情，而屬於文藝、學術、美術或音樂之物」。而「美術著作」，包含美術工藝品，不包含美術工藝品以外之其他應用美術。

日本對書法有所保護，認為書法家純以鑑賞為目的作為之書法，屬於著作權法第10條第1項第4款之美術著作，此為學界之通說[30]，判決亦予承

28　*Ibid.*, p. 14.

29　*Ibid.*, pp. 14-15.

30　作花文雄，詳解著作權法，頁158，株式會社ぎょうせい（gyosei），平成22年4月

認31。

　　日本有無保護印刷字體？一般認爲，不受意匠法保護，但受不正競爭法及民法上侵權行爲之保護32。至於有無受著作權法保護？是否具備著作的性格？學說不同，有肯定、否定二說33。

　　有關印刷字體，在日本曾經發生三個較著名的字型設計（typeface）的案例：

（一）東京高等法院昭和58年4月26日昭和54年（ネ）第590號判決「設計文字字體事件」

　　在該判決中，法院有下列見解34：

1. 「書法或藝術文字等雖以文字爲素材，卻專係有關於思想或感情之美的創作。即文字等已非具有情報傳達之實用機能而成爲美的欣賞對象時，則已不具有文字等原來之實用性記號之性格，故得具有著作物性。」

2. 「著作權法上之著作物性，並非依美的價值的多寡高低而決定，而係決定於是否屬於美術之範圍。文字等字體在創作美的表現時之勞作之多少，則在決定著作性時，不應考慮。」

3. 「本次著作權制度之修改，則將著作權法保護之對象，1.就實用物品本身限定爲美術欣賞之對象，即所謂一品製作之美術工藝品，2.量產之實用品則雖然具有美麗形狀、模樣或色彩，不成爲著作權法上保護之對象。」

　　4版：參見中山信弘，著作權法，頁74，有斐閣，平成19年10月；參見半田正夫，著作權法概說，頁85，法學書院，平成19年6月25日13版。

31　如東京地判昭和60年10月30日判時1168號，頁145。

32　參見半田正夫、松田正行，著作權法コンメンタール，第一冊，頁159-160，勁草書房，平成21年1月30日；田村善之，著作権法概說，頁39，有斐閣，平成15年2月10日2版。

33　日本有關此見解，各家學說，參見高部眞規子，印刷用書体の著作物性，ジリスト，第1203號，頁128以下。

34　參見陳清秀，日本著作權法令暨判決之研究，頁143以下，內政部，1996年4月。

4.「本件各文字及本件組合各係『以一組設計用印刷、打字、其他印刷技法組成文章所意圖』之書體（typeface），至為明顯。本件各文字雖施設計，惟各文字、數字、其他記號等，本來則期待以其組合傳達情報之實用機能，因而難有美的表現，亦受文字在全體國民共通認識為前提，而不可喪失特定文字或數字而被了解之基本型態之本質上之限制。由此點，本件各文字實不可與美術欣賞對象之繪畫或雕刻同視。」

（二）大阪地方法院平成元年3月8日昭和58（ワ）第4872號判決「照相排版機用之文字盤字體事件」

該判決中，法院有下列見解[35]：

1.「日本著作權法第2條第1項第1款中，將著作定義為『即表現創作的思想或感情，而屬於文藝、學術、美術或音樂之物』，同條第2項中，又規定『美術著作』，包含美術工藝品。一般對此條文之解釋，是考慮著作權法之制定經過及意匠法等工業所有權制度之關係，而認為美術相關作品中，應受著作權法保護之對象為屬於純美術之作品或美術工藝品，至於圖案及模型等實用品之相關作品，亦即屬於應用美術範圍者，原則上不列為保護對象，即使實用品之相關作品中有應受保護者，亦僅限於第一手製作之作品。」

2.「本件字體係以一般實用印字為目的之照排機所搭載之一組實用文字。且此類實用文字之製作通常是以印刷活字等既存之定型化、規格化文字字體為前提，在其範圍內進行製作。」「因為原告字體不僅無法具體確定屬創作性內容，且其實用性強，很明顯不具有美的創作性，因此否定原告字體之著作物性，駁回其基於著作權所提出之請求。」

35　陳清秀，前揭書，頁163以下。

（三）最高法院平成12年9月7日平成10年（受）第332號判決「ゴナ字體事件」

在該判決中，法院有下列見解[36]：

1. 「按著作權法第2條第1項第1款規定：所謂著作物係指：『思想或感情之創作表現，而屬於文藝、學術、美術或音樂之範疇者。』故印刷用鉛字體欲該當於此處所稱之著作物，必須與向來之字體相較之下存有顯著特徵之獨創性存在；且字體本身需同時具備美感特徵而可成為美術鑑賞之對象，方屬相當。關於此點，若針對印刷用鉛字體放寬上述獨創性要件，或僅需從實用功能性之觀點觀之，該字體具備足夠之美感即可該當於著作物的話，則運用此種字體印製之小說、論文等印刷品於出版前皆必須先標示該字體之著作人姓名，並取得著作財產權人就其利用該字體之同意，於重製前亦需取得著作財產權人之許可。惟如此一來恐有無法依據既存之印刷用鉛字體製作類似之字體或予以改良之虞（著作權法第19條、第21條、第27條），考量到著作物之公正利用此點，上述情況雖可保護著作人權益，卻將有悖於著作權法促進文化發展之立法目的。」

2. 「印刷用鉛字體為發揮文字固有之傳遞情報與訊息之功能，於型態上必然受到一定程度之限制，故若將之當作一般之著作物予以保護，於既無須經過著作權成立之審查與登記制度，亦不要求著作權對外公示之日本著作權法制度下，將造成僅具些微差異之無數字體皆具有著作權、其權利關係勢必相當複雜而易招致混亂。」

3. 「就本件而言，上訴人之字體，係以向來應用於印刷字體之各種『ゴシック体（gothic字體）』為基礎，再加以發展而成。儘管其主張：係向來之『ゴシック体』所未見之嶄新圖形感設計，但既係基於『保有文字既存之美感與易讀之功能，不過分炫麗的樸素字體。』之構想而製作，與向來之『ゴシック体』並無顯著差異。於此情況下，上訴人之字體無

36　參見黃銘傑，日本著作權法令暨判決之研究，頁263-264，經濟部智慧財產局，2009年12月15日。

法滿足前述獨創性與美感之要件，因此不該當於著作權法第2條第1項第1款所稱之著作。此外，此等無法滿足獨創性與美感要件之字體亦無法該當於按照關於文學與美術著作之保護之伯恩公約應予保護之『應用美術著作』。」

日本上開三判決，前二判決均以印刷用字體（typeface），係具有實用性質之應用美術，依日本著作權法，美術著作僅保護純美術及美術工藝品，不保護美術工藝品以外之應用美術爲理由，而否定對typeface加以保護。後一判決，則承認typeface亦得以美術著作加以保護。但美術著作有一定之原創性要件及美感鑑賞要件，系爭著作不具備該美術著作原創性（即獨創性）之要件，因而不予以保護。況如果系爭typeface受著作權法保護，則在姓名表示權，及任何運用此typeface而印刷之文字，皆受著作權法保護，亦與著作權法促進文化發展之目的有違。

三、德國法

德國於1973年加入「印刷用字體之保護及其國際保存維也納協定」，乃於1981年訂定「關於1973年6月12日締結『印刷用字體之保護及其國際保存維也納協定』之法律」[37]。

該法律規定，typefaces如果具有新穎性、原創性，以依關於設計圖案著作權之法律加以保護。有關typefaces的新穎性及原創性，依形式或全體的印象決定之。其保護始於登記之同時存續10年。著作權人於五年或其倍數年可請求延長，最長至25年[38]。事實上，德國法院對字體是否具有原創性，也嚴格加以審查，多數不具原創性。德國聯邦法院即拒絕歐洲郵政所主張的，實際上主要透過廣告產生的書寫字體提供保護；科隆州立高等法

37　1981年聯邦法律公報，1981年度第2卷，頁382。

38　參見大家重夫，前揭書，頁76-78。

院亦拒絕爲德國ARD電視臺的ARD字體提供保護[39]。

四、英國法

在英國，無論是1956年或1988年的法律，均對字型設計（typeface）以美術著作加以保護，且並無區分爲一組字群（set）或個別字母（individual letter）[40]，在1988年英國著作權、設計及專利法規定，假設該字型設計爲商業利用，其保護期間爲25年。依英國著作權、設計及專利法第55條規定[41]：

「（一）本條款適用於包含字體設計的藝術作品之著作權，並且專門設計或調整爲用於製造使用該字體的素材之物品已由著作權人或經其授權之人投入市場之情形。

（二）此類物品第一次投入市場之年起第25年期限末日後，透過進一步製造此物品之方式重製該著作，或爲製造此類物品所實施之任何行爲，以及透過此種方式製造之物品有關之任何行爲對著作進行之重製，皆不構成侵害。

（三）第1項中之『投入市場』，係指在英國或其他地方銷售、出租或

39　參見Manfred Rehbinder著，張恩民譯，著作權法（*Urheberrecht*），頁143，法律出版社，2005年1月。

40　Copinger and Skone James, etc., Copinger and Skone James on Copyright, pp. 2-23, Sweet and Maxwell (1991).

41　英國著作權、設計及專利法第55條規定：

"(1) This section applies to the copyright in an artistic work consisting of the design of a typeface where articles specifically designed or adapted for producing material in that typeface have been marketed by or with the licence of the copyright owner.

(2) After the period of 25 years from the end of the calendar year in which the first such articles are marketed, the work may be copied by making further such articles, or doing anything for the purpose of making such articles, and anything may be done in relation to articles so made, without infringing copyright in the work.

(3) In subsection (1) 'marketed' means sold, let for hire or offered or exposed for sale or hire, in the United Kingdom or elsewhere."

　　爲銷售出租而提供或展出。」

　　此外，英國著作權、設計及專利法第54條第1項就一般印刷過程中對字體之使用，亦規定如下：

　　「下列行爲不構成對含有對字體設計的美術著作之著作權之侵害：

　　(a)在一般之打字、排版、排字或印刷過程中對字體之使用。

　　(b)爲上述使用之目的而持有某物品，或

　　(c)實施任何與透過此使用方式所產生之材料之行爲。

　　使用之物品，是否爲侵害著作權之重製物，皆無影響[42]。」

五、香港法

　　香港著作權法基本上以1988年英國著作權、設計及專利法爲藍本，香港著作權法第62條規定：

　　「在一般過程中使用字體

　　（一）以下的作爲並不屬侵犯由字體的設計所構成的藝術作品的版權—

1. 在一般打字、作文、排版或印刷過程中使用該字體；

2. 爲該等用途而管有任何物品；或

3. 就該等用途所產生的材料作出任何事情，而儘管某物品屬該藝術作品的侵犯版權複製品，使用該物品亦不屬侵犯該藝術作品的版權。

　　（二）然而，凡任何物品是經特定設計或改裝以產生以某種字體展現的材

---

[42] 原文爲："(1) It is not an infringement of copyright in an artistic work consisting of thedesign of a typeface—

(a) to use the typeface in the ordinary course of typing, composing text, typesetting orprinting,

(b) to possess an article for the purpose of such use, or

(c) to do anything in relation to material produced by such use;

and this is so notwithstanding that an article is used which is an infringing copy of thework." 上述二規定之譯文，參見十二國著作權法編譯組，十二國著作權法，頁600，清華大學出版社，2011年6月。惟稍作用語及文字修飾。

料，並且有人製作、輸入或輸出該等物品，或進行該等物品的交易，或為進行該等物品的交易而管有該等物品，則本部下列條文就該等人士而適用，猶如第一款提及的材料的產生確有侵犯由字體的設計所構成的藝術作品的版權一樣——第32條（間接侵犯版權：製作、輸入、輸出或管有用以製作侵犯版權複製品的物品，或進行該等物品的交易）；第109條（交付令）；及第118(4)條（製作或管有該等物品的罪行）。

（三）在第(2)款中，凡提述『進行物品的交易』，即提述出售、出租、要約出售或要約出租、為出售或出租而展示有關物品、公開陳列或分發該有關物品（由2007年第15號第19條修訂）。」

此外，香港著作權法第63條規定：

「（一）凡任何物品是經特定設計或改裝以產生以某種字體展現的材料，而該字體的設計是構成藝術作品的，則該藝術作品的版權擁有人如已將該物品推出市場或該物品已在其特許下推出市場，本條即適用於該藝術作品的版權。

（二）凡首批該等物品於某公曆年推出市場，則在自該年年終起計的二十五年期間完結後，任何人可藉進一步製作該等物品或為製作該等物品而作出任何事情以複製有關作品，亦可就如此製作的物品作出任何事情，而不屬侵犯該作品的版權。

（三）在第一款中，『推出市場』（marketed）指在香港或在其他地方出售、出租、要約出售或要約出租，或為出售或出租而展示。」

肆、我國之立法及實務意見

一、我國之立法

我國自前清著作權律，已保護「書法」，在1985年著作權法，對「文字字體」本身，不予保護，已如前述。然而1992年發布之「著作權法第五

條第一項各款著作內容例示」第2項規定：「本法第五條第一項所定之各款著作，其內容例示如左：……（四）美術著作：包括繪畫、版畫、漫畫、連環圖（卡通）、素描、法書（書法）、字型繪畫、雕塑、美術工藝品及其他之美術著作。」其中包含「字型繪畫」在內，亦即「字型繪畫」被當作美術著作，加以保護。

我國有關「字型繪畫」之立法，1992年5月5日立法院審議內政、教育、司法三委員會所提「著作權法修正草案」時，立法委員丁守中等21人提案在著作權法第5條增訂第11款：「電腦字體著作：包括電腦銀幕上所顯示或電腦各種週邊設備所使用之各種電腦字體著作[43]。」此為中華民國軟體學會所陳情加入[44]，其立法理由為：

（一）由於資訊電腦化的趨勢，傳統人工鉛字排版已逐漸淘汰，中文電腦字之應用，將是大勢所趨。

（二）電腦字體未如人意，關鍵不在技術困難，而在於改良的投資龐大，而成果毫無保障。以進步的技術寫成字稿輸入電腦，將可寫出優美而正確的中文字體。

（三）過去著作權法所保護之「繪畫」，僅指圖案，不包含字型，而「書法」亦無法含括，為從根作起，發展優美的中文字型，使下一代能有美觀印刷字可用，應保護字型[45]。

在立法院此一提案，亦有委員不同意，其理由紛紜。其中有兩位委員的發言內容，值得重視：

（一）吳梓委員：「中文字體變化包括正體、宋體、方體、仿宋、長仿宋，這些字體歷史長者千餘年，短者數十年，但至今無人提出智慧財產權之爭。今天如果要將『字型』納入本條文，將來法院恐怕很難審查[46]。」

---

43 參見立法院秘書處編印，著作權法修正案，頁497-498，1993年2月。
44 立法院秘書處編印，前揭註，頁501，林鈺祥委員之發言。
45 立法院秘書處編印，前揭註，頁498，林聰明委員的發言。
46 立法院秘書處編印，前揭註，頁503。

（二）李勝峰委員：「所謂『字型』，不是隨便寫個字就算『字型』，
　　　『字型』的構造，還須擁有一要件，那就是在中文字體中自成一
　　　套，所以『字型』下，似乎還要加上『繪畫』二字，即『字型繪
　　　畫』，如此方能描述出『字型』的獨特性。……『字型』的構成，
　　　必須經過繪畫的過程，並自成體系[47]。」

其後由陳水扁委員建議，由行政部門具體訂定細則來規範[48]，並經主
管機關同意納入，而解決此一爭議[49]。此一提議爲大會所接受，而主管機
關內政部乃於1992年6月10日以台（81）內著字第8184002號公告「著作權
法第五條第一項各款著作內容例示」，於第2項第4款「美術著作」規定：
「包括繪畫、版畫、漫畫、連環圖（卡通）、素描、法書（書法）、字型
繪畫、雕塑、美術工藝品及其他之美術著作。」即「字型繪畫」係一種
「美術著作」。

依立法過程，此一「字型繪畫」之用語，可能係受李勝峰委員之影
響。故從立法解釋而言，有關「字型繪畫」之意義，李勝峰委員的發言意
見，須加以重視。

二、主管機關有關「字型繪畫」之見解

（一）內政部85年5月16日台（85）內著會發字第8508305號函：「『字型
　　　繪畫』亦屬繪畫之一種，係指一組字群，包含常用之字彙，每一字
　　　均具有相同特質之設計，而表達出其整體性之創意，例如印刷上經
　　　常使用之無著作權之明體字或宋體字，故字型繪畫是指整組字群整
　　　體性之繪畫，係以整組字群之文字爲素材所爲之藝術創作。」

（二）內政部87年2月20日台（87）內著會發字第8703775號函：「『字型
　　　繪畫』亦屬繪畫之一種，係指一組字群，包含常用之字彙，每一字

47　立法院秘書處編印，前揭註，頁506。
48　立法院秘書處編印，前揭註，頁512。
49　立法院秘書處編印，前揭註，頁574。

均具有相同特質之設計，而表達出其整體性之創意，例如印刷上經常使用之無著作權之明體字或宋體字，故字型繪畫是指整組字群整體性之繪畫，係以整組字群之文字爲素材所爲之藝術創作。」

上述函釋，內容相同。均以「一整組字的字群設計」爲單位，方受「字型繪畫」的保護；短句寫成的藝術字，原則上非字型繪畫[50]。

三、法院有關字型繪畫的判決[51]

有關字型繪畫之判決，較著名者爲：

（一）臺灣高等法院花蓮分院91年上更（一）字第62號刑事判決：「按美術著作爲著作權法所保護之著作，著作權法第5條第1項第4款定有明文。美術著作包括『字型繪畫』在內，另有內政部依據著作權法第5條第2項之規定所公布之『著作權法第五條第一項各款著作內容例示』之記載附卷可資參照。而『字型繪畫』，係指一組字群，包括常用之字彙，每一字均具有相同之設計，而表達出整體性創意之謂，故所謂『字型繪畫』是指整組字群整體性之繪畫，屬於以整組字群之文字爲素材，所爲之藝術創作。又『創作』係指人將其內心思想、情感，藉語言、文字、符號、繪畫、聲音、影像、肢體動作……等表現方法，以個別獨具之創意表現於外，著作如係出於各著作人獨立創作之結果，其間如無抄襲之情事，縱使雷同或相似，各人就其著作，均得享有著作權。」

（二）最高法院91年度台上字第3605號刑事判決：「惟查內政部著作權委員會87年2月20日台（87）內著會發字第8703775號復原審法院函固稱：『字型繪畫』如具有原創性，屬著作權保護之對象，吳金樹申請著作登記之『篆刻字彙』如確由著作人吳金樹所創作，應有原創

50　參見謝銘洋、張桂芳，著作權案例彙編（五），頁30-31，經濟部智慧財產局，2001年11月。

51　臺灣高等法院87年上訴字第2146號刑事判決、最高法院90年台上字第350號刑事判決，雖與字型繪畫有關，然係無價值之判決。

性而受著作權法保護等語，然查內政部85年5月16日（85）台內著會發字第8508305號函釋：『字型繪畫藉由電腦程式設計操作繪製成圖，……該項機器繪製之圖或文字形狀，尚難認係藝術領域內之繪畫、法書（書法）或字型繪畫之創作，自不屬於著作權法第五條第一項第四款所定之美術著作』等語，即認藉由電腦程式設計操作繪圖而成之字型繪畫，非屬著作權法第5條第1項第4款之美術著作[52]。」

伍、我國著作權法對「文字字體」及 「電腦字型」問題之解決

一、「字體」與「字型繪畫」，是否應予區別？

我國著作權法第5條規定例示著作，內政部乃於1992年6月10日以台（81）內著字第8184002號公告「著作權法第五條第一項各款著作內容例示」，於第2項第4款「美術著作」規定：「包括繪畫、版畫、漫畫、連環圖（卡通）、素描、法書（書法）、字型繪畫、雕塑、美術工藝品及其他之美術著作。」其中「字型繪畫」，依主管機關之翻譯文為「letterform drawing (typeface)」。typeface有譯為「字型繪畫」，有譯為「字體」或「字型設計」等。依此譯文，「字型繪畫」係typeface，而「字體」亦為typeface，應均為同一意義。

有學者謂：「字型繪畫與字體需加以區別，字體屬於公共領域，不能給予著作權之保護予以排他之地位，否則將妨礙文化之進步，造成利用文字之困難；字型繪畫之所以成為美術著作保護之客體，乃因其表現出著

---

[52] 上述判決所引台內著會發字第8508305號函釋有關藉由電腦程式設計操作繪製成圖，尚難認藝術領域內之繪畫。惟該函釋業經86年11月14日台（86）內著字第8616210號函變更，此判決之見解，似有爭議。

作人感情或思想而具有原創性，保護字型繪畫，並不能限制他人使用字體，原則上其只能限制他人未經其同意而使用其創作之字型繪畫[53]。」此種區別，究係以「有無原創性」加以區分，抑係以「一組或個別字體不同」加以區分，並不明確。維也納協定所保護者，為typefaces，此有譯為「印刷用字體」者[54]，足見「字體」並非即公共領域，字體亦非不當然無原創性，不得以著作權加以保護。如果說「字體」與「字型繪畫」應加以區別，那麼「字型繪畫」翻譯為typeface，而「字體」除了翻譯為typeface外，又該翻譯為什麼呢？

　　問題只在「字體」或「字型繪畫」，須有原創性，方可能受著作權法保護，此猶「建築物」本身雖為「建築著作」之例示，「照片」為「攝影著作」之例示，但仍須有原創性方受保護，並非所有房屋、照片均屬受保護之建築著作或攝影著作一樣。

二、何種字體或字型繪畫方受保護之美術著作？

　　依前述分析，1973年之「印刷用字體之保護及其國際保存維也納協定」（下稱「維也納協定」），雖保護印刷字體，但是其保護方式不限於著作權，亦包含專利或其他保護法律。故德國雖簽署該協定，但用特別法加以保護25年。而美國1976年以前，著作權局亦拒絕印刷用字體之註冊，且1976年著作權法立法當時，眾議院報告，亦主張「延緩」保護此種應用美術著作。英國、香港雖然以著作權法加保護，但是僅保護25年。在日本，早期案例亦認為著作權法不保護印刷用字體，蓋此種係美術工藝品以外之應用美術著作。

　　日本最高法院平成12年9月7日平成10年（受）第332號判決「ゴナ字體事件」，對印刷用字體，則採高原創性標準，而謂：「印刷用鉛字體欲

53　參見謝銘洋、張桂芳，前揭書，頁31-32；黃莉玲，美術著作之研究，頁41-42，臺大法律研究所碩士論文，1997年6月。

54　參見黃銘傑，前揭書，頁264。

該當於此處所稱之著作物，必須與向來之字體相較之下存有顯著特徵之獨創性存在；且字體本身需同時具備美感特徵而可成為美術鑑賞之對象，方屬相當。」足見無論係「字體」或「字型繪畫」，均具備相當之原創性，方屬於「美術著作」，而受著作權法之保護。

　　本來我國著作權法有關美術著作，其立法亦採日本模式，即僅保護純美術與美術工藝品，而不保護美術工藝品以外之應用美術著作[55]，1992年著作權法第5條立法時，受立法委員影響，主管機關承諾「字型繪畫」以著作權法加以保護，本即思慮未周。蓋字型繪畫係典型之應用美術著作，在國外極多國家不以著作權法加以保護，或僅以短期加以保護之情形下，我國立法明文以著作權法加以保護，乃倉促下所作之決策。而當時立法委員僅希望加以保護，而對應以何法律加以保護方屬適當，並未討論。且電腦字體以著作權法加以保護，並非當時立法委員之共識。

　　依當時諸立委之發言，李勝峰委員謂：「所謂『字型』，不是隨便寫個字就算『字型』，『字型』的構造，還須擁有一要件，那就是在中文字體中自成一套，所以『字型』下，似乎還要加上『繪畫』二字，即『字型繪畫』，如此方能描述出『字型』的獨特性。……『字型』的構成，必須經過繪畫的過程，並自成體系[56]。」似為當時主管機關將「字型繪畫」納入「美術著作」的主要意思。故我國在實務上對「字型繪畫」以著作權法加以保護，應強調具有原創性及美感特徵之字型繪畫方加以保護，以符1992年著作權法立法當時之原意[57]。而字型繪畫之原創性，應斟酌日本最

---

55 參見蕭雄淋，著作權法修正條文相對草案，頁36-37中謂：「韓著及德著均規定『應用美術』為美術著作之範圍，日著僅規定『美術著作』，包含『美術工藝品』（第2條第2項），而未直接規定應用美術為『美術著作』。查日本意匠法與我國新式樣專利相當，日本除著作權法及意匠法外，並未訂有『工業設計法』，本草案未免法制繼受雜亂，仍仿日著用語，於本款不明文規定『應用美術』，但僅規定『美術工藝品』，俾在美術著作與新式樣專利之實際分際，得取法日本。」內政部印，1990年3月。

56 參見立法院秘書處編印，前揭註，頁506。

57 依維也納協定第7條規定，字型繪畫，亦應符合原創性之要件方受著作權保護。

高法院判決之意旨：「印刷用鉛字體欲該當於此處所稱之著作，必須與向來之字體相較之下存有顯著特徵之獨創性存在；且字體本身需同時具備美感特徵而可成為美術鑑賞之對象，方屬相當。」以符著作權法「美術著作」之基本法理。

三、字型繪畫是否需整組加以保護？

依維也納協定第2條規定，受保護之typefaces，須屬整組之設計（sets of designs）。且是否具有原創性或新穎性，尚須由其型態及整體表現加以觀察，必要時，應由有權限之職業團體認定之。美國1976年著作權法立法當時，House Reporter也將typeface定義為，「一組字群、數字或象徵性字型」（a set of letters, numbers, or other symbolic characters）[58]。德國著作權法有關typefaces的新穎性及原創性，依形式或全體的印象決定之。故我國主管機關原函釋及法院判決所謂：「字型繪畫，係指一組字群，包含常用之字彙，每一字均具有相同特質之設計，而表達出其整體性之創意，例如印刷上經常使用之無著作權之明體字或宋體字，故字型繪畫是指整組字群整體性之繪畫，係以整組字群之文字為素材所為之藝術創作。」其強調「整組」及「每一字均具有相同特質之設計」，並無違誤。

至於英國著作權法不區分為一組字群（set）或個別字母（individual letter），均加以保護。本文以為，英國對typeface僅25年之保護，與我國並不相同，我國字型繪畫應屬整組保護。至於個別字體，必須達到如同書法般之原創性字體，且具相當的美術鑑賞性格，即「文字等已非具有情報傳達之實用機能而成為美的欣賞對象時，則已不具有文字等原來之實用性記號之性格[59]」，方以書法或繪畫加以保護，而非以「字型繪畫」加以保護。美國學者認為對與實用性質分離的字體，亦可能加以保護，強調此字

---

58 House Reporter, p. 55.

59 參見本文前述參、二之東京高等法院昭和58年4月26日昭和54年（ネ）第590號判決。

體必須與一般字體有可區別變化的原創性。

四、字型繪畫之保護，是否及於通常程序使用字型繪畫之結果所印出之字體？

　　設若著作財產權人甲擁有某電腦字型繪畫之著作財產權，乙、丙在市場各購買一套該電腦字型繪畫，乙以該電腦字型繪畫製作海報作爲公司廣告，丙以該電腦字型繪畫打字成書，並在市面販賣該書，乙、丙之行爲，是否須甲另行授權？即字型繪畫之保護，是否及於使用字型繪畫通常程序產生之結果所印出字體之使用？

　　依1973年維也納協定第8條第4項規定，取得typeface之人，在創作文本（composition of texts）之通常過程中，作成typeface之要素，不加以禁止。香港著作權法第62條規定：「以下作爲，不屬於侵害由字體的設計所構成的藝術作品的版權：（一）在一般打字、作文、排版或印刷過程中使用該字體；（二）爲該等用途而管有任何物品；或（三）就該等用途所產生的材料作出任何事情。」

　　英國著作權、設計及專利法第54條亦有類似規定。本於文字具有傳達思想著作之功能，而以美術著作保護之字型繪畫，如果其保護及於使用字型繪畫產生字體，在正常程序上使用，將有害於思想的傳播，不利於文化的傳播和發展。故維也納協定不將此行爲作爲侵害行爲，而英國、香港皆將此行爲列入「著作財產權限制」中。基此情形，我國著作權法對字型繪畫的保護，亦不應及於正常程序中，對電腦字體的使用。故上述例子，著作財產權人甲擁有某電腦字型繪畫之著作財產權，乙、丙在市場各購買一套該電腦字型繪畫，乙以該電腦字型繪畫製作海報作爲公司廣告，丙以該電腦字型繪畫打字成書，並在市面販賣，乙、丙之行爲，應認爲不爲甲之電腦字型之著作權權利所及，不構成著作權侵害。

五、字型繪畫之保護不及於輸出之個別字體之依據

　　有關市售供美工、印刷使用之電腦字型之著作權保護不及於利用電腦字型輸出個別字體使用（例如印製書籍、海報等），已如前述。然而在著作權法上，電腦字體之保護，不及於輸出之個別字體之理由，究應認爲使用者爲著作財產權之限制（俗稱「合理使用」）一種，抑或認爲電腦字體通常使用而輸出字體，係一種「實施」，而非「重製」？

　　由於電腦字型本身，爲美術工藝品以外之其他應用美術之一種，依伯恩公約1971年巴黎修正條款第2條第7項及第7條第4項規定，其保護委由各國法令定之。而各國以著作權法加以保護者，均採審愼之態度。上述二說，本文認爲應採「實施說」。由於「實施」並非著作財產權之權能，故不爲著作權之權利所及。理由如下：

（一）在日本最高法院平成12年9月7日平成10年（受）第332號判決（「ゴナ字體事件」），法院有下列見解[60]：「關於此點，若針對印刷用鉛字體放寬上述獨創性要件，或僅需從實用功能性之觀點觀之，該字體具備足夠之美感即可該當於著作物的話，則運用此種字體印製之小說、論文等印刷品於出版前皆必須先標示該字體之著作人姓名、並取得著作財產權人就其利用該字體之同意，於重製前亦需取得著作財產權人之許可。惟如此一來恐有無法依據既存之印刷用鉛字體製作類似之字體或予以改良之虞（著作權法第19條、第21條、第27條），考量到著作物之公正利用此點，上述情況雖可保護著作人權益，卻將有悖於著作權法促進文化發展之立法目的。」如果採「著作財產權限制說」，則電腦字型之保護，及於電腦輸出文字，僅因係著作財產權限制之緣故，使用人得以免責。由於著作財產權限制之法理，不及於著作人格權，因而每一輸出文字，原電腦字型之著作人，均有姓名表示權，依法須標明作者姓名（著作權法第66條、第16條），與商業實際運作慣例有違。此將影響使用電腦

60　參見黃銘傑，前揭書，頁263-264。

字型所產生字體之散布，不利於文化之發展，與著作權法第1條規定，著作權法立法目的係在促進文化發展之基本宗旨有違。

（二）如果承認電腦字型之保護效力及於輸出之電腦個別字體，僅以著作財產權規定規範之，則我國著作權法第44條至第63條，並無類似英國著作權、設計及專利法第54條及香港版權條例第63條之規定，僅能以著作權法第65條第2項適用之。然而著作權法第65條第2項規定：「著作之利用是否合於第四十四條至第六十三條規定或其他合理使用之情形，應審酌一切情狀，尤應注意下列事項，以為判斷之基準：一、利用之目的及性質，包括係為商業目的或非營利教育目的。二、著作之性質。三、所利用之質量及其在整個著作所占之比例。四、利用結果對著作潛在市場與現在價值之影響。」事實上，電腦字型輸出成個別字體，一般多作商業之使用，數量龐大，不容易通過著作權法第65條第2項四條款之檢驗，因而適用著作財產權限制說，並不適當。

陸、結論

在數位化時代，電腦字型是否加以保護？以何方式加以保護？是否得以著作權法加以保護？如果以著作權法加以保護，其保護是否及於通常使用下輸出之字體？如果結論為否定，其理論基礎何在？凡此均係極富爭議性之議題。美國、日本及中國，曾發生字型是否受著作權保護之訴訟，未來我國亦可能發生爭議。

本文介紹1973年維也納協定及美國、日本、德國、英國、香港之著作權法規定及實務見解，並由1992年著作權法修正時立法院之意見及我國實務見解，肯定目前我國著作權法保護電腦字型。惟其保護係「整組」及「每一字均具有相同特質之設計」，且該電腦字體，必須具有原創性及美感特徵，方受保護。即相當於日本最高法院判決所述：「印刷用鉛字體欲該當於此處所稱之著作，必須與向來之字體相較之下存有顯著特徵之獨創

性存在；且字體本身需同時具備美感特徵而可成為美術鑑賞之對象，方屬相當。」目前大部分的電腦字體，無論是新細明體或標楷體等，皆無原創性，不受著作權法美術著作之保護。

再者，電腦字型之著作權保護，依1973年維也納協定及英國、香港著作權法之規定意旨，應不及於利用電腦字型輸出個別字體之使用（例如印製書籍、海報等）。在我國著作權法，此所謂電腦字型之著作權，不及於通常使用所輸出之字體，其理論基礎，並非基於著作財產權限制理論，而應將此種利用認為係一種「實施」行為，方能使著作權法順利運作，並利於國家之文化發展。

（本文原載智慧財產權月刊，第166期，2012年10月，頁48-84）

第六章
新聞媒體使用他人作品產生的著作權問題

壹、前言

　　新聞媒體採訪新聞，或播報專題，很可能利用到別人的作品。前國安局局長殷宗文突然過世，一般人很難拿到他的照片，如果A報曾經報導過他，B報或其他電子媒體能否使用A報登過的照片？立法委員吳育昇與女友孫仲瑜到薇閣汽車旅館幽會，被C報拍到了，D報或其他電子媒體能否引用？前立委邱毅戴假髮被人扯下，被F報拍到，G報能否引用？引用方式如何才是合法？這些案例，都曾經發生過訴訟，而且纏訟甚久，有的甚至迄今未結案。

　　新聞媒體使用他人著作，如果發生著作權訴訟，刑事責任原則上應由「實際行為人」負責。平面媒體一般主要都是販賣，而不是贈送，所以平面媒體使用他人著作，如果是構成侵害的話，相關記者或編輯，可能構成著作權法第91條第2項，「意圖銷售或出租而擅自以重製之方法侵害他人之著作財產權」之罪，法院可處六月以上五年以下有期徒刑，得併科新臺幣20萬元以上200萬元以下罰金。媒體本身，依著作權法第101條規定，法院可處新臺幣20萬元以上200萬元以下罰金。

　　至於電子媒體，如果擅自公開播送他人著作，併放置網路，依著作權法第92條規定，屬於「擅自以公開播送、公開傳輸之方法侵害他人之著作財產權罪」，法院可處三年以下有期徒刑、拘役，或科或併科新臺幣75萬元以下罰金。媒體本身，依著作權法第101條規定，法院可處新臺幣75萬元以下罰金。

這樣的罪，不可謂不重。此外，還有民事責任問題。所以新聞媒體相關工作人員，平時不能不知道著作權法，以免踩到地雷，發生纏訟。

貳、使用哪些資料是安全的？

依著作權法規定，有些資料是沒有著作權的。此外，公共財產的著作，只要不侵害作者的著作人格權，任何人都可以加以使用。茲分別說明如下：

一、不得為著作權的標的

依據著作權法第9條規定：「下列各款不得為著作權之標的：一、憲法、法律、命令或公文。二、中央或地方機關就前款著作作成之翻譯物或編輯物。三、標語及通用之符號、名詞、公式、數表、表格、簿冊或時曆。四、單純為傳達事實之新聞報導所作成之語文著作。五、依法令舉行之各類考試試題及其備用試題（第1項）。」「前項第一款所稱公文，包括公務員於職務上草擬之文告、講稿、新聞稿及其他文書（第2項）。」著作權法第9條所規定的標的，沒有著作權。

在新聞實務上，著作權法第9條比較可能使用到的有三：

（一）憲法、法律、命令或公文：這些包含外國的憲法、法律、命令或公文。例如外國法院的判決書、外國總統或其他公務員（如部長、國務卿等）的講稿、新聞稿或外國政府的文告，都沒有著作權，可以任意使用或翻譯。

（二）標語及通用之符號、名詞、公式、數表、表格、簿冊或時曆：因為這些標的是欠缺著作所須的最低的創作性標準，所以明列不得為著作權的標的。新聞標題或書名，如果不是字數很多而且有極大的創意，否則類似標語欠缺最低的創作性要件（minimal requirement of creativity），往往因為字數太少，而不受著作權保護（經濟部智慧

財產局99年6月3日智著字第09900043210號）。

（三）單純傳達事實之新聞報導所作成的語文著作：這裡的「單純爲傳達事實之新聞報導所作成之語文著作」，限於枯燥無味（arid）或沒有個性（impersoner）的語文著作，不包含新聞照片、圖片或影片在內，也不包含具有記者創作個性的新聞分析和新聞描述在內。使用他人不包含新聞照片、圖片、影片或具有記者創作個性的新聞分析和新聞描述，須另符合著作權法合理使用規定，才能免責（詳後述）。

除此之外，著作權法第10條之1規定：「依本法取得之著作權，其保護僅及於該著作之表達，而不及於其所表達之思想、程序、製程、系統、操作方法、概念、原理、發現。」著作權法保護的是表達（express），而不是表達中的思想（idea）、事實（fact）等。所以如果報導新聞，根據新聞事實，用不同的表達方法重新敘述，或作新聞評論，用他人的觀點，但是自己有不同的闡述方法，雖然使用到他發現的新聞事實或他人的觀點，但是因爲自己有不同的表達方法，所以在著作權法上不違法。

二、公共財產

著作權法第30條第1項規定：「著作財產權，除本法另有規定外，存續於著作人之生存期間及其死亡後五十年。」第2項規定：「著作於著作人死亡後四十年至五十年間首次公開發表者，著作財產權之期間，自公開發表時起存續十年。」依據現行著作權法規定，著作財產權的保護期間，爲作者終身及其死亡後50年。又著作權法第35條第1項規定：「第三十條至第三十四條所定存續期間，以該期間屆滿當年之末日爲期間之終止。」依據上述規定，如果甲寫一本書，甲在1950年1月1日死亡，該本書的著作權，原則上在2000年12月31日止保護期間屆滿。不過如果該本書在1998年1月才正式出版公開發表，爲了顧慮該書在出版後兩年保護期間就要屆滿，所以著作權法第30條第2項特別規定，這種在作者死亡後40年到50年間才公開發表的著作，保護期間可以存續10年，也就是在2008年12月31日

才屆滿。

　　另著作權法第34條規定：「攝影、視聽、錄音及表演之著作財產權存續至著作公開發表後五十年（第1項）。」「前條但書規定，於前項準用之（第2項）。」在攝影、視聽、錄音及表演，著作財產權保護期間較短，不是保護作者終身加死亡後50年，而是只有從公開發表後50年。所以上述例子，如果現在是2013年1月，原則上1952年以前公開發表過的攝影、視聽、錄音，都已經是公共財產，都可以加以使用。不過依據著作權法第18條規定，應尊重創作者的著作人格權。也就是應表示創作者的姓名或名稱，而且不能歪曲、割裂、竄改或以其他方法改變其著作之內容、形式或名目致損害創作者之名譽（著作權法第17條）。

參、有關著作權法第49條及第52條的合理使用

　　新聞媒體常常會使用網路的圖片、影片或他臺報導。有關新聞媒體引用網路圖片、影片或他臺報導內容產生的著作權問題，往往牽涉到著作權法第49條及第52條的合理使用規定，有關此二條文，有必須要詳細分析：

一、著作權法第49條的要件

　　著作權法第49條規定：「以廣播、攝影、錄影、新聞紙、網路或其他方法為時事報導者，在報導之必要範圍內，得利用其報導過程中所接觸之著作。」此規定要件如下：
（一）本規定係1992年著作權法修正時新增，依當時行政院草案說明，是參考伯恩公約第10條之2第2項、德國著作權法第50條、日本著作權法第41條及南韓著作權法第24條之規定。因此伯恩公約及日本著作權法規定的立法意旨及學說，值得參考。
（二）伯恩公約（1971年巴黎修正條款）第10條之2第2項規定：「以攝影、電影、廣播或有線廣播報導時事事件者，於報導目的正當之範

圍內，將該事件過程所見所聞之文學或藝術著作複製及向公眾提供，其條件亦依同盟國之法令定之。」伯恩公約第10條之2第2項規定的立法意旨，在於以廣播、攝影、錄影、新聞紙或其他方法為時事報導時，常會自然聽到或見到受保護之著作，此著作之出現是偶然的（fortuitous）、附隨的（subsidiary），例如國家元首之訪問，國家迎賓儀隊演奏軍樂，或運動大會儀隊演奏進行曲，新聞記者為報導目的錄音或錄影時，麥克風無法選擇不把音樂錄進。然而錄進音樂如需尋求音樂權利人之授權，勢不可能，因而有伯恩公約該條之設。依公約規定，該條得自由利用之範圍，限於該事件本身所見所聞之著作，不得事後附加。例如一名作曲家半身像揭幕，當場演奏作曲家音樂，新聞記者為報導目的得加以錄影後播出，如當場未演奏作曲家音樂而事後由電視臺自行加入該作曲家之音樂，則不符本條之立法意旨。

（三）本條所稱「所接觸之著作」，依1992年修法時行政院原草案說明，是指報導過程中，感官所得知覺存在之著作。例如新聞紙報導畫展時事，為使讀者了解展出內容，於是將展出現場之美術著作攝入照片，刊載於新聞紙上；廣播電臺或電視報導歌唱比賽時事，為使聽眾或觀眾了解比賽情形，於是將比賽會場之音樂予以錄音，於廣播或電視中予以播送等，為確達報導之目的，對該等著作有允許利用之必要。因此，如A新聞紙欲報導一火山爆發之事件，採用B新聞紙過去曾報導之一火山爆發照片在本事件中使用刊出，或甚至以B新聞紙在本事件中所攝之火山爆發照片刊登使用，並不符本條之要件。蓋B新聞紙在事件現場所攝之照片本身，對A新聞紙而言，並非事件報導過程中所接觸之著作。

（四）日本著作權法第41條規定：「以攝影、錄影、廣播或其他方法報導時事事件者，在報導目的上認為正當之範圍內，得複製及利用構成該事件之著作物或該事件所見所聞過程之著作。」依本條之立法原意，「報導過程所接觸之著作」，包含「構成該事件之著作」（a work implicated in the event）或「該事件所見所聞之著作」（a work seen or heard in the course of the event）。例如報導某畫家藏在別墅之名畫被盜20幅，另有10幅未被盜，電視將該10幅攝入播出；或報導某作家自殺死亡留有遺書，將遺書報導公布，都是本條典型事例。但本法第66條規定：「第四十四條至第六十三條規定，對著作人之著作人格權不生影響。」故上述二例雖都未侵害著作財產權，但須注意有無侵害著作人之著作人格權中的公開發表權（著作權法第15條）。例如名畫被盜事件，如電視採訪時，畫家在現場，即足以推知畫家有允許報導公開發表之默示同意；在作家自殺事件，如作家之遺書欲公布於世，在報導上自得公開發表是。惟如作家之遺畫僅留其女友，無公開發表之意思，媒體加以公開發表，仍可能侵害作家生前之公開發表權（著作權法第18條）。

（五）本條所稱「時事報導」，是指現在或最近所發生而為社會大眾關心之報導，其對象不問政治、社會、經濟、文化、體育等都是。本條所稱「其他方法」，例如有線廣播、衛星廣播等。本條所稱「報導之必要範圍內」，須依報導之態樣、報導之時間等綜合客觀觀察以為決定，如在為欣賞目的，且時間逾越一般正常的報導範圍，例如報導在國父紀念館之舞蹈或表演，同一節目電視畫面超出五分鐘，顯然即已逾越報導之必要範圍，而具有節目欣賞價值是。

（六）依本條規定利用報導過程所接觸之著作，解釋上不限於重製及公開播送，尚包含以翻譯方式的利用，例如報導外國作家死亡，留有遺囑公諸於世，得將該遺囑翻譯刊登是（著作權法第63條）。

（七）依本條利用他人著作者，應明示其出處。上述明示出處，就著作人之姓名或名稱，除不具名著作或著作人不明者外，應以合理方式為之（著作權法第64條）。

二、著作權法第52條的要件

著作權法第52條規定：「為報導、評論、教學、研究或其他正當目的之必要，在合理範圍內，得引用已公開發表之著作。」上述規定，要件如下：

（一）引用目的須正當：換句話說，引用目的，須「為報導、評論、教學、研究或其他正當目的之必要」。所謂「其他正當目的」，是指與報導、評論、教學、研究相同或類似之正當目的」，因此，「著書」在性質上合於「其他正當目的」之引用[1]。新聞報導也是符合引用的正當目的。然而，如果將他人的學術著作的一部分引用在電視媒體的廣告上，不符合引用的正當目的。此外，將他人的音樂著作用在專題報導的背景音樂，實有鑑賞目的，而不是供自己著作的參證註釋目的，並非屬於上述的正當目的之範圍。

（二）引用須有自己的著作：引用須援引他人著作用於自己的著作中[2]，所以引用人須有自己的創作為前提。如果引用人沒有自己的創作，而僅重製他人著作，不符合引用的要件。例如全部重製他臺的報導，完全沒有自己的評論或進一步的引申，不能主張引用。

（三）須被引用的對象是被保護著作：最高法院92年台上字第205號刑事判決謂：「原判決固引用著作權法第五十二條為被告無罪之依據，但對於被告引用上訴人公司攝影記者郭○舫拍攝徐○櫻之照片著作權合理使用之前提，必該所使用之學術作品為享有著作權之著作物始屬相當。」所以，如果被引用的對象，是不被保護的廣告短句或新聞標題、無原創性的照片（如學生證的照片），因為這些都不是被保護的著作，無須主張著作權法第52條引用的規定，就可以直接使用。因此，必須所被引用的對象，是被保護的著作，才有主張著作權法第52條引用的必要。

（四）須被引用的著作與自己的創作，可以區辨：最高法院84年台上字第419號判決謂：「所謂『引用』，須援引他人著作用於自己著作中。所引用他人創作之部分，必須可以加以區辨，否則為『剽竊』、『抄襲』，而非引用。」所以，如果把別人的創作當作自己的創作而使用，讀者或觀眾無從分辨何者為自己的創作，何者為他

1　參見內政部民國84年3月25日台（84）內著會發字第8405002號函。

2　參見最高法院84年台上字第419號判決。

人的創作，這種情形，純粹是抄襲，而不是引用。

（五）須以自己的創作爲主，被引用的對象爲輔：經濟部智慧財產局民國99年1月7日電子郵件990107d號函謂：「本法所稱之『引用』，係指以節錄或抄錄他人著作，供自己創作之參證或註釋等。也就是說，如果引述之文獻或圖片係附屬在著作財產權人之著作內供參證或註釋之用，且在合理範圍內者，其『重製』行爲就可以主張本法第52條合理使用。」引用必須以讀者或觀眾的觀點來看，全文以自己的創作爲主，被引用的對象只是輔助。換句話說，自己創作的質量，必須遠遠超過被引用的質量。如果自己創作質量，小於被引用的質量，也是一種抄襲，不是引用。引用他人著作，必須屬於「必要」、「最小」的合理範圍。所謂「合理範圍」，應參酌著作權法第65條第2項的四款標準：1.利用之目的及性質，包括係爲商業目的或非營利教育目的；2.著作之性質；3.所利用之質量及其在整個著作所占之比例；4.利用結果對著作潛在市場與現在價值之影響。」

（六）被引用的對象，必須與自己的創作內容有關聯：主張「引用」，必須被引用的對象之出場有其必要性或必然性，足以爲自己創作的參證、說明或註解。例如電視臺爲作一個臺灣流行音樂的專題，一面講解，一面以臺灣流行音樂作爲襯底音樂，而襯底音樂與講解的內容毫無關聯，則該背景音樂應取得授權，不得主張引用的合理使用。

（七）被引用的對象，必須是「已經公開發表的著作」：著作權法第52條的引用對象，是已經公開發表的著作，如果是引用私人的信件，必須取得發信人同意，否則不僅可能侵害發信人著作財產權中的「重製權」，也可能侵害發信人著作人格權中的「公開發表權」。

（八）被引用的著作，須註明出處來源：依著作權法第64條規定，依第52條而引用他人著作，應註明出處。尤其是註明被引用文章作者的姓名和被引用著作的文章名稱。如果自己的著作是學術著作，還應按學術慣例，除註明被引用作者的姓名、被引用的文章外，還應註明

文章所登載期刊、日期及出版者等。如果是新聞報導，引用出處，可以用口述，也可以用字幕，只要說明著作人，一般上已經符合註明出處的要件。

符合上述規定要件，可以引用他人著作，不僅引用人無須事先取得被引用文章作者的同意，而且可以不用付費。此外，引用的著作種類，也沒有限制，不僅限於語文著作，引用美術、圖形、音樂、戲劇舞蹈著作、照片、影片，都無妨。而且如果被引用的是語文著作，還可以用翻譯的方式加以引用。如果符合上述各引用的要件，引用後產生的著作，可以加以散布，即使營利而販賣，法律也不禁止（著作權法第63條第1項及第3項）。

三、媒體間相互引用報導內容，有無適用著作權法第49條或第52條之空間？

媒體間相互引用報導內容，如果是依相互新聞合作契約，是屬於著作權法第37條的授權問題，無適用著作權法第49條或第52條合理使用規定的必要。但如無相互新聞合作契約，倘符合著作權法第49條至第52條規定，仍有適用著作權法第49條或第52條的可能。例如A媒體跟拍某立法委員外遇，在某賓館拍到外遇女主角之照片。如果B媒體係報導「媒體跟拍事件」，則該A媒體如何跟拍事件之過程，及A媒體之報導內容本身，即為報導之對象，得依著作權法第49條加以利用。

至於如果C媒體係報導「該立法委員之外遇誹聞事件」，C媒體不得依著作權法第49條為利用，最多僅能依著作權法第52條為引用，須符合上述著作權法第52條之諸多要件。例如該外遇女主角之照片須與自己的報導有關聯，且須以自己的報導為主，他人的照片為輔，並符合一般引用慣例及註明出處等。

四、新聞媒體使用網路內容為報導之主要內容

目前國內許多媒體報導，常使用網路內容，由於網路內容著作權人往往匿名，尋求授權常有困難。然而，此種情形如果符合著作權法第49條及

第52條之要件，亦有合理使用之空間。例如A媒體報導教育部重申重視品德教育，而報導時下學子重智育，不重德育之現象。剛好YouTube有學生自曝買春，而賣春者亦為學生之影片，A媒體乃部分剪輯以佐證時下學子品德風氣不佳之現象，此YouTube影片即得依著作權法第52條而為引用。再者，如果某部落格人氣鼎盛，且因部落格經營而日進斗金，B報以此網路賺錢方法為報導對象，因而重製部落格之首頁及部分內容，此得適用著作權法第49條是。

肆、新聞媒體可主張的其他合理使用規定

除了上述著作權法第49條及第52條之外，新聞媒體還有下述可以主張合理使用的規定。

一、利用公法人的著作

著作權法第50條規定：「以中央或地方機關或公法人之名義公開發表之著作，在合理範圍內，得重製、公開播送或公開傳輸。」這裡所說的「中央或地方機關或公法人之名義公開發表之著作」，主要是指不屬於國家機關法令、公文性質，而機關、公法人名義公開發表的著作，例如國防白皮書、政府的統計資料等。這種資料，媒體可以使用的量很大，比前述第49條及第52條的使用量還大得多。有些國家的立法，媒體報導在使用這種資料時，甚至可以使用全部。

二、為播送目的之短暫錄音、錄影

著作權法第56條規定：「廣播或電視，為公開播送之目的，得以自己之設備錄音或錄影該著作。但以其公開播送業經著作財產權人之授權或合於本法規定者為限（第1項）。」「前項錄製物除經著作權專責機關核准

保存於指定之處所外，應於錄音或錄影後六個月內銷燬之（第2項）。」
這一條規定，是指如果廣播、電視做節目，目的是為了公開播送，不販賣
CD或DVD，那麼該節目的現場錄音或錄影（重製）到別人的著作（如音
樂），只須處理公開播送的授權，無須處理重製的授權。換句話說，只要
電臺或電視臺與音樂的集體管理團體簽有公開播送的概括授權合約，基本
上使用音樂就合法，無須再取得音樂著作之著作權人重製的授權。

三、戶外場所公開展示著作的錄製

著作權法第58條規定：「於街道、公園、建築物之外壁或其他向公
眾開放之戶外場所長期展示之美術著作或建築著作，除下列情形外，得以
任何方法利用之：一、以建築方式重製建築物。二、以雕塑方式重製雕塑
物。三、為於本條規定之場所長期展示目的所為之重製。四、專門以販賣
美術著作重製物為目的所為之重製。」依此規定，為新聞報導或專題目
的，而就在街道、公園、建築物之外壁或其他向公眾開放的戶外場所長期
展示之美術著作或建築著作，加以拍攝或錄影，並播出，基本上都是可以
依著作權法第58條主張合理使用，無須再考慮著作權法第49條及第52條的
要件。然而如果要錄製室內的裝潢壁畫或室內的藝術品，則不能依第58條
主張合理使用，只能依第49條、第52條的要件來主張合理使用。

四、時事論述的轉載或轉播

著作權法第61條規定：「揭載於新聞紙、雜誌或網路上有關政治、經
濟或社會上時事問題之論述，得由其他新聞紙、雜誌轉載或由廣播或電視
公開播送，或於網路上公開傳輸。但經註明不許轉載、公開播送或公開傳
輸者，不在此限。」本條主要的對象是報紙雜誌的社論或代表報紙雜誌的
意見的時事論述文章。這些文章，如果刊登的報社、雜誌社沒有聲明「禁
止轉載、轉播」，則任何雜誌、報紙都可以全文轉載，任何電臺、電視臺
都可以全文轉播，但須註明出處。然而如果有「禁止轉載、轉播」的聲
明，則任何媒體都不能轉載、轉播。

五、政治上的公開演說等著作的利用

著作權法第62條規定：「政治或宗教上之公開演說、裁判程序及中央或地方機關之公開陳述，任何人得利用之。但專就特定人之演說或陳述，編輯成編輯著作者，應經著作財產權人之同意。」本條規定對象，不限本國，還包含外國的「政治或宗教上之公開演說、裁判程序及中央或地方機關之公開陳述」。因此，像美國國會的聽證、歐巴馬的政治演說、達賴喇嘛的宗教演說，都可以全文翻譯，只要註明出處。

六、一般概括的合理使用規定

著作權法第65條規定：「著作之合理使用，不構成著作財產權之侵害（第1項）。」「著作之利用是否合於第四十四條至第六十三條規定或其他合理使用之情形，應審酌一切情狀，尤應注意下列事項，以為判斷之基準：一、利用之目的及性質，包括係為商業目的或非營利教育目的。二、著作之性質。三、所利用之質量及其在整個著作所占之比例。四、利用結果對著作潛在市場與現在價值之影響。」如果不符合上述的合理使用規定，而情節輕微，也可以主張本條一般概括的合理使用規定，不過這規定是屬於法官的裁量權限，充滿不確定性和不可預測性。

伍、新聞媒體常忽略著作人格權規定

著作權法有三種著作人格權：公開發表權（第15條）、姓名表示權（第16條）、禁止醜化權（第17條）。違反著作人格權者，依著作權法第93條第1款規定，法院可處二年以下有期徒刑、拘役，或科或併科新臺幣50萬元以下罰金，而且還須負民事責任（著作權法第85條）。

著作人格權規定，一般新聞媒體較容易忽略。例如對於未公開發表的著作，原則上不能依著作權法第52條主張「引用」，只有比較特例可以依

著作權法第49條規定在現場接觸而報導。

　　再者，很多媒體引用圖片，只寫「摘自網路」或「摘自YouTube」，都有侵害著作人的姓名表示權之虞。此外，也有媒體對於採訪內容斷章取義，歪曲被採訪者的全部原文文意而播出，這也有違反著作權法第17條禁止醜化權之虞，身為媒體人不能不慎。

（本文原載NCC NEWS，第6卷第11期，2013年3月，頁18-23）

第七章
中國著作權法修正草案第二稿
的若干問題

壹、前言

　　1910年（宣統2年）前清政府頒布了中國歷史上第一部著作權法──「大清著作權律」。1911年10月辛亥革命推翻清朝，民國建立後，該「大清著作權律」仍繼續沿用[1]。在此基礎上，1915年（民國4年），北洋政府頒布了一部「著作權法」。1928年（民國17年），國民政府另頒布「著作權法」，1928年之著作權法，並於1944年（民國33年）、1949年（民國38年）均有修正。

　　1949年，國民政府撤退至臺灣，中共政權在中國不承認過去國民政府時代頒布的著作權法。但自1949年開始，至1991年6月其第一部著作權法施行前，中國並未頒布完整之著作權法。在這一段時期內，中國有關著

---

[1]　依據1914年4月上海商務印書館再版之秦瑞玠著《著作權律釋義》一書第62頁刊載之「內務部通告」（民國2年11月7日543號政府公報）謂：「我國前清著作權律關於翻印仿製他人著作，以及就原著加以割裂、改竄、變匿姓名或更換名目發行他人之著作，亦各著有明文分定罰例，本部前因本律尚無與民國國體牴觸之規定，於民國元年九月間遵照大總統元年三月初十日命令，通告本律應暫行援用，並歷經遵律辦理在案。所有本部先後遵律註冊各著作物，自應受本律完全保護。」另民國元年9月26日政府公報刊載內務部公告：「為通告事：查著作物註冊給照關係人民私權。本部查前清著作權律尚無與民國牴觸之條，自應暫時援照辦理。為此刊登公報，凡有著作物擬呈請註冊及曾經呈報未據繳費領照者，應即遵照著作律，分別呈候核辦可也。」

作權保護等相關事項，大抵依一些「決議」、「命令」、「試行規定」、「試行條例」等來解決[2]，並未訂定著作權法。

中國之「著作權法」，於1990年9月7日正式頒布，自1991年6月1日起實施。其後分別於2001年10月與2010年2月進行過兩次修訂。第三次之修訂工作，則自2011年7月開始正式啟動。由國家版權局委託中國社會科學院知識產權中心、中南財經政法大學知識產權研究中心、中國人民大學知識產權學院，分別起草著作權法第三次修訂的專家建議稿，供國家版權局參考[3]。

2012年3月31日，國家版權局正式公告擬修法條文草案，作出「關於《中華人民共和國著作權法》（修改草案）公開徵求意見的通知[4]」，以提供社會各界專家學者討論與徵求意見。其後國家版權局並根據各界反映之意見及建議[5]，再修正草案內容，而另於2012年7月6日再公布修改草案第二稿[6]，且第二稿之調整幅度不小。其修法過程公開透明，傾舉國之力為之，極值得讚揚。而第二稿公告後，徵求各界意見，迄於2012年7月31日為止，國家版權局另作成修正草案第三稿，然而第三稿未再公布。

2　此「決議」、「命令」、「試行規定」、「試行條例」等之項目，詳見蕭雄淋、幸秋妙、嚴裕欽，中國大陸著作權法令暨判決之研究，頁7-17，經濟部智慧財產局，2012年11月。

3　有關第三次修正的起草過程，詳見李明德、管育鷹、唐廣良，著作權法專家建議稿說明，序言部分，法律出版社，2012年10月。

4　參見：http://www.ncac.gov.cn/cms/html/309/3502/201203/740608.html（最後瀏覽日：2013/2/28）。

5　截至2012年5月31日止，國家版權局共收到各界對第一稿之反映意見及建議達1,600餘份，參見：http://www.ncac.gov.cn/cms/cms/upload/info/201207/759779/134155627509826706.doc（最後瀏覽日：2013/2/28），修正草案第二稿修改和完善的簡要說明。

6　修正草案第二稿全文，參見：http://www.ncac.gov.cn/cms/cms/upload/info/201207/759779/134155751827383085.doc（最後瀏覽日：2013/2/28）。有關第二稿之內容，亦可參見蕭雄淋、幸秋妙、嚴裕欽，前揭書，頁228-246；李明德、管育鷹、唐廣良，前揭書，頁440-463。

由於中國幅員廣大，人口眾多，著作權法大幅度修正，世所矚目。且中國與臺灣均屬WTO之成員，雙方來往密切。中國著作權法的修正，對臺灣影響亦大。本文爰以中國著作權法修正草案第二稿（下稱「修正草案第二稿」）之內容，作若干討論，以就教各界。

貳、有關外國人之保護

一、有關著作鄰接權之外國受保護人[7]

中國目前已加入與著作權有關的國際公約有：「伯恩公約」、「世界著作權公約」、「保護錄音製品製作者防止未經許可複製其錄音製品公約」、世界貿易組織中的「與貿易有關之智慧財產權協定」（簡稱TRIPS）、「世界智慧財產權組織著作權條約」（簡稱WCT）、「世界智慧財產權組織表演及錄音製品條約」（簡稱WPPT）[8]。

依WPPT第3條第1項規定：「締約方應將本條約提供之保護賦予具備其他締約方之國民身分之表演人與錄音物製作人。」第2項規定：「如本條約所有締約方均為羅馬公約之締約方，則前項所謂『其他締約方之國民』應理解為符合羅馬公約所定之受保護資格之表演人與錄音物製作人。關於該等資格之認定，締約方應適用本條約第2條之相關定義。」

有關WPPT締約國間對於有關表演人、錄音物之製作人等的受保護之人，如果締約方均為羅馬公約之締約方，依羅馬公約受保護之人的規定。如果非羅馬公約之締約國，原則上僅保護WPPT締約國國民。而羅馬公約的受保護之人，範圍較大。依羅馬公約第4條至第6條規定，表演人只要該

7　此權利在修正草案第二稿稱為「相關權」。

8　參見中國國家版權局，關於《中華人民共和國著作權法》（修改草案）的簡要說明：http://www.ncac.gov.cn/cms/cms/upload/info/201203/740608/13332505329618383 8.doc（最後瀏覽日：2013/3/1）；李明德、管育鷹、唐廣良，前揭書，頁409。

表演被錄入錄音物，或被播送，而該錄音物在締約國固定，或該廣播機關在締約國，即應受保護，無待表演人為締約國國民，或在締約國表演[9]。

然而依修正草案第二稿第2條第5項規定：「外國人、無國籍人的版式設計、表演、錄音製品和廣播電視節目，根據其所屬國或者經常居住地國同中國簽訂的協議或者共同參加的國際條約，受本法保護。」第6項規定：「未與中國簽訂協議或者共同參加國際條約的國家的外國人和無國籍人，其在中國境內的表演或者在中國境內製作、發行的錄音製品，受本法保護。」顯然未採取羅馬公約的受保護之人標準。

查世界各國採著作鄰接權之國家，其外國受保護之人，大抵採羅馬公約第4條至第6條之標準。其中羅馬公約之公約國，其受保護之人，當然須受羅馬公約之拘束，並無待論。值得注意者，為日本在1989年7月26日方加入羅馬公約（1989年10月26日生效），而日本1970年之著作權法第7條至第9條，即已採羅馬公約標準[10]。南韓於2008年12月18日加入羅馬公約（2009年3月18日生效）[11]，而南韓1987年之著作權第61條有關著作鄰接權之受保護之人，即採羅馬公約第4條至第6條之標準[12]。中國此次著作權法

---

[9] 羅馬公約第4條第1項規定：「每一個締約國，於有下列情形之一時，應對於表演人賦予內國國民待遇之保護：(a)在其他締約國為表演人。(b)表演被併入受本公約第5條保護之錄音物者。(c)表演並未被固定於錄音物上，而被放入受本公約第6條保護之傳播中者。」第5條第1項規定：「每一個締約國，於下列情形之一時，應對於錄音物製作人賦予內國國民待遇之保護：(a)錄音物製作人為其他締約國之國民者（以國籍為標準）。(b)錄音物的最初固定係在其他締約國者（以固定為標準）。(c)錄音物的最初發行係在其他締約國者（以發行為標準）。」第6條第1項規定：「每一個締約國，於有下列情形之一時，應對於傳播機構賦予內國國民待遇之保護：(a)傳播機構之主事務所設於其他締約國者。(b)為傳播之傳播設備設於其他締約國者。」

[10] 參見半田正夫、松田正行，著作權法コンメンタール，第一冊，頁438-439，勁草書房，平成21年1月。

[11] 參見：http://www.wipo.int/treaties/en/ShowResults.jsp?lang=en&treaty_id=17（最後瀏覽日：2013/3/1）。

[12] 1987年南韓著作權法之中譯，可參見內政部編，各國著作權法令彙編，頁484，1990年6月。

修正，既係適應國際形勢之客觀需要，且遵循國際性原則[13]。然而對著作鄰接權之外國受保護之人，標準尚不如1970年之日本著作權法及1987年之南韓著作權法，似未顯大國立法之恢宏。

二、有關外國非法人組織之保護

依修正草案第二稿第2條第1項規定：「中國自然人、法人或者其他組織的作品，不論是否發表，受本法保護。」第2項規定：「外國人、無國籍人的作品，根據其作者所屬國或者經常居住地國同中國簽訂的協議或者共同參加的國際條約，受本法保護。」第3項規定：「未與中國簽訂協議或者共同參加國際條約的國家的作者和無國籍人的作品，首次在中國參加的國際條約的成員國出版的，或者在成員國和非成員國同時出版的，受本法保護。」此規定引起外國之「非法人組織」，是否在中國受保護之疑慮。

依中國民法通則第2條規定：「中華人民共和國民法調整平等主體的公民之間、法人之間、公民和法人之間的財產權關係和人身關係。」第5條規定：「公民、法人的合法的民事權益受法律保護，任何組織和個人不得侵犯。」在中國民法通則，非法人之「其他組織」，應不得為著作人或著作權之主體。著作權係私權，其基本原理原則受民法之拘束。在中國民法通則，非法人之「其他組織」，應不得為著作人或著作權之主體。而中國民法通則第94條規定：「公民、法人享有著作權（版權），依法有署名、發表、出版、獲得報酬等權利。」依民法通則，僅公民和法人享有著作權，與著作權法「其他組織」亦得為著作權之主體有異，二者似宜一致。即應將著作權法之「其他組織」得為著作權主體之規定刪除[14]。如果

---

13 參見中國國家版權局，關於《中華人民共和國著作權法》（修改草案）的簡要說明：http://www.ncac.gov.cn/cms/cms/upload/info/201203/740608/133325053296183838.doc（最後瀏覽日：2013/3/1）；另見李明德、管育鷹、唐廣良，前揭書，頁412。

14 參見蕭雄淋，兩岸著作權法之比較研究，頁34-35，華儒達出版社，1994年9月。

欲保留「其他組織」亦得爲著作權主體之規定，則修正草案第二稿第2條有關外國人保護之規定，在立法文字上，亦應包含外國法人或「其他組織」在內。

參、有關著作人權利之問題

一、有關著作人權利法定的問題

依修正草案第二稿第11條規定，著作權包含人身權[15]和財產權。人身權包含發表權、署名權及保護作品完整權。財產權包含複製權、發行權、出租權、展覽權、表演權、播放權、信息網絡傳播權、改編權、翻譯權、攝製權及「應當由著作權人享有的其他權利」。此「應當由著作權人享有的其他權利」，在現行著作權法第1項第17款，亦有規定。而此所謂「應當由著作權人享有的其他權利」，學者有謂包含註釋權與整理權，但不包含延續權及公共借閱權[16]；有謂包含註釋權、整理權、以有線方式直接公開廣播或者傳播作品的權利、製作錄音製品的權利、按照設計圖建造作品的權利、追續權、技術措施的保護、權利管理信息的保護[17]；有謂包含註釋權、整理權、以有線方式直接公開廣播或者傳播作品的權利、製作錄音製品的權利、按照設計圖建造作品的權利，但不包含延續權[18]；有謂「隨著社會的發展，可能會出現一些新的作品利用方式，因此修正後的著作權法規定了這一彈性的條款，如果今後出現新的作品利用方式與著作權人的

15　中國著作權法的「人身權」，相當於我國著作權法的「著作人格權」。

16　參見馮曉青，著作權法，頁115，法律出版社，2010年9月。

17　參見李雨峰、王遷、劉有東，著作權法，頁75-78，廈門大學出版社，2006年8月。

18　胡康生主編，中華人民共和國著作權法釋義，頁61-67，法律出版社，2002年1月。

權利相關，則這些權利也應當由著作權人享有[19]。

　　上述學者之著作，對於著作權法有無承認延續權、公共借閱權，即有爭議。對於「應當由著作權人享有的其他權利」，內容究竟如何，竟無一致之通說，使著作權法應規定之最重要內容，成為不確定的狀態。查世界各國著作權法對於著作財產權的內容，均採「權利法定原則」，與「物權法定原則」相當。例如美國著作權法第106條、德國著作權法第15條至第27條、日本著作權法第21條至第28條、南韓著作權法第16條至第22條等，對著作權中的財產權利，均有明確之規定。我國著作權法第22條至第29條規定亦然。修正草案第二稿第11條第3項第11款規定，確有不當。

二、有關保護作品完整權的行使問題

　　中國現行著作權法中的「人身權」（著作人格權），包含發表權、署名權、修改權、保護作品完整權四種[20]。其中「修改權」之立法目的，原在使作者於作品出版後再版時，出版社應通知作者，使作者得予以修改之權利[21]。然而，在修正草案第一稿，認為「修改權」本為「作品完整權」的內容，將「修改權」刪除[22]。而於修正草案第一稿第11條第1項第3款規定：「保護作品完整權，即修改作品以及如何表明作者身分的權利。」然而修正草案第二稿第11條第1項第3款改為：「保護作品完整權，即授權他人修改作品以及禁止歪曲、篡改的權利。」

　　按中國現行著作權法之修改權，本即係為自己著作之再版等，自己有修改作品之權利，而非作品授權他人修改，或允許他人修改之意。伯恩公約於1928年增訂第6條之2有關著作人格權時，起草委員會副主席Piola Caselli即謂，伯恩公約第6條之2之權利，為固有存在於創作者個人手中之

19　參見吳漢東，知識產權法，頁78，法律出版社，2007年8月。
20　參照中國著作權法第10條第1項第1款至第4款。
21　參見鄭成思，知識產權法，頁319-321，法律出版社，2003年；沈仁幹主編，鄭成思版權文集，第一卷，頁165-169，中國人民大學出版社，2008年4月。
22　參見李明德、管育鷹、唐廣良，前揭書，頁64。

權利，應是不可移轉的（incapable of transfer），然而此並不意味作者不得於一定限度內放棄著作人格權之行使，或藉由約定而約束著作人之著作人格權之行使[23]。

基此而論，著作人格權原則上具有一身專屬性[24]，應由著作人行使，而非授權或允許他人行使。然而著作人於一定限度內，得與利用人約定著作人格權不行使[25]。因此修正草案第二稿有關第11條第1項第3款規定：「保護作品完整權，即授權他人修改作品以及禁止歪曲、篡改的權利。」其中將「保護作品完整權」認為係「授權他人修改作品」，理論似與各國立法體例及著作人格權之基本理論有違。

肆、有關職務著作問題

依修正草案第二稿，將「法人著作」規定於第13條第3項，「職工著作」規定於第18條，「委託著作」規定於第19條。其中「法人著作」與「委託著作」，內容大抵沿襲現行法之規定，然而「職工著作」，則有較大的變動修改。

依修正草案第二稿第18條規定：「職工為完成工作任務所創作的作品為職務作品，其著作權歸屬由當事人約定（第1項）。」「當事人沒有約定或者約定不明的，職務作品的著作權由職工享有，但工程設計圖、產品設計圖、地圖、計算機程序以及受聘於報刊社或者通訊社的記者為完成報導任務創作的作品的著作權由單位享有，作者享有署名權（第2項）。」

---

23 Elizabeth Adney, *The Moral Rights of Authors And Performers-An International and Comparative Analysis*, Oxford University Press, p. 125 (2006).

24 參見我國著作權法第21條；日本著作權法第59條。

25 我國實務判決承認著作人格權不行使的約定，在一定程度內有約定效力。見臺灣高等法院91度上易字第3176號刑事判決及臺灣高等法院92年度訴字第58號民事判決。有關著作人格權不行使的約定之效力，詳細分析見黃絜，著作人格權中禁止醜化權之研究，頁192以下、頁282-286，臺北教育大學碩士論文，2012年7月。

「依本條第1款和第2款規定，職務作品的著作權由職工享有的，單位可以在其業務範圍內免費使用該作品（第3項）。」上述「職工作品」相當於我國著作權法第11條之「受雇人於職務上完成之著作」，依我國著作權法，如果雙方未約定，著作人格權原則上歸創作者享有，著作財產權原則上歸僱用人享有。然而在中國著作權法修正草案第二稿，則原則上著作人格權及著作財產權均歸創作者享有，僅在特殊著作上著作權歸僱用人（單位），但創作者享有署名權。

　　此種立法，固係各方利益角力平衡的考慮。然而未來實務上可能將產生適用上之困擾。例如攝影公司所僱用之攝影師爲公司所拍攝之攝影作品，如果雙方無約定，著作權屬於攝影師所有，在離職後，攝影師尚可出版攝影集。亦即創作者除了第18條特定的幾種著作外，領薪水之受僱人完成的著作，著作權尚屬於受僱人，與承攬人之委託著作效果相同，給付薪水與按件計酬本來就對價不同，然而法律效果卻可能相同，對於僱用人，似乎未盡公平。再者，對於報刊社或者通訊社的記者爲完成報導任務創作的作品的著作權由單位享有，作者僅享有署名權，則報刊、通訊社可以任意歪曲報導的內容，卻要掛上記者的姓名，記者完全不得主張保護作品完整權，對於作者也十分不公平。

　　按修正草案第二稿第18條，既然非屬第13條第3項之法人作品，則實際之創作者，應爲作者，作者應享有完整的人身權。然而對於屬於職工作品之工程設計圖、產品設計圖、地圖、計算機程序以及受聘於報刊社或者通訊社的記者爲完成報導任務創作的作品，著作權（包含人身權）卻歸單位所有，在理論上有所矛盾。易言之，既然此類著作非屬於法人著作，人身權應屬於作者，不得轉讓，何以人身權中之發表權、保護作品完整權，卻歸單位所有，僅署名權歸作者所有？亦即著作人僅一人，何以發表權、保護作品完整權和署名權，可以分裂而分別爲不同人所有？單位既非作者，其能擁有專屬於作者而不可轉讓的人身權，理論依據何在？係依「法定轉讓理論」，抑或「非作者亦得產生人身權」？修正草案第二稿第18條規定，與著作人格權基本理論，似有違背。

伍、有關權利之限制問題

一、立法體例問題

　　修正草案第二稿於第四章第42條至第48條規定「權利之限制」，而第二章規定「著作權」、第三章規定「相關權」。足見第四章「權利之限制」規定，包含「著作財產權」及「相關權」兩種限制在內。然而第四章規定之「權利之限制」，條文文字幾乎指的都是利用「作品」，而非利用「相關權利」。修正草案第二稿亦未見「相關權」之權利限制，有準用第四章「權利之限制」之規定，修正草案第二稿對相關權之限制部分，立法似有疏漏。

　　依TRIPS第14條第6項規定：「任何會員，對於第1項至第3項規定之權利，於羅馬公約允許之範圍內，得訂定權利之條件、限制、例外規定及保留條款。但（1971年）伯恩公約第18條規定，對於表演人及錄音物製作人之權利，準用之。」TRIPS第3條第1項係有關內國國民待遇原則之規定，會員國僅須適用TRIPS第14條第1項至第5項之權利本身，無須適用羅馬公約。然而有關限制與例外之規定，應適用羅馬公約第15條第1項及第2項之規定[26]。

　　羅馬公約第15條第1項規定：「締約國得以國內法令，就下列事項，規定本公約保護之例外：(1)個人之使用；(2)時事報導之片斷的使用；(3)傳播機構利用自己之設備，就自己之傳播所為簡短之錄音；(4)專門為教育或科學研究目的之使用。」同條第2項規定：「前項情形，締約國仍得以國內法令規定表演人、錄音物製作人及廣播機構之保護，與依其國內法令規定文字及美術著作的著作權保護，作相同的限制。但有關強制授權之規定，不能牴觸本公約。」至於羅馬公約第15條第2項之解釋，在1961年

26　WIPO, Standing Committee on Copyright and Related Rights, Ninth Session, Geneva, June 23 to 27, 2003, p. 55.

羅馬公約會議的總報告中舉例，如果某一締約國之著作權法，允許對評論目的得自由引用，或爲慈善目的得爲合理使用，則締約國亦得給予表演人、錄音物之製作人、廣播機構之保護作例外規定。然而在解釋上，締約國在著作權限制的項目，對著作鄰接權亦作相同限制，並非義務，締約國如果認爲爲評論目的得對著作權加以限制，但是在評論目的，無須擴及於錄音物，並非不可，惟建議締約國最好考慮將例外「逐一列舉」。又第15條第2項賦予締約國法令立法作與著作權相同的限制，此不包含「強制授權」。亦即「強制授權」的規定，須符合羅馬公約之規定[27]。此外，WPPT第16條，亦對表演及錄音之權利限制和例外有原則性的規定。

　　一般而言，有關著作鄰接權之限制，理論上標準應與著作財產權限制標準一致，或稍微嚴格一些[28]。世界各國有關著作鄰接權之限制的立法，一般多先規定著作財產權之限制，再於後面對著作鄰接權作專章規定，有關權利之限制，準用著作財產權限制規定。德國、日本、南韓，均爲此種立法方式[29]。此種立法例，在技術上，較容易符合公約規定，亦照顧到著作鄰接權之特殊性。修正草案第二稿就權利限制包含著作財產權及相關權，但體例僅提及對「作品利用」之限制，似值得商權。

二、有關權利限制的概括條款問題

　　修正草案第二稿有關權利限制的個別細緻條款，主要規定在第42條。而第42條之規定，主要係將現行著作權法第22條規定移列，文字無多大之變動，僅在修正草案第二稿第42條第1項增加第13款：「其他情形」，

27　參見WIPO，劉波林譯，羅馬公約和錄音製品公約指南（*Guide to the Rome Convention (1961), International Convention for the Protection of Performers, Producers of Phonograms and Broadcasting Organizations*），頁48，北京中國人民大學出版社，2002年8月。

28　例如有關強制授權或法定授權部分。

29　參見德國著作權法第83條、第85條第4項、第87條第4項；日本著作權法第102條；南韓著作權法第87條。

並於第2項規定：「以前款規定的方式使用作品，不得影響作品的正常使用，也不得不合理地損害著作權人的合法利益。」亦即草案先有一概括之「其他情形」，而以公約之「三步測試原則」加以限制。

此種立法方式，表面上符合公約規定，實際上卻容易使利用人陷於無所適從之不確定狀態。我國著作權法第44條至第63條有關法定例外之規定，須受第65條第2項四條款之檢驗，已使這20年來利用人飽受無所適從之苦，今修正草案第二稿亦步其後塵，實非所宜。較妥善之做法，似可將修正草案第二稿第42條第1項第1款至第12款之法定例外規定，作詳細明確之列舉，並參酌世界各國立法，作更多的規定。而第42條第2項僅係對第42條第1項第13款作限制，此種立法係對社會大眾利用人較負責任之立法。

三、有關註明出處之問題

修正草案第二稿第42條第1項本文規定：「在下列情況下使用作品，可以不經著作權人許可，不向其支付報酬，但應當指明作者姓名、作品名稱、作品出處，並且不得侵犯著作權人依照本法享有的其他權利……。」即依第42條第1項13種限制規定，均「應當指明作者姓名、作品名稱、作品出處」。按各國著作權法有關著作財產權限制規定，並非每一條均應註明出處。例如修正草案第二稿第42條第1項第1款之「為個人學習、研究，複製他人已經發表的文字作品的片段」，因其具有私密性質，並未對外公開，立法通例，即無須註明出處。

在立法技術上，註明出處之規定，應以獨立條文規定[30]，方能避免修正草案第二稿第42條第1項有些無須註明出處，亦因第1項本文明列而不得不註明，而在第43條至第48條反而有漏列明示出處之規定。此外，獨立條文規定，亦可能使行為人符合修正草案第二稿第42條之要件，而不符合註

---

30 參見日本著作權法第48條；南韓著作權法第37條；德國著作權法第63條；我國著作權法第64條。

明出處要件之規定，在法律效果上，僅係侵害署名權而已，而非侵害著作財產權，權利義務較明確。

四、法定例外項目寬嚴不一問題

修正草案第二稿第42條第1項共有13款法定例外之規定，其中規定與各國比較，似需更進一步斟酌。例如：

（一）**第1款規定**：「為個人學習、研究，複製他人已經發表的文字作品的片段。」此個人，似應擴張為「私人」（private），包含家庭或少數親友的「準家庭」在內[31]。否則家長為小孩影印兩頁故事書，可能亦違反此一規定。又個人之使用，在公約上並不限制於學習與研究目的，娛樂目的，並無不可[32]。且亦不宜限於文字作品，其他作品（如攝影、美術、圖形等），亦無須限制。例如個人收到某一個電傳中的照片，而加以存檔，或在網路下載某一風景區的圖片，似無不可。依目前修正草案第二稿，連為學習目的而影印圖表均不符著作權法規定，實在過嚴，一般社會大眾無從遵守，將喪失法律之尊嚴。

（二）**第2款規定**：「為介紹、評論某一作品或者說明某一問題，在作品中適當引用他人已經發表的作品，引用部分不得構成引用人作品的主要或者實質部分。」各國著作權法立法關於引用之要件，重點在引用的目的性和必要性，且應受到公平慣例的限制，而非引用部分是否構成引用人作品的主要或者實質部分。例如欲評論某詩人的某詩，所引用的該詩，當然為該首詩之主要或實質部分；如果欲寫某一畫家之傳記，且提到某一畫家關於某代表畫之完成過程，當然會引該畫，此幅畫當然亦為「引用人作品的主要或實質部分」。故修

---

31 日本著作權法第30條及南韓著作權法第30條之私人使用，均明文規定為個人、家庭及準家庭在內。

32 參見羅馬公約第15條第1項第(a)款。

正草案第二稿引用之規定，似乎過嚴，並不符學術或評論界引用之慣例。

（三）**第6款規定**：「為學校課堂教學或者科學研究，翻譯或者少量複製已經發表的作品，供教學或者科研人員使用，但不得出版發行。」上述規定，僅限於「複製」和「翻譯」之利用，對於「公開傳輸（信息網絡傳播）」部分卻未處理[33]，將來對推廣遠距教學之使用，規範似有欠缺。

（四）**第12款規定**：「將已經發表的作品改成盲文出版。」依外國立法，尚包含被承認之機關將已發表之作品作成錄音專供盲人使用，或對於瘖啞人將聲音轉化為文字或其他口述影像，應均在其範圍[34]。修正草案第二稿對弱勢者之立法範圍似過窄。

陸、有關著作權登記問題

草案確立著作權及相關權的任意登記制度，且規定「登記文書是登記屬實的初步證明[35]」，與美國著作權法相仿。又規定轉讓合同和專有許可合同，登記可以對抗第三人。對於登記進一步強化其效力，也確定登記為著作權之公示標準，與日本著作權法相似。

然而日本著作權法第77條採「登記對抗主義」制度，尚包含著作權之設定質權和信託之登記，此部分為中國著作權法修正草案第二稿所無，使著作權設定質權和信託未有保障，亦非所宜。

33　參見美國著作權法第110條第2項；日本著作權法第35條；德國著作權法第52a條；南韓著作權法第25條。

34　參見日本著作權法第37條、第37條之2；南韓著作權法第33條；澳洲著作權法第135ZP條第3項至第6A項；英國著作權法第31F條。

35　修正草案第二稿第6條。

柒、有關侵害救濟部分

一、得請求行政和刑事救濟之項目問題

　　依修正草案第二稿第73條規定，得請求行政查處或刑事處罰之項目，不包含侵害人身權（即侵害發表權、署名權、保護作品完整權），亦不包含侵害改編、攝製、翻譯等權利，卻包含製作出售假冒他人署名作品。

　　按假冒他人署名，由於作品非署名名義人所創作，理論上不侵害署名名義人的署名權，僅係侵害署名名義人的姓名權。此種情形依法尚得加以行政查處，而侵害著作權中的人身權（包含侵害發表權、署名權、保護作品完整權）或改編、攝製、翻譯等權利，不得請求行政查處，似無一貫的理論和邏輯體系或關係[36]。

二、有關未能提供證明文件之責任問題

　　修正草案第二稿第77條規定：「著作權和相關權的使用者在下列情形下，應當承擔民事或者行政法律責任：（一）複製件的出版者、製作者不能證明其出版、製作有合法授權的；（二）網絡用戶不能證明其通過信息網絡向公眾傳播的作品有合法授權的；（三）出租者不能證明其出租視聽作品、計算機程序或者錄音製品的原件或者複製件有合法授權的；（四）發行者不能證明其發行的複製件有合法來源的。」上述複製、信息網絡傳播、出租、發行他人作品或複製物或相關製品，須證明有合法來源。如果不能證明有合法來源，應負擔民事或行政責任。然而著作權法中之財產權的內容，包含複製權、發行權、出租權、展覽權、播放權、信息網絡傳播權、改編權、翻譯權、攝製權。其中展覽、播放、改編、翻譯、攝製他人作品，難道無須證明合法來源？上述修正草案第二稿第77條，似須增加第

36　侵害著作權中的署名權與冒名著作，同樣「欺世盜名」，然而在著作權法中，冒名著作受保護程度較侵害署名權為重，似欠缺說服力。

5款爲概括條款，即針對利用到上述複製、信息網絡傳播、出租、發行以外之其他權利，亦應證明合法來源，否則應承擔民事或行政法律責任，似較周延。

捌、結論

中國著作權法自1990年制定迄今，已20餘年。這20餘年來，中國參加各種國際著作權公約，並爲2012年視聽表演之北京公約之主辦國，活躍於國際著作權舞臺。然而中國一直未有如同1965年之德國著作權法、1970年之日本著作權法或1976年之美國著作權法那般體系嚴整、氣勢恢宏，而爲各國所仿效學習之著作權法。

近年來，中國經濟日益發展，漸漸爲左右世界局勢之大國，其與世界各先進國家著作權交流十分頻繁密切。尤其智慧財產權受到國家的重視，各大學有關智慧財產權之科系、專門學院和研究所林立，著作權法學者人才濟濟，加以傳播科技一日千里，變動迅速，這些因素本是著作權法大幅度修法，建構像美國、日本、德國著作權法等，爲世界典範的著作權之重要時機。觀中國國家版權局先後委託三個重量級的智慧財產權研究單位起草著作權法修正草案，並兩次公布著作權修正草案，此次修法過程，仍不可謂不愼重。然而就章節架構、邏輯的嚴密度而言，這次公布之修正草案，與1976年之美國著作權法、1970年之日本著作權法及1965年之德國著作權法，仍有相當差距。

依中國國家版權局2012年3月公布修正草案第一稿時的簡要說明，該修法的基本思路是：堅持一個理念、遵循三個原則、追求三個效果。所謂「堅持一個理念」，是堅持集思廣益、解決問題的理念；所謂「遵循三個原則」，是遵循獨立性、平衡性、國際性原則；所謂「追求三個效果」，是追求高效率、高質量、高水平的效果[37]。此次修法過程，集合全國專家

---

37 李明德、管育鷹、唐廣良，前揭書，頁412。

立法，並公布草案，確屬集思廣益，然而尚有許多問題並未解決[38]。另外，亦作到獨立性、平衡性和國際性，然而獨立性似乎高於國際性，要求國家利益高於要求文明利益[39]。又其所追求之效果，高效率似乎遠大於高質量、高水平[40]。

　　中國此次能兩次公布著作權法修正草案，係其法制上極大的進步，期待這次的著作權法修正，有關單位能以廣闊的視野和胸襟，大開大闔，不僅有修正草案第二稿，甚至有第三稿、第四稿、第五稿，乃至於第十稿，使高質量、高水平，遠大於高效率。此不僅嘉惠十幾億人民，更使與中國著作權交流密切的國家或地區因此受惠。

（本文原載智慧財產權月刊，第173期，2013年5月，頁5-24）

38　如權利法定、合理使用、權利用盡、刑事處罰以遏止侵害等問題。

39　例如相關權的受保護人、對翻譯權之保護和救濟低於其他權利等。

40　例如架構未重新調整，條文文字邏輯並未嚴謹，著作權法中有關著作人之權利及限制，竟然以區區兩個條文解決（第11條及第42條），可見一斑。

第八章
中國著作權法修正草案有關權利限制規定的若干問題

壹、前言

　　中國之「著作權法」，於1990年9月7日正式頒布，自1991年6月1日起實施。其後分別於2001年10月與2010年2月進行過兩次修訂。第三次之修訂工作，則自2011年7月開始正式啓動。由國家版權局委託中國社會科學院知識產權中心、中南財經政法大學知識產權研究中心、中國人民大學知識產權學院，分別起草著作權法第三次修訂的專家建議稿，供國家版權局參考[1]。

　　2012年3月31日，國家版權局正式公告擬修法條文草案，作出「關於《中華人民共和國著作權法》（修改草案）公開徵求意見的通知」，以提供社會各界專家學者討論與徵求意見[2]。其後國家版權局並根據各界反映之意見及建議，再修正草案內容，而另於2012年7月6日再公布修正草案第二稿[3]，且第二稿之調整幅度不小。其修法過程公開透明，傾舉國之力為之，極值得讚揚。而第二稿公告後，徵求各界意見，迄於2012年7月31日為止，國家版權局另作成修正草案第三稿，然而第三稿未再正式公布。

---

[1]　有關第三次修正的起草過程，詳見李明德、管育鷹、唐廣良，著作權法專家建議稿說明，序言部分，法律出版社，2012年10月。

[2]　此修正草案第一稿，原公布於國家版權局網站，另參見李明德、管育鷹、唐廣良，前揭書，頁409-439。

[3]　修正草案第二稿全文，原公布於國家版權局網站，現可參見李明德、管育鷹、唐廣良，前揭書，頁440-463。

　　由於中國幅員廣大，是全世界陸地面積第二大國家，且人口眾多，逾13億人，在經濟上是世界第二大經濟體，屬於世界強國，其著作權法大幅度修正，自然世所矚目。按著作權法的立法目的，是爲了促進文化、科學和經濟的發展與繁榮，因而保護創作者的著作權[4]。然而任何著作都是在前人的智慧和文化遺產的基礎上完成的，因此著作權對著作的控制權應有所限制，否則不能促進文化之發展，故各國著作權法均有權利限制規定[5]。著作權法上權利限制規定，係著作權法最核心而困難的問題之一，然而由於權利限制及例外規定，涉及敏感的利益關係，修法專家大多不願觸動，認爲此處應由國家版權局、國務院或全國人大常務委員會法律工作委員會來處理[6]，因此中國著作權法修正草案在權利限制部分之規定，有不少值得商榷討論之處。本文爰以中國著作權法修正草案第二稿（下稱修正草案第二稿）之內容，作若干討論，以就教各界。

貳、有關權利限制規定的立法體例問題

　　修正草案第二稿於第四章第42條至第48條規定「權利之限制」，而第二章規定「著作權」、第三章規定「相關權」。足見第四章「權利之限制」規定，包含「著作財產權」及「相關權」兩種限制在內。然而第四章規定之「權利之限制」，條文文字幾乎指的都是利用「作品」，而非利用「相關權利」，例如修正草案第二稿第42條第1款規定：「在下列情況下使用作品，可以不經著作權人許可，不向其支付報酬，但應當指明作者姓名、作品名稱、作品出處，並且不得侵犯著作權人依照本法享有的其他權

4　中國著作權法第1條：「爲保護文學、藝術和科學作品作者的著作權，以及與著作權有關的權益，鼓勵有益於社會主義精神文明、物質文明建設的作品的創作和傳播，促進社會主義文化和科學事業的發展與繁榮，根據憲法制定本法。」

5　劉春田，知識產權法，頁134，中國人民大學出版社，2003年6月。

6　參見李明德、管育鷹、唐廣良，前揭書，頁110。

利：一、爲個人學習、研究，複製他人已經發表的文字作品的片段；二、介紹、評論某一作品或者說明某一問題，在作品中適當引用他人已經發表的作品，引用部分不得構成引用人作品的主要或者實質部分……。」修正草案第二稿亦未見「相關權」之權利限制，有準用第四章「權利之限制」之規定。按現行著作權法第22條第2款規定：「前款規定適用於對出版者、表演者、錄音錄像製作者、廣播電臺、電視臺的權利的限制。」第23條第2款規定：「前款規定適用於對出版者、表演者、錄音錄像製作者、廣播電臺、電視臺的權利的限制。」現行法對相關權（著作鄰接權）之權利限制部分有適用著作權限制規定，修正草案第二稿第42條至第48條規定既均針對「作品」，而並無對相關權之限制部分加以規定，亦無類似現行著作權法第22條第2款或第23條第2款之規定，立法似有疏漏。

依TRIPS第14條第6項規定：「任何會員，對於第1項至第3項規定之權利，於羅馬公約允許之範圍內，得訂定權利之條件、限制、例外規定及保留條款。但（1971年）伯恩公約第18條規定，對於表演人及錄音物製作人之權利，準用之。」TRIPS第3條第1項係有關內國國民待遇原則之規定，會員國僅須適用TRIPS第14條第1項至第5項之權利本身，無須適用羅馬公約。然而有關限制與例外之規定，應適用羅馬公約第15條第1項及第2項之規定[7]。

羅馬公約第15條第1項規定：「締約國得以國內法令，就下列事項，規定本公約保護之例外：(1)個人之使用；(2)時事報導之片斷的使用；(3)傳播機構利用自己之設備，就自己之傳播所爲簡短之錄音；(4)專門爲教育或科學研究目的之使用。」同條第2項規定：「前項情形，締約國仍得以國內法令規定表演人、錄音物製作人及廣播機構之保護，與依其國內法令規定文字及美術著作的著作權保護，作相同的限制。但有關強制授權之規定，不能牴觸本公約。」至於羅馬公約第15條第2項之解釋，在1961年羅馬公約會議的總報告中舉例，如果某一締約國之著作權法，允許對評論目

---

[7]　WIPO, Standing Committee on Copyright and Related Rights, Ninth Session, Geneva, June 23 to 27, 2003, p. 55.

的得自由引用，或爲慈善目的得爲合理使用，則締約國亦得給予表演人、錄音物之製作人、廣播機構之保護作例外規定。然而解釋上締約國在著作權限制的項目，對著作鄰接權亦作相同限制，並非義務，締約國如果認爲爲評論目的得對著作權加以限制，但是在評論目的，無須擴及於錄音物，並非不可。然而建議締約國最好考慮將例外「逐一列舉」。又第15條第2項賦予締約國法令立法作與著作權相同的限制，此不包含「強制授權」。亦即「強制授權」的規定，須符合羅馬公約之規定[8]。此外，WPPT第16條，亦對表演及錄音之權利限制和例外有原則性的規定。

　　一般而言，有關著作鄰接權之限制，理論上標準應與著作財產權限制標準一致，或稍微嚴格一些[9]。世界各國有關著作鄰接權之限制的立法，一般多先規定著作財產權之限制，再於後面對著作鄰接權作專章規定。有關著作鄰接權權利之限制，則準用著作財產權限制規定。德國、日本、南韓均爲此種立法方式，例如德國著作權法第83條、第85條第4項、第87條第4項、第87條第c款；日本著作權法第102條；南韓著作權法第87條均是。尤其日本著作權法第102條對何種著作權之限制條款得準用著作鄰接權、何種著作權限制條款不得準用著作鄰接權，規定得非常詳細，南韓著作權法亦然。此種立法例，在技術上較容易符合公約規定，亦照顧到著作鄰接權之特殊性[10]。修正草案第二稿就權利限制包含著作財產權及相關權，但體例僅提及對「作品利用」之限制加以規定，並未特別提及「相關權」限制的適用，似值得商榷。

8　參見WIPO著，劉波林譯，羅馬公約和錄音製品公約指南（*Guide to the Rome Convention (1961), International Convention for the Protection of Performers, Producers of Phonograms and Broadcasting Organizations*），頁48，中國人民大學出版社，2002年8月。

9　例如有關強制授權或法定授權部分。

10　羅馬公約指南特別建議締約國最好考慮將例外「逐一列舉」，如註9之各國立法例即採羅馬公約指南的建議。

參、有關權利限制的概括條款問題

　　修正草案第二稿有關權利限制的個別細緻條款，主要規定在第42條。而第42條之規定，主要係將現行著作權法第22條規定移列，文字無多大之變動，僅在修正草案第二稿第42條第1項增加第13款：「其他情形」，並於第2項規定：「以前款規定的方式使用作品，不得影響作品的正常使用，也不得不合理地損害著作權人的合法利益。」亦即草案先有一概括之「其他情形」，而以公約之「三步測試原則」中之「不得影響作品的正常使用，也不得不合理地損害著作權人的合法利益」，加以限制。

　　按伯恩公約第9條規定：「(1)受本公約保護之文學及藝術著作，其著作人專有授權他人以任何方式或形式重製各該著作之權利。(2)上開著作得重製之特定特殊情形，依本聯盟各會員國之法律定之，惟所為重製，不得牴觸著作之正常利用，亦不得不當損害著作人合法權益。」伯恩公約第9條第2款係「三步測試原則」之規定，與TRIPS第13條、WCT第10條、WPPT第16條規定相當。

　　依WCT第10條規定：「(1)締約各方在某些特殊的、不與作品的正常利用相牴觸、也不無理地損害作者合法利益的情況下，可在其國內立法中對依本條約授予文學和藝術作品作者的權利規定限制或例外；(2)締約各方在適用『伯恩公約』時，應將對該公約所規定權利的任何限制或例外限於某些特殊的、不與作品的正常利用相牴觸、也不無理地損害作者合法利益的特殊情況。」伯恩公約第9條第2款限制在重製權，但是WCT擴及到所有作品的權利。依WCT第10條之「三步測試原則」，包括下列三原則[11]：一、限於某些特殊情況；二、不與著作的正常利用相牴觸；三、不無理地損害著作人之合法利益。

11　參見Jorg Reinbothe and Silke von Lewinski著，萬勇、相靖譯，WIPO因特網條約評注（*The WIPO Treaties 1996: The WIPO Copyright Treaty and the WIPO Performances and Phonograms Treaty*），頁161，中國人民大學出版社，2008年1月。

其中第一步測試為「限於某些特殊情況」，一般多限於私人使用、言論表達自由、研究與教育目的等明確之公共政策為依據，國內法應詳細描述權利限制與例外之情況，如果未進行描述，僅籠統地限制與例外，不符「三步測試原則」之第一步測試[12]。

修正草案第二稿第42條第2項規定：「以前款規定的方式使用作品，不得影響作品的正常使用，也不得不合理地損害著作權人的合法利益。」此僅規定「三步測試原則」的第二步和第三步[13]，第一步測試「限於某些特殊情況」，應在第42條第1項訂定，然而第42條第1項第13款又有「其他情形」之「兜底條款」，有違反公約「三步測試原則」的第一步「限於某些特殊情況」之嫌。

修正草案第二稿第42條第2項規定，源自於現行著作權法實施條例第21條規定。但是現行著作權法第22條並沒有「其他情形」之「兜底條款」。法國智慧財產權法第122條之5第2項規定：「本條所揭示之例外規定，不得妨害著作物之通常利用，亦不得不當地損害著作人之正當利益。」亦有「三步測試原則」規定，但是並沒有「其他情形」之「兜底條款」。

為了避免權利限制與例外規定掛一漏萬，不能一一列舉，有「其他情形」之「兜底條款」，又可能有牴觸「三步測試原則」規定之嫌，本文建議著作權法修正不如訂定類似美國著作權法第107條一般合理使用規定，作為兜底條款。

有關一般合理使用規定之國家，大抵如下[14]：

一、採用美國合理使用規定的國家：如以色列、菲律賓。

二、採用美國合理使用規定及公約「三步測試原則」之立法提案：如南

12　Jorg Reinbothe and Silke von Lewinski著，萬勇、相靖譯，前揭書，頁162、164。

13　參見李明德、管育鷹、唐廣良，前揭書，頁110。

14　參見：http://www.bunka.go.jp/chosakuken/singikai/housei/h21_shiho_02/pdf/shiryo_3.pdf（最後瀏覽日：2013/10/28）。

韓[15]。

三、就特定目的導入英國型fair dealing規定，就其他目的採美國合理使用型的國家：如新加坡。

四、就英國型的fair dealing規定，在判斷考慮因素上，採美國合理使用型者：如香港、紐西蘭。

五、加入英國型fair dealing規定，並採「三步測試原則」之國家：如澳洲。

六、採英國型fair dealing規定者：如加拿大。

　　中國著作權法雖然未有一般合理使用規定，但在吳銳對北京世紀讀秀技術有限公司一案中，第二審法院（終審）判決認為：著作權法的立法目的，既要保護著作權人的合法權利，又要維護社會公眾對作品正常合理的使用，以鼓勵優秀作品的創作和傳播，因而認為讀秀網網站上僅提供了涉案三種圖書的版權頁、前言、目錄和正文8頁至10頁的內容，其目的在於向讀者介紹圖書的主要內容，便於讀者閱覽少量的正文以了解作者的表達風格。讀秀網對作品的利用量在整個作品中所占比例甚小，沒有對涉案作品的市場價值造成不利的影響，也不會對涉案作品的發行和傳播構成威脅。讀秀網既未影響涉案作品的正常使用，也未不合理地損害吳銳對其作品享有的合法權益。因此，讀秀網這種利用方行為構成合理使用，無須徵得著作權人的許可，未構成對吳銳著作權的侵犯[16]。

　　上述判決係以一般「合理使用」法理為依據，然而著作權法並無類似美國著作權法第107條合理使用之規定，如果未來著作權法有此規定，判

15　南韓除了本法第23條至第35條之2以及第101條之3至之5的限制規定外，只要利用人以正常方式利用著作，並不對著作人的合法收益造成不正當之損害，則得基於報導、評論、教育、研究等目的利用著作。「(1)著作之利用是否合於前項所規定之合理使用之情形，應注意下列事項，以為判斷之標準：1.利用之目的及性質，包括係為商業目的或非營利目的；2.著作之種類、著作之利用等；3.所利用之量在整個著作所占之比例，以及該部分的重要性；4.利用結果對著作現有以及潛在市場和價值之影響。」

16　北京市第一中級人民法院（2008）一中民終字第6512號民事判決。

決將更有法律依據。

肆、有關限制註明出處之問題

　　修正草案第二稿第42條第1項本文規定：「在下列情況下使用作品，可以不經著作權人許可，不向其支付報酬，但應當指明作者姓名、作品名稱、作品出處，並且不得侵犯著作權人依照本法享有的其他權利……。」即依第42條第1項13種限制規定，均「應當指明作者姓名、作品名稱、作品出處」。按各國著作權法有關著作財產權限制規定，並非每一條均應註明出處。例如修正草案第二稿第42條第1項第1款之「爲個人學習、研究，複製他人已經發表的文字作品的片段」，因其具有私密性質，並未對外公開，立法通例，即無須註明出處。又修正草案第二稿另有「其他情形」之兜底條款，此條款亦不適合均註明出處。例如爲研究目的，在圖書館影印資料，或相當於伯恩公約第11條之2第3項有關廣播機構以自己之設備，用於自己之廣播而製作之暫時錄製物，即無須註明出處[17]。

　　在立法技術上，註明出處之規定，應以獨立條文規定[18]，方能避免修正草案第二稿第42條第1項有些無須註明出處[19]，亦因第1項本文明列而不得不註明，而在第46條及第47條規定，反而必須在第48條規定明示出處，有條文重複之處。此外，獨立條文規定，亦可能使行爲人符合修正草案第二稿第42條之要件，而不符合註明出處要件之規定，在法律效果上，僅係侵害署名權而已，而非侵害著作財產權，權利義務較明確。

---

17 參見日本著作權法第44條、第48條；南韓著作權法第34條、第37條。

18 參見日本著作權法第48條；南韓著作權法第37條；德國著作權法第63條；臺灣著作權法第64條。

19 前註日本、德國、南韓、臺灣之著作權法規定，有些權利限制規定，無須註明出處。

伍、權利限制除複製外，是否得加以改作或翻譯問題

依外國立法例，對於權利限制，除了複製外，是否同時可以加以改作或翻譯，多有明確規定，例如日本著作權法第49條、南韓著作權法第36條、德國著作權法第62條均是。以修正草案第二稿第42條第1項第1款爲個人學習目的之複製而言，一般來說應包含得翻譯或改作，但不得加以散布；以修正草案第二稿第42條第1項第2款之引用而言，一般來說得翻譯，並得散布，但不得加以改作。有關修正草案第二稿第42條至第47條規定，何者得同時翻譯、改作；何者不得同時翻譯、改作；何者得加以散布或對公眾提供；何者不得散布並對公眾提供，似宜有專條規定，較爲明確。

陸、權利限制規定要件寬嚴不一之問題

修正草案第二稿第42條第1項共有13款法定例外之規定，其中規定與各國比較，在要件和文字上，似需更進一步斟酌。

一、有關個人使用問題

第1款規定：「爲個人學習、研究，複製他人已經發表的文字作品的片段。」此規定可能引發幾個問題：

（一）使用的主體爲「個人」，有無擴及於「家庭」或「準家庭」？

在各國立法，私人使用應包含個人、家庭及準家庭在內。德國著作權法第53條允許私人目的之複製，法院允許複製件達七份，顯然將私人擴

及親友[20]；另日本著作權法第30條、南韓著作權法第30條，以及法國著作權法第122條之5第2項均明文規定重製及於家庭及一般親友之準家庭；英國著作權法第70條承認家庭錄影爲合法；美國著作權法第107條之合理使用，實務案例亦承認家庭錄音得主張合理使用[21]。目前著作權修正草案的私人雖然與現行法相同，且現行法之私人，亦有學者解釋包含家庭及準家庭在內[22]，然而還是以條文明示較佳。

（二）私人之使用，是否限於個人學習、研究目的，而不包含娛樂目的？

依羅馬公約第15條第1項規定，私人使用應允許合法，此私人使用應包含娛樂使用在內[23]。又個人之使用，在公約上並不限於學習與研究目的，娛樂目的，並無不可[24]。美國司法實務認爲家庭錄影得爲合理使用，英國明文加以規定家庭錄影爲合法，已如前述。家庭錄音、錄影除了對電影、錄音製品的複製外，亦包含其中的音樂作品的複製。

日本著作權法第30條及南韓著作權法第30條雖無明文規定是否得爲家庭錄影，但著作權法第30條不排斥娛樂目的；易言之，娛樂目的並非不可。修正草案有關個人使用規定過於嚴格，諸如爲個人歌唱目的影印一份樂譜；爲欣賞目的下載網站照片；爲旅遊目的下載當地地圖於手機，此不宜加以禁止，否則將人人違法，法律不易實施。

20　參見Manfred Rehbinder著，張恩民譯，著作權法，頁299-300，法律出版社，2004年。

21　參見王遷，著作權法學，頁204-207，北京大學出版社，2007年7月。其中介紹美國最高法院環球公司訴索尼公司案。

22　參見馮曉青，著作權法，頁160-161，法律出版社，2010年9月；李明德、許超，著作權法，頁114，法律出版社，2009年7月。

23　參見劉波林譯，羅馬公約和錄音製品公約指南，頁46，中國人民大學出版社，2002年8月。

24　參見羅馬公約第15條第1項第(a)款。

（三）個人使用是否僅限於使用「文字作品」？

在各國著作權法中，尚無個人使用之限制條款，限於使用文字著作。一般公開演說，應允許錄音。私人爲學習甚至娛樂目的，應允許下載少量圖片、音樂或其他作品。草案規定限於文字的片斷，規定亦過嚴格。如果爲個人學習目的影印整篇文章，亦不屬於草案規定之「片斷」，而爲學習研究目的，亦可能影印圖表，此亦不屬於草案中的「文字作品的片斷」，草案規定亦影響學術發展。

（四）草案必須解決之問題

目前草案必須解決之問題，可能尚有：

1. 在違法之網站下載作品，是否構成合理使用？易言之，私人的使用，其複製對象，是否限於合法著作？
2. 爲個人使用目的而複製他人作品，是否限於使用「非公共使用之機器」？如果使用「公共使用之機器」（如市面上的影印機），有無權利人得向機器的所有人收取補償金的機制？
3. 破解他人網站後的個人使用的複製，是否合法？

上述問題各國著作權法均在研擬解決機制，然而此次修正草案第二稿，就此尚未有解決方案。目前修正草案第42條第1項第1款規定實在過於嚴格，一般社會大眾無從遵守，且對目前最核心的科技問題，亦未加以處理，似值得斟酌。

二、有關引用與爲報導時事新聞的法定例外問題

修正草案第二稿第42條第1項第2款規定：「爲介紹、評論某一作品或者說明某一問題，在作品中適當引用他人已經發表的作品，引用部分不得構成引用人作品的主要或者實質部分。」第3款規定：「爲報導時事新聞，在報紙、期刊、廣播電臺、電視臺信息網絡媒體中等不可避免地再現或者引用已經發表的作品。」上述二規定，可能有幾個待討論的問題：

（一）第2款之「引用」，有無包含A媒體爲報導某名人事件之必要，引

用B媒體先前採訪過該名人的部分畫面之情況？易言之，草案第2款規定，是否包含伯恩公約第10條第1項之全部規定？如果未包含，何以不全部包含？如果已包含，何以草案第3款另有「引用」規定？

（二）草案第3款是否爲伯恩公約第10條之2第2項之全部內涵？伯恩公約上述規定，是否全部爲不可避免的附隨再現？抑或包含對現場採訪著作的主動重製在內（如採訪名音樂家紀念塑像之落成，而對該塑像加以錄影）？而對現場採訪著作的主動重製，是否得爲草案第3款「引用」概念所含括？

（三）草案第3款所稱「引用」，其立法依據爲何？與第2款之引用有何關係？

（四）草案第3款之「爲時事報導目的之利用」，其對象是否限於已經發表的作品？

依伯恩公約第10條第1項規定：「已合法對公眾提供之著作，含以新聞媒體摘要形式之新聞紙文章及期刊，得引用之；但其引用應符合合理慣例，且引用之程度不得超過該目的之正當範圍。」第10條之2第2項規定：「以攝影、錄影、傳播或以有線電向公眾傳達之方法所爲之時事報導，在資訊傳達目的之正當範圍內，於何種情形，得重製事件過程中目睹或耳聞之文學著作或藝術著作，並對公眾提供，亦依本聯盟各會員國之法律定之。」伯恩公約第10條第1項係「引用」之規定，第10條之2第2項係「爲時事報導目的之利用」之規定。

伯恩公約第10條第1項之「引用」係重複他人所述，將他人作品中一個或一個以上之段落或片斷，以說明某一主題，或爲某一論點辯護[25]。第10條之2第2項之「爲時事報導目的之利用」，係指利用他人作品之該作品，係在事件發生過程中所見所聞，例如電視採訪某音樂家塑像的揭幕儀

25　參見WIPO著，劉波林譯，保護文學及藝術作品伯爾尼公約指南（*Guide to the Berne Convention for the protection of Literary and Artistic Works, Paris Act, 1971*），頁47，中國人民大學出版社，2002年7月。

式，除了將該塑像錄入外，亦錄入現場所演奏該音樂家創作之音樂。又例如採訪某名人，在錄影該名人時，附帶將該名人背後的美術作品錄入，此皆屬於伯恩公約第10條之2第2項的範圍[26]。然而，如果在A電視臺已經報導了對某名人的採訪，B電視臺報導該名人的新聞，因爲B電視臺未到現場採訪該名人的談話，而順便引用A電視臺採訪該名人的片斷畫面，並註明出處，此係屬伯恩公約第10條第1項引用的範圍。

由於伯恩公約第10條第1項之「引用」，包含新聞報導的「引用」在內，目前各國立法，就相當於伯恩公約第10條第1項之「引用」，多包含有關媒體爲新聞報導未在現場接觸事件而對其他媒體所報導作品的「引用」在內，例如德國著作權法第51條、日本著作權法第32條、南韓著作權法第28條。而有關伯恩公約第10條之2第2項之「爲時事報導目的之利用」，則限於在事件發生過程中所見所聞作品的複製，而不包含其他媒體已經報導完成作品的「引用」在內，例如德國著作權法第50條、日本著作權法第41條、南韓著作權法第26條。

以日本著作權法爲例，日本著作權法第32條第1項規定：「已公開發表之著作物，得引用之方式利用之。但其引用應屬公正慣行，並在報導、批評、研究或其他引用目的上正當之範圍內爲之。」上述規定，係來自伯恩公約第10條第1項[27]，與伯恩公約第10條之2第2項無關。且「引用」目的，包含爲時事報導目的之「引用」在內。

至於日本著作權法第41條規定：「以攝影、錄影、廣播或其他方法報導時事事件者，就構成該事件之著作物或該事件所見所聞過程之著作物，在報導目的上認爲正當之範圍內，得複製及伴隨該事件報導之利用。」此規定係來自伯恩公約第10條之2第2項，與伯恩公約第10條第1項無關[28]。

日本著作權法第41條中包含「構成該事件之著作」或「該事件所見所

26　WIPO著，劉波林譯，前揭書，頁51-52。

27　參見半田正夫、松田正行主編，著作權法コンメンタール，第二冊，頁186-187，勁草書房，平成21年1月。

28　半田正夫、松田正行主編，前揭書，頁338。

聞過程之著作」，前者例如於報導知名人士留下諷刺社會現況且風格獨具之遺書而自殺的事件時，由於該遺書構成系爭事件之主題，因而得報導該遺書所載內容；於此情形中，雖然會有遺書之公開發表權問題，惟若於留下遺書時已預定（預期）其被公開，則推定其撰寫人有予以公開發表之意思。考量包含遺書或遺稿內容之報導特性，本條規定所允許利用之著作，不限於已公開發表之著作。後者係於事件報導過程中得見聞之著作。亦即，於事件之視聽性報導中，難以避免不於報導中利用或不使其出現之著作，例如：報導日本天皇出席美術展覽會之新聞電影或電視新聞中，於拍攝展覽會場時，伴隨拍攝到會場展示畫作之情形；或是透過廣播或電視等報導運動賽事時，無法避免地一併收錄運動員入場進行曲之情形。於前開報導中出現之美術著作或音樂著作即屬在報導過程中出現之著作，前開報導予以利用之行為即屬為報導目的之著作利用行為[29]。

綜上所述，本文針對有關著作權法修正草案第二稿第42條第1項第2款及第3款規定，有幾點建議：

（一）修正草案第二稿第42條第1項第2款之「引用」，在立法上應包含為時事報導目的之「引用」。換言之，A媒體為報導某名人事件之必要，引用B媒體先前採訪過該名人的部分畫面，應包含在第2款之「引用」，此較符合伯恩公約之精神。亦即修正草案第二稿第42條第1項第2款，應包含伯恩公約第10條第1項之全部規定，即包含報導、教學、評論或其他正當目的在內。

（二）修正草案第二稿第42條第1項第3款，應包含伯恩公約第10條之2第2項之全部內容，包含相當於日本著作權法第41條中「構成該事件之著作」或「該事件所見所聞過程之著作」兩種情形在內，而目前修正草案第二稿第42條第1項第3款之「不可避免地再現」，似乎僅限於第二種「該事件所見所聞過程之著作」而附隨出現之情形，就對現場採訪著作的主動重製在內（例如採訪名音樂家紀念塑像之落

29　加戶守行，著作權法逐條講義，頁287，社團法人著作權情報センター，平成18年5訂版。

成，而對該塑像加以錄影），既係著作（紀念塑像）之全部再現，並非第42條第1項第3款之「引用」。第42條第1項第3款之「引用」之文字，應移至第2款。

（三）修正草案第二稿第42條第1項第3款之爲「時事報導目的之利用」，依外國立法例（例如德國著作權法第50條、日本著作權法第41條、南韓著作權法第26條），其利用之對象，因報導目的所需，不限於已公開發表之著作。例如報紙媒體採訪新書發表會，或上述電視媒體採訪某音樂家塑像的揭幕儀式，該新書或塑像可能尚未發表，惟爲報導目的，媒體可以加以採訪重製並播出、散布。故修正草案第二稿第42條第1項第3款立法應不限於「已經發表的作品」。

三、有關教學或研究目的之複製

修正草案第二稿第42條第1項第6款規定：「爲學校課堂教學或者科學研究，翻譯或者少量複製已經發表的作品，供教學或者科研人員使用，但不得出版發行。」上述法定例外規定，可能有幾個問題：

（一）上述供科研究或教學使用，其複製與翻譯，似應同等看待，均受到「三步測試原則」的限制，不宜在翻譯上無限制，但是在複製上卻有限制。如果科研人員數百人，翻譯整部著作供該科研人員使用，即使未對非科研人員散布發行，亦可能「影響作品的正常使用」，而「不合理地損害著作權人的合法利益」，違反三步測試原則的第二步和第三步測試原則。

（二）有關教學使用之複製，一般上應允許在一定條件下爲信息網絡傳播，否則有礙未來遠距教學的發展。在外國立法上，有關遠距教學如美國著作權法第110條第(2)項，對著作展示之量，以通常現場教室情境所顯示之份量爲限[30]；日本著作權法第35條第2項，亦有在

30　參見Nic Garnett著，何建志譯，自動化權利管理系統與著作權限制及例外規定（*Automated Rights Management Systems and Copyright Limitations and*

「主會場」之授課，得向「副會場」（公眾）同時中繼而「公眾送信」（含信息網絡傳播）之情形；英國著作權法限於機構內上線，且應有防護措施，不能讓機構外接收[31]，故有其著作利用條件的限定問題。由於美國、日本、英國對此規定採合理使用，而非法定授權方式，無須支付補償金，故要件較為嚴格；德國及南韓採法定授權方式，須支付補償金，故其傳輸之要件較為寬鬆。南韓著作權法第25條第2項及第3項，尤其如此。修正草案第二稿第42條第1項第6款針對遠距教學應尚須作詳細的政策規劃。

四、有關圖書館之利用部分

修正草案第二稿第42條第1項第8款規定：「圖書館、檔案館、紀念館、博物館、美術館等為陳列或者保存版本的需要，複製本館收藏的作品。」上述法定例外規定，可能有幾個問題：

（一）上述規定，並未解決圖書館等之間的館際合作問題。易言之，如果A館缺絕版書或難購得之書，得否向B館調用，並加以複製？上述草案似乎並不能解決此一問題。

（二）上述規定，似乎未能解決遠距圖書館，或在圖書館提供電腦供讀者上線閱覽圖書（信息網絡傳播）問題。在數位化時代，電子書出版將具有長足發展，更可能成為閱讀主流。電子書在館內閱讀或線上閱讀，均涉及到信息網絡傳播權問題。上述草案僅規定複製，並未規定圖書館在信息網絡傳播權方面的合理使用，似乎有欠缺。

五、有關弱勢者之利用問題

修正草案第二稿第42條第1項第12款規定：「將已經發表的作品改成

Exceptions），頁107，世界智慧財產權組織著作權與相關權利常務委員會，第14會期，經濟部智慧財產局提供。

31　加戶守行，前揭書，頁260-261。

盲文出版。」上述法定例外規定，可能有幾個問題：

（一）有關弱勢者利用，不限於盲人，尚包含聾啞、弱視及其他身心障礙致學習不便者在內，上述草案限於盲人，尚有不足。

（二）盲人之學習，不限於使用點字，更多是由一般文字書由專業單位轉換為錄音書，專供盲人使用。上述草案，針對從一般文字書轉換為錄音書亦未規定，尚有不足。

（三）在數位化時代，盲人知識分子多用電腦就文字檔加以轉換成語音檔，以便學習，而此學習最需要的是出版社能提供電腦文字檔。而出版社將電腦文字檔向盲人團體或不特定盲人提供，往往有侵害作者權益之虞。

（四）上述草案對此問題，亦未解決。按世界智慧財產權組織在2013年6月28日召開之外交會議正式締結條約，全名為《關於為盲人、視力障礙者或其他印刷品閱讀障礙者獲得已出版作品提供便利的馬拉喀什條約》（簡稱WIPO馬拉喀什條約），草案似宜依此條約而作更進一步之修正。

柒、有關權利限制條款之不足問題

修正草案第二稿有關權利限制規定，僅規定於第42條至第48條，比起外國立法，尚有甚多不足之處。其未規定尚多，舉二例如下：

一、**為廣播目的暫時性的錄音或錄影**：伯恩公約第11條之2第3項規定：「除另有不同約定外，依本條第(1)項規定授予之許可，不得據以解釋為准許以聲音或影像錄製設備錄製著作傳播內容。但廣播機構以自己之設備，用於自己之廣播而製作之暫時錄製物，依本聯盟各會員國之法律規範之。基於官方資料館特殊資料保存性質，上開法律得授權其得保存上開製作物。」針對廣播機構以自己之設備，用於自己之廣播而製作之暫時錄製物，應得主張合理使用，各國著作權法均有訂定，此部分草案未加以處理。

二、**考試目的之複製**：為國家考試或學校、教育機構依法舉行的各類考試，考題有可能使用到他人著作（例如使用他人文章作為閱讀測驗），此應允許複製他人已發表之著作。此在英國著作權法第32條、日本著作權法第36條、南韓著作權法第32條均有規定。草案對此未作處理，似有不足。

捌、結論

　　中國著作權法自1990年制定迄今，已20餘年。這20餘年來，中國參加各種國際著作權公約，並為2012年視聽表演之北京公約之主辦國，活躍於國際著作權舞臺。然而中國一直未有如同1965年之德國著作權法、1970年之日本著作權法或1976年之美國著作權法那般體系嚴整、氣勢恢宏，而為各國所仿效學習之著作權法。

　　近年來，中國經濟日益發展，漸漸為左右世界局勢之大國，其與世界各先進國家著作權交流十分頻繁密切。尤其智慧財產權受到國家的重視，各大學有關智慧財產權之科系、專門學院和研究所林立，著作權法學者人才濟濟，加以傳播科技一日千里，變動迅速，這些因素本是著作權法大幅度修法，建構像美國、日本、德國著作權法等，為世界典範的著作權之重要時機。觀中國國家版權局先後委託三個重量級的智慧財產權研究單位起草著作權法修正草案，並兩次公布著作權修正草案，此次修法過程，仍不可謂不慎重。然而就章節架構、邏輯的嚴密度而言，這次公布之修正草案，與1976年之美國著作權法、1970年之日本著作權法與1965年之德國著作權法，仍有相當差距。在權利限制部分，尤其明顯。

　　依國家版權局2012年3月公布修正草案第一稿時的簡要說明，該修法的基本思路是：堅持一個理念、遵循三個原則、追求三個效果。所謂「堅持一個理念」，是堅持集思廣益、解決問題的理念；所謂「遵循三個原則」，是遵循獨立性、平衡性、國際性原則；所謂「追求三個效果」，是

追求高效率、高質量、高水平的效果[32]。此次修法過程，集合全國專家立法，並公布草案，確屬集思廣益，然而尚有許多問題並未解決[33]。另外，亦作到獨立性、平衡性和國際性，然而獨立性似乎高於國際性，要求國家利益高於要求文明利益[34]。又其所追求之效果，高效率似乎遠大於高質量、高水平[35]。

　　中國此次能兩次公布著作權法修正草案，係其法制上極大的進步，期待這次的著作權法修正，有關單位能以廣闊的視野和胸襟，大開大闔，不僅有修正草案第二稿，甚至有第三稿、第四稿、第五稿，乃至於第十稿，使高質量、高水平，遠大於高效率。此不僅嘉惠十幾億人民，更使與中國著作權交流密切的國家或地區因此受惠。

（本文原載2013年亞太智慧財產權論壇，Intellectual Property Systems: Globalization and Localization）

32　李明德、管育鷹、唐廣良，前揭書，頁412。

33　如權利法定、合理使用、權利用盡、刑事處罰以遏止侵害等問題。

34　例如相關權的受保護人、對翻譯權之保護和救濟低於其他權利等。

35　例如架構未重新調整，條文文字邏輯並未嚴謹，著作權法中有關著作人之權利及限制，竟然以區區兩個條文解決（第11條及第42條），可見一斑。

第九章
著作權法上有關著作人格權
修正的若干議題

壹、前言

在保護文學及藝術著作上，「版權傳統」（copyright tradition）和「作者權傳統」（author's right tradition）是全世界兩個最大的著作權法傳統。「版權傳統」之國家為英美法世界——英國、英國先前的殖民地，及大英國協國家等；「作者權傳統」是根源於大陸法系，盛行於歐陸及先前的殖民地拉丁美洲、非洲、亞洲等國家[1]。

在概念上，「作者權傳統」與「版權傳統」於著作權理論上有著不同的前提。「版權傳統」的哲學基礎，是根據功利主義，版權之目的，係刺激以最可能極低的代價作最大可能的不同的生產。版權保護的目的，係在鼓勵新著作的創作。但相反地，「作者權傳統」是根源於自然權利哲學，著作人有權利保護其著作，係基於權利及正義的要求[2]。

「作者權傳統」既係根源於自然權利哲學，其權利保護不限於著作財產權，並十分重視著作人格權（moral right）之保護，第三人雖得著作財產權之轉讓或授權，但利用上不得侵害著作人之著作人格權。更有甚者，著作已經成為公共財產，或著作人已經死亡，著作人之著作人格權仍然受

---

1 二次大戰後之社會主義國家，如蘇聯、東歐國家等，其法律雖亦有特色，但未如上述「版權傳統」與「作者權傳統」壁壘分明，而且源遠流長。

2 Paul Goldstein, *International Copyright: Principle, Law, and Practice*, pp. 3-4, Oxford University Press (2001).

到一定程度的保護[3]。

　　我國法律體系係屬大陸法系，無論係1910年大清著作權律抑或1992年之著作權法，其制定與修正，均受日本著作權法影響甚深[4]，而日本著作權法在1899年（明治32年）制定，大抵受歐陸影響[5]。足見我國著作權法

3　以歐陸國家為主而成立的伯恩公約（Berne Convention for the Protection of Literary and Artistic Works）第6條之2第1項規定：「不受著作人著作財產權的影響，甚至在上述權利讓與後，著作人仍保有要求其著作著作人身分的權利，並有權反對他人對該著作為歪曲、割裂或其他改變，或有其他相關貶損行為，足以損害其名譽或聲譽之虞者。」（Independently of the author's economic rights, and even after the transfer of the said rights, the author shall have the right to claim authorship of the work and to object to any distortion, mutilation or other modification of, or other derogatory action in relation to, the said work, which would be prejudicial to his honor or reputation.）第2項規定：「前項賦予著作人之權利，於著作人死亡後，應至少延續至其著作財產權屆滿時，並由依主張保護之當地國法律享有相當權利之個人或團體行使之。但如有國家於批准或加入本修正案時之法律，並未規定前項所定各權利於著作人死亡後仍悉受保護者，得規定上開權利特定部分於著作人死亡後即行消滅。」（The rights granted to the author in accordance with the preceding paragraph shall, after his death, be maintained, at least until the expiry of the economic rights, and shall be exercisable by the persons or institutions authorized by the legislation of the country where protection is claimed. However, those countries whose legislation, at the moment of their ratification of or accession to this Act, does not provide for the protection after the death of the author of all the rights set out in the preceding paragraph may provide that some of these rights may, after his death, cease to be maintained.）

4　依中國學者王蘭萍在《近代中國著作權法的成長》（1903-1910）一書中，詳細比較大清著作權律與1899年之日本著作權法，發現91%的1899年日本著作權法內容移植到大清著作權律中，參見王蘭萍，近代中國著作權法的成長，頁132，北京大學出版社，2006年5月。至於有關1992年著作權法全面修正受日本著作權法影響者，僅見1992年著作權法修正各條之行政院草案說明，即可知悉。另由1992年之著作權法與1970年（昭和45年）之日本著作權法相較，二者十分類似，在有關著作人格權部分之條文尤然。

5　日本1899年（明治32年）之著作權法，係以日本加入伯恩公約及修改著作權法交換外國撤除對日本的領事裁判權的背景下形成的，而伯恩公約係以歐陸國家為主而成立的公約，自以作者權傳統為基礎，與世界著作權公約以美國為中心的版權傳統不同。參見榛村專一，著作權法概論，頁23以下，嚴松書店，昭和8年。

主要係採「作者權傳統」，對著作人格權十分重視。

　　然而我國著作權法，自1992年全面修正後，其間經過多次修正，有關著作人格權規定修正不多，僅在1998年修正過一次而已。著作人格權規定係較少受到討論者。目前著作權主管機關正積極對著作權法作全面檢討[6]，而著作人格權部分究竟有何議題須檢討者，值得吾人注意。本文爰提出著作權法上有關著作人格權應修正之若干議題，並討論及提供個人淺見，以就教各界先進，期有助於未來學界之討論及著作權法之修法。

貳、有關公開發表權

一、公開發表權有無存在必要？

　　在主管機關的修法諮詢會議中，有論者主張伯恩公約第6條之2有關「著作人格權」保護之規定，僅及於「姓名表示權」及「禁止不當變更權」，而不包含公開發表權在內。由於著作人格權之保護係在兼顧私權與公共利益，如果賦予著作人「公開發表權」，可能會影響著作物之物權人與著作財產權人之權利。「姓名表示權」與「禁止不當變更權」兼具私權與公共利益之特性，有永久保護之意義；「公開發表權」和著作人私權有關，但無助於公共利益，且國際公約並無規定，是否規定加以保護，或保護多久皆不違反國際公約，因此有較大之立法空間，而有不贊成公開發表權之立法，或即使賦予著作人之公開發表權，亦應僅及於著作人終身，不應及於著作人死亡後之論議[7]。

6　經濟部智慧財產局於2010年成立著作權法修法諮詢小組，全面檢討著作權法，自2010年6月8日第一次修法諮詢會議迄2015年1月8日為止，共開47次修法諮詢會議，參見經濟部智慧財產局網站：http://www.tipo.gov.tw/ct.asp?xItem=507911&ctNode=7010&mp=1（最後瀏覽日：2014/2/23）。

7　經濟部智慧財產局著作權法修法諮詢小組102年第44次會議紀錄章忠信委員之發言。參見經濟部智慧財產局網站：http://www.tipo.gov.tw/ct.asp?xItem=498122&ctNode=7010&mp=1（最後瀏覽日：2014/2/16）。

　　「公開發表權」係著作人對尚未公開發表之著作，享有第一次公開發表之權利。著作人就其著作如果已經公開發表，則著作人著作人格權中之「公開發表權」即屬消滅。而所謂「公開發表」，即指權利人以發行、播送、上映、口述、演出、展示或其他方法向公眾公開提示著作內容[8]。而公開發表權除著作權法第15條規定外，著作權法第20條規定：「未公開發表之著作原件及其著作財產權，除作為買賣之標的或經本人允諾者外，不得作為強制執行之標的。」此亦在保護著作人格權中之「公開發表權[9]」。蓋著作人就其著作是否已經成熟適宜發表，著作人最為熟稔。如果利用人擅自將著作人尚未成熟之著作加以公開發表，不僅侵害著作人之著作財產權，而且可能影響著作人之名譽及內秘之自由。更有甚者，有名望或治學嚴謹之人未成熟之著作，被擅自公開流傳，亦使社會對著作之良莠與否無以分辨，有損公益。故公開發表權不僅關係私益，亦與文化公益有關，它可確保在外流通之著作人著作，係經著作人確認過，屬於著作人創作中符合一定品質且著作人較滿意、成熟之著作。

　　大陸法系國家著作權法大抵有公開發表權之規定，例如日本著作權法第18條、德國著作權法第12條、法國智慧財產權法典第121條之2、南韓著作權法第11條、中國著作權法第10條均是。因此本文認為，我國此次修法保留公開發表權，應有必要。

二、公開發表權之存續期間是否應僅及於著作人終身？

　　基於兩蔣日記遲遲無法出版，甚至連是否可以自由引用都受到疑

8　現行著作權法第3條第1項第15款。

9　大清著作權律第38條規定：「未發行之著作，非經原主允許，他人不得強取抵償。」學者秦瑞玠謂，此係為尊重著作人之自由與名譽，且顧及學藝美術之影響。參見秦瑞玠，著作權律釋義，頁42，上海商務印書館，1912年7月初版。日本1899年之著作權法第17條有類似之規定，學者亦認為屬公開發表權之規定。參見田村善之，著作權法概說，頁413，有斐閣，平成15年2月。

慮[10]，因而產生公開發表權其存續期間是否僅及於著作人終身，而不及於著作人死亡後之討論。

　　德國採一元論，著作人之著作人格權與著作財產權同其命運，如同樹幹發出之樹枝一樣。德國之著作權保護期間為著作人終身及其死亡後70年[11]，故著作人之公開發表權得由繼承人繼承[12]。依日本著作權法第59條、第60條及南韓著作權法第14條，規定著作人格權不得轉讓，但著作人死亡後，著作人之人格權之利益依公益之理由永久保護，相當於我國著作權法第18條及第86條[13]。在中國著作權法，著作人之署名權、修改權、保護作品完整權之保護期不受限制，而公開發表權之保護期則與著作財產權一致[14]。

　　綜上所述，著作人死亡後，公開發表權即不受保護者，似無立法例。而基於著作人格權中各權能保護在理論上必須一致起見，否則將破壞理論之完整性，本文以為我國著作權法對公開發表權似不宜特別例外，即認為公開發表權僅及於終身，而將第18條規定排除公開發表權。

三、公開發表權之對象

　　公開發表權限於未公開發表過之著作，而在著作人第一次公開發表其著作後，著作人之公開發表權即屬消滅，此在學說上似無異論。然而依我國著作權法第15條第1項本文規定：「著作人就其著作享有公開發表之權利。」而日本著作權法第18條第1項規定：「著作人就其尚未公開發表之著作（未經著作人同意而被公開發表之著作，亦包括在內。以下條文同）享有向公眾提供或提示之權利。以該著作為原著作而作成之衍生著作，亦

10　蕭雄淋，著作權法實務問題研析，頁328-333，五南圖書，2013年7月。

11　德國著作權法第64條。

12　參見Manfred Rehbinder著，張恩民譯，著作權法（*Urheberrecht*），頁357，法律出版社，2005年1月。

13　參見半田正夫，著作權法概說，頁136，法學書院，平成25年2月。

14　中國著作權法第20條、第21條第1項。

同。」南韓著作權法第11條第1項規定：「著作人就其著作享有決定公開
發表或不公開發表之權利。」德國著作權法第12條第1項規定：「著作人
有權決定是否以及如何將自己著作公開發表之權利。」

　　基此，我國著作權法第15條第1項對公開發表權之對象，似乎規定
得不明確，可改為：「著作人就其未公開發表之著作，享有公開發表之
權利。著作人就其未公開發表之著作所生之衍生著作，亦有相同之權
利[15]。」而就原第15條第1項但書：「但公務員，依第十一條及第十二
條規定為著作人，而著作財產權歸該公務員隸屬之法人享有者，不適用
之。」則挪至第3項與職務著作分二款一併處理。另原著作權法第16條第1
項後段之規定，可準用上述建議草案第15條第1項後段規定。同樣地，原
著作權法第16條第2項，亦可一併以準用建議草案第15條第3項規定。

四、有關政府資訊公開法與公開發表權之關係

　　依據政府資訊公開法第5條規定：「政府資訊應依本法主動公開或應
人民申請提供之。」第3條規定：「本法所稱政府資訊，指政府機關於職
權範圍內作成或取得而存在於文書、圖畫、照片、磁碟、磁帶、光碟片、
微縮片、積體電路晶片等媒介物及其他得以讀、看、聽或以技術、輔助方
法理解之任何紀錄內之訊息。」政府資訊往往是一種「著作」，政府資訊
非必為公務員所製作，而政府資訊之提供，除可能侵害著作財產權之外，
更可能侵害著作人之著作人格權中之「公開發表權」。

　　政府資訊公開法第13條第1項規定：「政府機關核准提供政府資訊之
申請時，得按政府資訊所在媒介物之型態給予申請人重製或複製品或提供
申請人閱覽、抄錄或攝影。其涉及他人智慧財產權或難於執行者，得僅供
閱覽。」政府資訊之提供，如果涉及重製可能涉及他人之著作財產權，得
以閱覽代之。足見政府資訊公開法亦在避免涉及著作財產權之侵害。然而

15　例如甲有未公開發表之小說，被乙非法改成漫畫公開發表，甲就該小說，除得主
　　張改作權之侵害外，尚得主張公開發表權被侵害。

針對他人未公開發表之著作，而由政府機關取得者，政府機關對不特定申請人之提供利用，亦有成立侵害公開發表權之可能。

　　針對此種情形，日本著作權法第18條第3項特別將此視爲著作人同意公開發表，而豁免公開發表權之侵害。我國著作權法修正，針對此一問題，亦得斟酌於著作權法第15條第3項規定解決之。

參、有關禁止不當變更權

一、有關著作權法第17條要件是否需達侵害名譽之結果

（一）問題之提出

　　我國著作權法第17條規定：「著作人享有禁止他人以歪曲、割裂、竄改或其他方法改變其著作之內容、形式或名目致損害其名譽之權利。」係1998年參照伯恩公約第6條之2第1項所修正[16]，此即「禁止不當變更權」。依本條規定，侵害禁止不當變更權須「致損害其名譽」者，始足當之，應屬「結果犯」。國際公約及各國立法例就此以採取「有損害名譽之虞」者居多，本條規定是否須加以檢討[17]？

（二）公約之規定

1. 伯恩公約第6條之2第1項規定：「不受著作人著作財產權的影響，甚至在上述權利讓與後，著作人仍保有要求其著作著作人身分的權利，並有權反對他人對該著作爲歪曲、割裂或其他改變，或有其他相關貶損行

16　參見經濟部智慧財產局，歷年著作權法規彙編專輯，頁228，2010年5月。

17　筆者於2013年2月22日第29次經濟部智慧財產局著作權法修法諮詢會議提出之書面意見，曾就此提出建議。另參見黃絜，著作人格權中禁止醜化權之研究──以日本法與我國法之比較爲中心，頁356-362，國立臺北教育大學人文藝術學院文教法律研究所碩士論文，2012年7月。

爲，致有損害其名譽或聲譽之虞者[18]。」

2. WPPT第5條第1項規定：「獨立於表演人之財產權，甚至不受財產權讓
與之影響，表演人就其現場表演或已固定於錄音物之表演，有權要求署
名爲表演人，除非依表演之利用方式必須省略署名，且表演人有權反對
就其表演進行可能損害其名譽之歪曲、割裂或其他變更[19]。」

（三）檢討

　　上述公約對著作的歪曲、割裂或其他改變，或有其他相關貶損行爲係
以損害其名譽或聲譽之虞者，即構成侵害著作人格權，而非致損害其名譽
或聲望之程度，方構成侵害著作人格權。

　　我國著作權法架構大抵係採自日本立法例，日本著作權法係採「同
一性保持權」的概念，我國1992年著作權法修正，有關「著作之不當變更
權」，亦與日本著作權法同，只要未經著作人同意而爲著作修改，不問有
無實際侵害著作人之名譽，或有無可能侵害著作人之名譽，均屬侵害著作
人之著作人格權。然而，我國於1998年爲著作權法之修正，採伯恩公約標
準，但又與伯恩公約不同。我國著作權法第17條規定，似應採「可能」或
「足以」損害著作人名譽，即構成著作人格權之侵害，對著作人之「禁止
不當變更權」，方有足夠之保障。

---

18 原文："(1) Independently of the author's economic rights, and even after the transfer
　　of the said rights, the author shall have the right to claim authorship of the work and to
　　object to any distortion, mutilation or other modification of, or other derogatory action in
　　relation to, the said work, which would be prejudicial to his honor or reputation."

19 原文："(1) Independently of a performer's economic rights, and even after the
　　transfer of those rights, the performer shall, as regards his live aural performances
　　or performances fixed in phonograms, have the right to claim to be identified as the
　　performer of his performances, except where omission is dictated by the manner of the
　　use of the performance, and to object to any distortion, mutilation or other modification
　　of his performances that would be prejudicial to his reputation."

二、有關著作權法第87條第1款之問題

（一）伯恩公約第6條之2第1項規定：「不受著作人著作財產權的影響，甚至在上述權利讓與後，著作人仍保有要求其著作著作人身分的權利，並有權反對他人對該著作爲歪曲、割裂或其他改變，或有其他相關貶損行爲，足以損害其名譽或聲譽之虞者。」（Independently of the author's economic rights, and even after the transfer of the said rights, the author shall have the right to claim authorship of the work and to object to any distortion, mutilation or other modification of, or other derogatory action in relation to, the said work, which would be prejudicial to his honor or reputation.）伯恩公約第6條之2包含「姓名表示權」和「禁止不當變更權」。然而上述規定所謂「有權反對他人對該著作爲歪曲、割裂或其他改變，或有其他相關貶損行爲，致損害其名譽或聲譽者」其實包含兩段，前段係「變更著作內容」，後段爲「未變更著作內容」，但卻足以損害著作人名譽、聲望之不當的著作利用行爲。前段規定在我國著作權法第17條有相應之規定，後段規定則在我國著作權法第87條第1項第1款有相應規定。

（二）上述伯恩公約第6條之2規定「有權反對他人對該著作爲歪曲、割裂或其他改變，或有其他相關貶損行爲，致損害其名譽或聲譽者」之後段（即「有其他相關貶損行爲」），係1948年布魯塞爾修正會議時所新增，依當時會議所舉之例子爲：

1. 將傑出畫家所繪製且藝術評價甚高之美術著作之重製物，作爲色情書刊之包裝紙使用。
2. 將文藝氣息濃厚的純文學小說、散文等語文著作，收錄於商業廣告或商業宣傳文書內而予以出版發行。
3. 將莊嚴肅穆的宗教音樂著作，作爲笑鬧喜劇電影之配樂使用。[20]

---

[20] Elizabeth Adeney, *The Moral Rights of Authors And Performers-An International and Comparative Analysis*, p. 136, Oxford University Press (2006)；黃絜，前揭文，頁229。

（三）上述之例，均屬相當於著作權法第87條第1項第1款之「以侵害著作
　　　人名譽之方法利用其著作者」之行為，在伯恩公約仍然以侵害著作
　　　人格權加以評價。因此我國著作權法第87條第1項第1款之規定，似
　　　可移至第17條處理，而非在著作權法第87條第1項第1款規定「視為
　　　侵害著作權」。

肆、有關著作人死亡後著作人格權之保護

一、著作人死亡後之著作人格權保護期間應有多長？

　　有關著作人死亡後，著作人之著作人格權保護期應多長？略有三案討
論[21]：

甲案：維持現行規定，給予永久保護[22]。

乙案：調整與著作財產權之存續期間相同[23]。

丙案：採折衷方式，對著作人格權之三種權利予以區隔處理，即對「姓名
　　　表示權」與「不當變更禁止權」賦予永久保護。至「公開發表權」
　　　則由其繼承人、受遺贈人或作品原件之所有人（無繼承人亦無受遺
　　　贈人時）於著作財產權存續期間內行使[24]。

　　上述三說，本文較贊成採甲案，理由如下：

（一）甲案為目前之立法，我國1992年之立法，整體法制較類似日、韓立
　　　法，除非該法案確實實施有扞格之處或實務上發生爭議，否則不宜
　　　變動。

21　2013年11月13日第44次修法諮詢會議資料，頁5-6。參見經濟部智慧財產局網站：
　　http://www.tipo.gov.tw/ct.asp?xItem=498122&ctNode=7010&mp=1（最後瀏覽日：
　　2014/2/19）。

22　此與日本、南韓立法例相同。參見日本著作權法第60條、南韓著作權法第14條。

23　此與英國、德國立法例。參見英國著作權法第86條、德國著作權法第64條。

24　參見中國修訂草案送審稿第23條及第24條規定。

（二）如果我國採乙案，著作人格權與著作財產權保護期間一致，則著作
　　　人格權將與德國著作權法同，採繼承說。此可能有下列問題：

1. 著作人格權之繼承不僅與民法人格權之專屬性理論相違背，而且與著作
　權法第21條所規定著作人格權具專屬性、不可轉讓性和不可繼承性相衝
　突。

2. 著作人格權如果可以繼承，則繼承人可以行使著作人之著作人格權，那
　麼繼承人是否可以就著作人不想發表之日記發表？就著作人之姓名改為
　繼承人之姓名或第三人之姓名，或發表著作人之日記，就不利於自己之
　部分刪除，並增添有利於自己的部分呢？如果解釋上肯定，將造成文化
　秩序混亂，亦有害於著作人生前之名譽；如果解釋為否定，理論如何建
　構？

3. 如果繼承人只能繼承著作人之著作人格權中的類似著作權法第86條的
　防禦的規定，那如何理解此為繼承？更何況民法第1148條第1項規定：
　「繼承人自繼承開始時，除本法另有規定外，承受被繼承人財產上之一
　切權利、義務。但權利、義務專屬於被繼承人本身者，不在此限。」採
　繼承理論，與民法第1148條第1項但書規定，亦可能有衝突。

4. 有關著作人死亡後著作人格權之保護採繼承說之國家，大抵主張法人不
　得為著作人。然而我國亦承認法人得為著作人，如果法人僅存續數年即
　解散清算，在存續期間創作之著作，在消滅後又如何保護？

（三）如果採乙案，著作人格權與著作財產權保護期間一致，那麼著作人
　　　死亡50年後，著作人格權完全不保護，在國外另有有關文化法以保
　　　護著作不被改竄。我國文化資產保護法、文化創意產業發展法或其
　　　他文化法規無配套規定，則著作人死亡後50年，任何人出版公共財
　　　產之著作，出資利用者掛名為作者，並增加對自己有利的內容，將
　　　無任何處罰的規定，如此一來，將有害國家的文化發展。

（四）我國尚未成為成熟的民主國家，文化公共財被擅自改竄的可能性，
　　　仍然存在，在無配套規定的情形下，不宜採乙案。

（五）丙案為參考中國著作權法修正草案送審稿第23條規定：「作者死
　　　亡後，其著作權中的署名權和保護作品完整權由作者的繼承人或

者受遺贈人保護（第1項）。」「著作權無人繼承又無人受遺贈者的，其署名權和保護作品完整權由著作權行政管理部門保護（第2項）。」第24條規定：「作者生前未發表的作品，如果作者未明確表示不發表，作者死亡後五十年內，其發表權可由其繼承人或者受遺贈人行使；沒有繼承人又無人受遺贈的，其發表權由作品原件的所有人行使。」中國著作權法草案上開規定，可能有下列問題：

1. 第23條繼承人之「保護」著作人之著作，係基於繼承，還是非繼承？如果係繼承，仍然有乙案所發生的法律理論衝突的問題，如果非來自繼承，那麼其權利來源又是什麼？

2. 第23條之「保護」，其內涵是否包含得行使何種法律上之請求權，並不明確。如果得行使類似我國著作權法第86條之權利，則我國著作權法第86條規定，較中國著作權法為具體而詳細，無須採中國法的規定。再者，上述第24條規定，依我國著作權法第18條及第86條規定，亦可達到類似中國著作權法之效果，而上述中國著作權法修正草案第24條，亦有必須就繼承或原著作之原件所有人何以得行使權利之理論加以定位之問題。

（六）1992年我國著作權法修法時，對違反著作權法第18條者，曾設有刑事責任的規定[25]，然而2003年將該規定刪除，迄今未恢復。基於法人著作無著作權法第86條之一定親族，法人著作於法人消滅後無著作財產權之歸屬，任何人均得利用，此時如果加以變更姓名或竄改內容，著作權法均無救濟之規定，故本文建議此次修法對於違反著作權法第18條規定，宜恢復刑事責任的規定，且採非告訴乃論罪[26]。此對自然人死亡後，無著作權法第86條之親族以維護權利時，亦得基於社會公益而由司法單位介入為救濟。

25　1992年著作權法第95條第1款。

26　參見蕭雄淋，著作權法職務著作之研究，頁72-73，經濟部智慧財產局，2010年8月15日。

二、著作人死亡後，有無賦予第三人公開發表之空間？

著作人死亡後，為使著作能充分利用，有無賦予第三人公開發表之空間？此一議題，略有三種解決方案[27]：

甲案： 著作人格權之保護期間如維持現行規定（亦即均給予永久保護）者，於本法第15條第2項增訂推定著作人同意公開發表之規定。

第15條第2項修正文字建議：「有下列情形之一者，推定著作人同意公開發表其著作：一、著作人將其尚未公開發表著作之著作財產權讓與他人或授權他人利用時，因著作財產權之行使或利用而公開發表者。二、著作人將其尚未公開發表之美術著作或攝影著作之著作原件或其重製物讓與他人，受讓人以其著作原件或其重製物公開展示者。三、依學位授予法撰寫之碩士、博士論文，著作人已取得學位者。四、著作人死亡後，著作財產權人因著作財產權之行使而公開發表者。」

乙案： 著作人格權之保護期間如調整與著作財產權之存續期間相同者，得由其著作財產權人於該存續期間內行使著作人格權。

丙案： 著作人格權之保護期間如予以區隔處理（亦即姓名表示權及不當變更禁止權永久存續；公開發表權保護至著作財產權存續期間）者，得由其著作財產權人於存續期間內行使公開發表權。

第18條修正文字：「著作人死亡後，除公開發表權外，關於其著作人格權之保護，視同生存或存續，任何人不得侵害。但依利用行為之性質及程度、社會之變動或其他情事可認為不為反該著作人之意思者，不構成侵害。著作財產權人得公開發表著作人生前未公開發表之著作。但著作人已明確為不予公開發表之表示者，不在此限。」

---

[27] 2013年11月13日第44次修法諮詢會議資料，頁8-9。參見經濟部智慧財產局網站：http://www.tipo.gov.tw/ct.asp?xItem=498122&ctNode=7010&mp=1（最後瀏覽日：2014/2/19）。

上述三案，本文主張維持原著作權法條文即可，理由如下：

（一）甲案增列第2項第4款：「著作人死亡後，著作財產權人因著作財產權之行使而公開發表者。」在理論上似乎值得斟酌。蓋依著作權法第21條規定，著作人格權專屬於著作人本身，不得繼承。亦即著作人死亡後，著作人之著作人格權即屬消滅，第18條之保護，主要係基於文化公益目的而規定，而非著作人格權仍屬存在。既然著作人格權於著作人死亡時消滅，則「著作財產權人因著作財產權之行使而公開發表者」，並非侵害著作人之著作人格權，而係侵害法律所規定著作人死亡後著作人之人格利益之保護，理論上即不得視為侵害著作人之著作人格權。易言之，有關著作人死亡後的公開發表權，不宜在著作權法第15條規定處理，而應在第18條規定處理。

（二）甲案認為著作財產權人因著作財產權之行使而公開發表者，均不侵害著作人之著作人格權，然而如果著作人生前的日記或情書，著作人反對公開發表，作為著作財產權人之繼承人卻將其公開發表，亦有所不當。再者，如果著作人死亡已經滿50年，或著作財產權人不存在，反而因無著作財產權人，而無得合法發表之人，亦非解決之道。

（三）乙案之著作財產權人所以得發表，因轉讓或職務著作而取得著作財產權者，依著作權法第15條第2項第1款及第3項即得解決，僅繼承人成為著作財產權人得加以適用。然而繼承人有著作權法第86條防禦之權利，如果繼承人擬公開發表著作人之著作，在著作權法上公開發表權並無法律障礙，似無必要單純為繼承人而成立乙說。

（四）丙案第1項既將公開發表權除外，第2項又規定何種公開發表不侵害，即屬矛盾。

（五）現行法第18條係來自日本著作權法第60條，而日本著作權法第60條規定所稱「社會之變動或其他情事可認為不違反該著作人之意思」，學者通說認為如果在當時記載是屬於高度機密事項之日記，於當時著作人死亡即貿然加以發表，固屬不宜，然而事過境遷，當時內秘之性質，因時代的變遷而失去意義，則不應認為有損著作人

人格之利益。蓋因隨著時間的經過，死亡者的需要保護性質日益低下，不管著作人主觀的意思，應以公共利益爲優先考慮[28]。故由現行著作權法之解釋，得解決許多公開發表權之問題。兩蔣日記不能公開發表，乃繼承人有不同意公開發表，係屬著作財產權之問題，而非著作人格權之問題，與著作權法第18條無關。

三、無著作權法第86條之人或怠於行使權利者如何解決問題？

對著作人死亡後，著作人之遺族、遺囑指定人及著作財產權人無故不行使或因意見不一而未公開發表之情形，如何處理？

有關此一議題，本文認爲僅須在著作權法第93條恢復違反第18條規定之刑事責任，即可解決此一問題。理由如下：

（一）對著作人死亡後，著作人之遺族、遺囑指定人及著作財產權人無故不行使或因意見不一而未公開發表之情形，學者版修正草案認爲，應依法國智慧財產權法典第121條之3[29]規定：「L.121-2條所指已故作者的代表人明顯濫用或無故不行使發表權者，大審法院可採取一切適當措施。代表人意見不一，或沒有已知權利所有人，或無人繼承或繼承人放棄繼承時，亦同。」「負責文化的部長尤其可以訴請法院採取措施。」由法院來介入。此一問題，在利用人欲公開發表著作人已死亡或法人人格消滅之著作，在公開發表權部分，現行著作權法第15條第2項及第3項，已解決部分由第三人發表而不侵害著作人之公開發表權問題。而對現行著作權法第18條但書之適當詮

28　參見加戶守行，著作權法逐條講義，頁433以下，著作權情報センター，平成25年8月6訂新版；小倉秀夫、金井重彥，著作權法，頁957，レクシスネクシス・ジャボン株式会社，平成25年5月。

29　法條中譯引自十二國著作權法翻譯組，十二國著作權法，頁67，清華大學出版社，2011年。

釋[30]，亦可解決可能發生的著作人死後的著作人格權侵害問題。

（二）查著作權法第86條規定：「著作人死亡後，除其遺囑另有指定外，下列之人，依順序對於違反第十八條或有違反之虞者，得依第八十四條及前條第二項規定，請求救濟：一、配偶。二、子女。三、父母。四、孫子女。五、兄弟姐妹。六、祖父母。」此規定之一定親族或著作人指定之人，所行使之權利，並非著作人之原著作人格權，而僅係消極保全著作人人格之利益之由法律規定之請求權。既然該規定並非行使著作人之著作人格權，故無濫用問題。

（三）我國著作權法第86條原採自日本著作權法第116條規定。依日本學者解釋，日本著作權法第116條之著作人指定之人或一定親族，對著作人之意思最了解，而其順位中，先順位者未發動請求權，則次順位者不得發動請求權。蓋如果次順位者發動請求權，則此法律推定最了解著作人意思之順位，即無意義。此外，同一順位之人有數人，每人均有獨立之發動權[31]。依此而論，我國著作權法第86條之請求權，應無濫用或意思不一致而導致著作人死亡後人格利益不保護之情形發生。

（四）至於第86條之人如果怠於行使請求權，則如何？一般上，既然第86條之人係對著作人生前最了解之人，著作人是否有發動請求權之意思，應較法院了解，無法院介入之必要。萬一無第86條之人，而著作人已死亡，其生前人格利益之保護，亦可透過在著作權法第95條恢復違反著作權法第18條規定者之刑事責任，以為救濟。而法人無著作權法第86條之人，如果法人有著作權法第18條之情形，亦須有違反第18條之刑事責任，且為非告訴乃論之罪，方能得到救濟，以保護文化秩序。

---

30 參見加戶守行，前揭書，頁433以下；小倉秀夫、金井重彥，前揭書，頁957。

31 參見加戶守行，前揭書，頁798。

伍、表演與錄音著作之著作人之著作人格權

一、表演人之著作人格權

依WPPT第5條及北京條約第5條規定，表演人人格權之保護，僅規定姓名表示權及禁止不當變更權，而不包含公開發表權在內。依日本、德國、中國、南韓著作權法，一般著作之著作人格權均包含公開發表權，但在表演人之人格權保護，則不包含公開發表權在內。我國表演人之保護，未有專章規定，亦不採著作鄰接權制度，有關表演人之著作人格權，須依著作權法第15條至第17條規定。即我國對表演人之著作人格權保護，包含表演人之公開發表權，而表演人之表演，通常以公開發表為前提[32]，不應承認表演有公開發表權[33]。我國承認表演人之公開發表權，此是否適宜，值得討論[34]。本文建議，表演人不宜擁有公開發表權。

二、錄音著作之著作人格權

在著作權法有著作鄰接權立法之國家，錄音之保護，係保護錄音物之「製作人」，而非錄音著作之「著作人」。「著作人」與「製作人」不同。有關此問題，可由視聽著作之「著作人」與「製作人」之不同而推知。

視聽著作之著作人為何人？我國著作權法無規定。日本著作權法第2條第1項第2款規定：「著作人，即創作著作之人。」在日本著作權法，

---

32 參見半田正夫、松田正行，著作權法コンメンタール，第二冊，頁885，勁草書房，2009年1月。

33 參見Delia Lypzic著，中國對外翻譯出版公司譯，著作權與鄰接權（*Copyright and Neighboring right*），頁293，中國對外翻譯出版公司，2000年7月。

34 2013年1月28日第29次修法會議之書面意見——有關表演人之著作人格權問題，參見經濟部智慧財產局網站：http://www.tipo.gov.tw/ct.asp?xItem=422592&ctNode=7010&mp=1（最後瀏覽日：2014/2/20）。

電影著作何人爲著作人？製作人抑或演員、導演、燈光、錄影、美術、劇本作者、小說作者、音樂作者？日本著作權法第16條規定：「視聽著作之著作人者，即除被改編或複製爲視聽著作之小說、劇本、音樂或其他著作之著作人外，爲擔任製作、監督、演出、錄影、美術等之有助於視聽著作在全體上形成之人。但有前條規定之適用者，不在此限。」視聽著作之著作人，除有上述著作權法第15條法人著作之適用情形，以法人等爲著作人外，應爲「爲擔任製作、監督、演出、錄影、美術等之有助於視聽著作在全體上形成之人」。我國著作權法的視聽著作無著作人之規定，解釋上亦應與日本著作權法相同。

而依據伯恩公約規定，有關電影著作之著作權之歸屬，分爲電影著作權模式（如美國）、法定移轉模式（或法定歸屬模式[35]）（如日本及德國）及合法化推定模式（如法國）等三種立法模式[36]，此三種立法模式由各締約國立法決定。如果未採前二種立法模式者，則適用伯恩公約第14條之2第2項第(b)款之規定，採合法化推定制度[37]，即「就著作之製作參加協力而亦屬於電影著作之著作權人之著作人，如無反對或特別之規定者，不得反對將其電影著作，加以複製、頒布、公開上演及演奏，以有線方式公開傳達、廣播或以其他方法公開傳達或插入字幕或配音」。

同樣地，錄音著作之著作人，亦可謂爲擔任製作、監督、演出、混音、錄音、剪輯等之有助於錄音著作在全體上形成之人。而錄音物之製作人，一般皆爲錄音物之投資人，即錄音物之製作公司，而非錄音師、混音師等在錄音著作上形成之人。然而錄音師、混音師卻爲錄音著作之著作人。

在採著作鄰接權之國家，直接保護錄音著作之製作人，對錄音物無著

---

35 日本學者稱爲「法定歸屬說」，見加戶守行，前揭書，頁217。

36 參見馮曉青，著作權法，頁130-131，法律出版社，2010年9月。

37 參見WIPO著，劉波林譯，保護文學及藝術作品伯爾尼公約指南（*Guide to the Berne Convention for the Protection of Literary and Artistic Works, Paris Act, 1971*），頁68-69，中國人民大學出版社，2002年7月。

作人格權之規定,而非保護錄音著作之著作人。在我國,現行法對錄音著作有著作人格權之規定,且保護完整之著作人格權。然而實務上對屬於錄音著作之著作人之一的混音師、錄音師,皆未具名。此在採著作鄰接權之國家,並無問題,然而目前現行法卻產生問題,值得檢討[38]。故本文建議錄音著作應排除著作人格權之保護。

陸、結論

著作人格權在著作權法上,係一極富理論之制度。在採「作者權傳統」之國家,無論學說或實務對著作人格權均十分重視。我國1992年著作權法修正,有關著作人格權制度受到日本著作權法極大影響。我國著作權法修正,應注意日本之原規定及這20年來的修正動態。因此有關公開發表權部分,我國著作權法第15條之公開發表權,應限制在「未公開發表之著作」,而且著作人之公開發表權應有及於衍生著作之立法。再者,針對政府資訊公開法與公開發表權之關係,亦應立法加以處理,亦即對依政府資訊公開法而提供他人著作,應視為同意公開發表。

至於著作之不當變更權部分,既然立法來自伯恩公約,本文認為現行著作權法第17條之要件須達到「致損害名譽」之程度,方屬侵害著作人之著作人格權,不僅與伯恩公約規定未符,且對著作人保障不足,應規定利用人之利用,對著作人「有損害名譽之虞」即構成侵害著作之不當變更權。再者,伯恩公約既認為不變更著作之「其他相關貶損行為」,亦屬著作人格權之侵害,則著作權法第87條第1項第1款之規定,應在著作權法第17條處理,而不宜認為屬於「視為侵害著作權」。

最後,法制之繼受,應有完整之體系,我國著作人格權之體系,既

---

38 2012年11月16日第25次修法會議之書面意見——有關表演人之保護,頁1-2,參見經濟部智慧財產局網站:http://www.tipo.gov.tw/ct.asp?xItem=422592&ctNode=7010&mp=1(最後瀏覽日:2014/2/20)。

來自日本而非德、法兩國，則著作人格權第18條規定，不宜變動，應恢復1992年時針對違反第18條者有刑事責任之規定，並採非告訴乃論罪，以使法人消滅後之著作人格權，尚有一定之保護，並使無著作權法第86條之人之情形，法院得以適度介入，以維護國家文化秩序。

（本文原載智慧財產權月刊，第185期，2014年5月，頁34-51）

第十章
論著作財產權限制與合理使用之關係

壹、合理使用之各種意義及內涵

何謂合理使用（fair use）？合理使用之意義及內涵，有最廣義、廣義與狹義之分。

最廣義之合理使用，係指著作財產權人以外之人，未獲得著作財產權人之同意或授權，於合理範圍內，得公平利用著作權人依著作權法所得享有之各種專有權利而言。最廣義之合理使用，包含「著作財產權限制」（limitations on economic rights）（含法定授權）及「一般之合理使用條款」。此合理使用之概念，認為從著作財產權人立場而言，合理使用是對著作財產權專有權利之限制（limitations on exclusive right）；自使用人方面而言，合理使用係指未經著作財產權人同意之情形下，得以合理之方法，任意利用該著作之權利。最高法院91年台上字第837號刑事判決謂：「舊法（指1993年4月24日公布）有關著作財產權之限制（學理上所泛稱之『合理使用』）僅限於第44條至第63條規定之範圍，而第65條係為審酌著作之利用是否合於第44條至第63條規定所訂定之判斷標準。惟著作利用之態樣日趨複雜，舊法第44條至第63條規定之合理使用已顯僵化，無足肆應實際上之需要，為擴大合理使用之範圍，新法（指1998年1月21日修正公布）將本條修正為概括性之規定，即使未符合第44條至第63條之規定，但如其利用之程度與第44條至第63條規定之情形相顯似或甚至更低，而以本條所定標準審酌亦屬合理者，則仍屬合理使用。乃原判決依新法第65條第2項規定所列各款為判斷合理使用之標準，尚無違誤。」此即對合理使

用採最廣義之解釋。著作權法第65條第2項規定：「著作之利用是否合於第四十四條至第六十三條規定或其他合理使用之情形……」法文稱「其他合理使用」，似將第44條至第63條當作「合理使用」，乃採最廣義之解釋。

廣義之合理使用，係指在法律規定的條件下，不必徵得著作權人的同意，又不必向其支付報酬，基於正當目的而使用他人著作權作品的合法行為。故廣義的合理使用包含著作財產權限制，但不包含利用人需要付費的法定授權的情況在內。

狹義之合理使用，即將合理使用與著作財產權之「法定例外」（statutory exemptions）相區別。著作財產權之法定例外，即基於一定之政策目的，將出於特定目的之利用行為，或對於特定性質之著作作品，或對於特定之著作權利，直接以法律明文規定方式，宣示該特定類型利用行為，係不構成侵害著作權之利用行為。法定例外在性質上是一種對著作權人所享有著作權之「附加限制規定」，而合理使用規定，係對著作權人所享有著作權利之「固有限制規定」，二者在性質上有別。符合著作權法定例外之情形，係有著作權之阻卻違法事由，而合理使用對不構成侵害之行為，為「構成要件之不該當」，二者顯然有別。我國著作權法第65條之合理使用，係指狹義之合理使用意義。

本來合理使用制度，係英美法系在習慣法（common law）上發展出來的概念，在1976年美國著作權法修正時，才將其明文化。我國於1992年著作權法修法前，雖未明文規定，然而實務上已有法院先於立法，採此制度。臺灣臺北地方法院81年簡上字第423號判決（已確定之終審判決）謂：「按著作權係著作權法所賦與著作人保護其精神，智慧創作所得享有之私權，其目的在於保障私權及鼓勵創作，以促使社會之進步。然就社會整體而言，如過度保護著作權，將造成一般人利用之困難，而阻礙學術交流發展與知識之傳遞，有礙社會公益，殊非著作權法保護私人著作權利之本旨。故為謀社會公益與私權之調和，英美法有所謂合理使用原則，只要他人基於正當理由使用著作物，且斟酌其使用之目的、分量、對原著價值之影響及原著之性質等因素可認為未逾合理限度時，不構成著作權之侵

害。我國於79年1月24日公布施行之舊著作權法關於著作權之限制，僅於該法第18條、第19條、第29條至第32條爲列舉之規定，並未就合理使用原則爲概括之規定。81年6月10日公布施行之新著作權法第65條雖有類似合理使用原則之規定，惟觀其條文意旨，係就同法第44條至第63條關於著作權限制之規定所加限制之條款。因此我國著作權法無論新舊法，均無合理使用原則之規定，我國著作權之思潮，尚在萌芽階段，著作權法之立法屢受中美談判之約制，較難基於法理爲全面之考量，而關於著作權之限制採列舉方式，致掛一漏萬，適用於具體案件，易滋疑義。縱在社會觀念上不認違法，且非營利行爲，對於著作權人之侵害微不足道，或僅有所謂著作權形式上（technical）之侵害，亦應負違反著作權法之重責，自非事理之平。民法第一條規定，民事法未規定者，依習慣，無習慣者，依法理。我國著作權法對於合理使用原則，雖無明文規定，亦得依法理適用之，以補著作權法之不足。」

　　上述所稱「社會觀念上不認違法，且非營利行爲，對著作權侵害微不足道，或僅有所謂著作權形式上之侵害」之情形，在實務上亦有認爲無違法性而不引「合理使用原則」者。例如司法院第22期司法業務研究令第15則座談，詳如下述。

一、問題說明

　　張三爲慶祝其與妻結婚週年，租小型遊覽車一部，邀其非同住之親戚及友人共十人由臺北赴南部旅行，途中，張三應親友之要求，演唱由李四作曲作詞之歌曲，並由全車親友和音，問張三及其親友是否違反著作權法第92條規定？

二、研究意見

（一）**甲說**：張三構成著作權法第92條擅自以公開演出之方式侵害他人著作權之罪。蓋依同法第3條第1項第9款規定，對公眾歌唱屬於公開

演出之一種；而依同條項第4款之規定，所謂公眾兼指不特定人及特定之多數人而言；而且邀親友外出旅遊並非屬於同款所稱之家居生活，再者張三之行為亦非屬於同法第33條所稱之公益性活動中之演出。故其行為在法律上屬於觸犯著作權第92條之罪。其親友既已附和，自己非教唆犯或幫助犯所可涵蓋而屬共同正犯之行為。

（二）**乙說**：張三及其親友之行為應未構成對公眾演出之要件。蓋著作權法第3條第1項第4款雖將「特定之多數人」包括在內，但「特定之多數人」既與「不特定人」相對，而不特定人因不要求人數之眾多，相對之下，「特定之多數人」應指人數眾多之情形。否則若二、三人或三、五人亦屬公眾，顯易與人民對法律文句之認識有極大之差距。

（三）**丙說**：本件張三及其親友既均參與演唱，則相當於全車之人均為演唱者，所餘者為司機一人作為聽者而已，且演唱者係自娛性質，並非對自己，更非對司機演出，故不符合「對公眾」演唱之要件。

（四）**丁說**：張三及其親友之行為應無可罰之違法性。蓋其行為在外觀上雖與構成要件相符，但其行為對社會及對著作權人毫無實際傷害，亦無傷害之可能性。是其縱有違法，然其違法性並不足以使刑事程序加諸於此種行為，此與在營業的遊覽車上演唱者之違法程度不可相提並論。

三、研討結果

採丁說，並兼採乙、丙說理由補強之。

四、司法院刑事廳研究意見

同意研究結果。

由於「合理使用」具有多重意義和內涵，而「合理使用」與「法定例外」又有不同的功能。我國著作權法第44條至第63條規定，多有「合理

範圍」之文字，究竟我國著作權法第65條之規定，與第44條至第63條規定關係如何？第65條規定是否適合適用在第44條至第63條之要件中，造成實務上諸多紛爭。未來我國在立法上如何正本清源，實屬著作權法之重要課題。

爲探討「著作財產權限制」與「合理使用」之關係，本文以下所稱之「合理使用」，均指最狹義意義之合理使用而言。

貳、著作權法第65條之立法沿革

一、1992年之著作權法

著作權法第65條規定，係1992年著作權法修正時所新增。依1992年著作權法第65條規定：「著作之利用是否合於第四十四條至第六十三條規定，應審酌一切情狀，尤應注意左列事項，以爲判斷之標準：一、利用之目的及性質，包括係爲商業目的或非營利教育目的。二、著作之性質。三、所利用之質量及其在整個著作所占之比例。四、利用結果對著作潛在市場與現在價值之影響。」

該規定的行政院草案說明爲：

（一）按第44條至第63條之規定，僅揭櫫著作財產權限制之抽象要件，爲利各該條文於具體個案中之適用，本條爰規定於具體個案中，欲判斷是否合於各該條規定所定要件，所須審酌及注意事項。

（二）本條第1項所稱「利用之目的」乃法律上承認之目的，包括：評論、新聞報導、教學、學術、研究等。例如引用他人部分著作供爲研究。其次，利用係爲商業目的或爲非營利、教育目的，亦爲重要因素。第2款所稱「著作之性質」，係指被利用著作之本身是否具有被利用之引誘性，諸如工具書類及公開演說是。第3款稱「所利用之質量及其在整個著作所占之比例」，係指所利用部分在新著作中及被利用著作中，就整體觀察其質量所占比例。例如新著作可能

為百萬言巨著，所利用之分量可能僅及該新著作百分之一，但對被利用著作而言，或占其整體之半甚至全部，故新著作與被利用著作在質量方面，均需加以比較。第4款「潛在市場之影響」，亦與利用態樣有關。

（三）本條係參考美國著作權法第107條之立法例增訂之。

二、1998年之著作權法

由於1992年著作權法將第65條合理使用之一般規定，僅定性為對著作權法第44條至第63條之檢驗規定，而非係與著作權法的「法定例外」相區別之「合理使用」的獨立條款，與美國立法例不符，在世界各國亦罕見其例。1998年著作權法修正，乃修改為：「著作之合理使用，不構成著作財產權之侵害（第1項）。」「著作之利用是否合於第四十四條至第六十三條規定或其他合理使用之情形，應審酌一切情狀，尤應注意下列事項，以為判斷之標準：一、利用之目的及性質，包括係為商業目的或非營利教育目的。二、著作之性質。三、所利用之質量及其在整個著作所占之比例。四、利用結果對著作潛在市場與現在價值之影響（第2項）。」

該條規定之修正理由為：

（一）1992年舊法第65條修正。

（二）按合理使用之法律效果如何，舊法漏未規定，爰參考美國著作權法第107條之立法例，修正如第1項。

（三）舊法有關著作財產權之限制（學理上所泛稱之「合理使用」）僅限於第44條至第63條規定之範圍，而第65條係為審酌著作之利用是否合於第44條至第63條規定所訂定之判斷標準，惟由於著作利用之態樣日趨複雜，舊法第44條至第63條規定之合理使用範圍已顯僵化，無足肆應實際之需要。

（四）為擴大合理使用之範圍，新法將本條修正為概括之規定，亦即利用之態樣，即使未符合第44條至第63條規定，但如其利用之程度與第44條至第63條規定情形相類似或甚而更低，而以本條所定標準審酌

亦屬合理者，則仍屬合理使用。

三、2003年之著作權法

1998年之著作權法第65條，原只有第1項及第2項，2003年著作權法把第2項判斷之「標準」修改為「基準」。另增加第3項及第4項。第65條規定全文為：「著作之合理使用，不構成著作財產權之侵害（第1項）。」「著作之利用是否合於第四十四條至第六十三條規定或其他合理使用之情形，應審酌一切情狀，尤應注意下列事項，以為判斷之基準：一、利用之目的及性質，包括係為商業目的或非營利教育目的。二、著作之性質。三、所利用之質量及其在整個著作所占之比例。四、利用結果對著作潛在市場與現在價值之影響（第2項）。」「著作權人團體與利用人團體就著作之合理使用範圍達成協議者，得為前項判斷之參考（第3項）。」「前項協議過程中，得諮詢著作權專責機關之意見（第4項）。」

2003年著作權法第65條第3項增訂理由為：「何者為合理使用？何者為非合理使用？經由著作市場長期自然運作，在社會上往往會形成某些客觀上一致看法，即一般所謂『共識』。此種共識可供法院判斷有無合理使用適用之參考，爰參照美國實務運作之情形，增訂第3項。」

第4項增訂理由為：「於第3項社會共識之過程中，各方意見如有差距，通常期待著作權專責機關得提供相關意見，以協助達成共識。此際，著作權專責機關得提供相關意見，以利共識之形成，爰增訂第4項如上。」

四、2014年之著作權法（即現行法）

2014年之著作權法，將2003年之著作權法第65條第2項「於第四十四條至第六十三條規定或其他」之文字修正為「於第四十四條至第六十三條所定之合理範圍或其他」，即第44條至第63條文中有「合理範圍」之規定文字者，則須依第65條第2項規定之四項基準審視之，其餘規定不變。

此次修正理由爲：「按豁免規定與合理使用不同，其區別在於豁免規定對於著作類別及專屬權種類設有限制，以及豁免規定只須考量要件是否符合即可構成，法院無須再行斟酌其他合理使用之權衡要素。而查本法原條文合理使用中所例示者，存有許多條文屬於豁免規定，而無適用第65條所列判斷標準之餘地。蓋豁免規定之設計，正是對於限定的特殊利用著作情形，明確正面的肯認其合法性，由於適用的情形已有所限定並且要件設定明確，是故無須再以合理使用中的權衡要素予以再次評價。原條文未能爲此區分，造成此種特殊的利用情形除了其本身條文的要件外，尚須再通過合理使用的檢驗，而未能達成豁免規定制度設計的初衷。」

參、著作權法第65條在實務運作上引起的問題

現行著作權法第65條第2項規定：「著作之利用是否合於第四十四條至第六十三條所定之合理範圍或其他合理使用之情形，應審酌一切情狀，尤應注意下列事項，以爲判斷之基準……」即著作之利用，是否合於著作權法第44條至第63條規定中有「合理範圍」文字者，尚應受著作權法第65條第2項四個判斷基準的審酌，且此審酌非僅考量其中一款，而是全部四款均應受到審酌。

此項規定，甚有不妥，理由如下。

一、就理論而言

美國著作權法之「合理使用」規定，理論上原與著作權之「法定例外」嚴加分別。蓋「合理使用」係針對所有不同著作及所有利用著作類型所作的規定。利用人於利用著作時，如果被法院判定係屬公平、合理，即得適用該規定。而「法定例外」係立法機關基於立法政策，對特定著作之特定利用行爲，所設計之免責規定。「合理使用」是否構成，應由法院決定，相同情況，今日構成合理使用之事實，明日卻不一定構成合理使用。

而「法定例外」是否構成，則有一定的成文要件，在該要件內，法院不能恣意認定，而應遵守該法定要件，如果因環境變遷，欲改變結論，不能由法院逕行決定，而應由立法機關另行修改法律。

我國著作權法立法卻加以混淆，使我國著作權法第44條至第63條規定應屬「法定例外」之規定，卻須受應屬於「合理使用」之第65條第2項之四個條款之檢驗，不僅理論上有所矛盾，且造成著作財產權限制條款充滿了不確定性，學者迭有爭議。利用者或權利人詢問主管機關或律師，某種情形是否構成著作財產權限制？答案均為：須再檢驗是否符合著作權法第65條第2項之四個合理使用之檢驗基準規定，並由法院再作司法判斷。是則第44條至第63條，每一個條文都是「不確定法律概念」，不僅要件變得非常不明確，充滿不確定性，法官的自由裁量權增大，律師無法將著作權法問題的可否答案具體明確告訴當事人，主管機關無法將著作權法問題的可否答案，具體明確回覆相關機關及詢問民眾，法院判決亦充滿不確定性和非可預測性。如此規定，可否界限不明，利用人其實無從遵守，有修正之必要。

二、就比較法觀點而言

（一）美國法

我國著作權法第65條繼受自美國著作權法第107條，已如前述立法沿革。美國著作權法第107條之四個檢驗基準，並非用以檢驗美國著作權法第108條至第122條之規定。蓋美國著作權法第107條係「合理使用」原則，而美國著作權法第108條至第122條則係「法定例外」之規定，二者功能不同，適用性質亦不同。而我國著作權法第65條相當於美國著作權法第107條，而第44條至第63條相當於美國著作權法第108條至第122條。我國著作權法第65條第2項之四款檢驗基準，成為檢驗第44條至第63條之規定，自屬矛盾。

（二）日本法

　　日本自2009年（平成21年）5月以後，文部省文化廳著作權分科法制問題小委員會，有多次討論訂定一般合理使用規定之議，且有甚多論文出現。日本所以有一般合理使用規定之議，乃係日本著作權法有關著作權限制之規定，係屬列舉規定，列舉規定未免掛一漏萬，在現實面許多可能發生，並不嚴重損害著作權人利益，但在法律邏輯上卻無法避免侵害著作權之情形，有需要概括的合理使用規定，以為解決。舉例如下：

1. 商店為販賣合法美術品原作，而在自己商店的網站把該美術品照像作為目錄。
2. 影印機、錄音機、錄影機等之研發，為確認其性能，而就他人著作影印、錄音或錄影。
3. 公司董事長不諳英文，秘書自外國電視中翻譯重要新聞供董事長作決策參考。
4. 就與公司相關之他人網頁或電視新聞，在公司內部會議放映出來。
5. 唱片販賣店為促進唱片販賣目的，而就販賣中的CD播放給來店客人試聽。
6. 家電量販店為向來店顧客訴求高畫質之電視，而將DVD在店頭上映。
7. 小兒科護理師手縫受歡迎的性格流行布偶娃娃，給入院的兒童。

　　日本學者雖有不少有關一般合理使用是否納入日本著作權法之論文，然而從未有人主張將一般合理使用規定，作為日本著作權法第30條至第49條有關「法定例外」檢驗基準之議者。足見我國著作權法第65條第2項，將合理使用與法定例外混為一談，是一種錯誤之立法。

（三）南韓法

　　2007年12月26日南韓政府向國會提出著作權法修正案，其中第35條之3採用美國「合理使用」規定及伯恩公約「三步測試原則」。該法案經多次轉折，後來於2011年12月正式通過，而於著作權法第35條之3規定：

　　「(1)除第23條至第35條之2規定者以及第101條之3至之5之限制規定

外，在不與著作之通常利用方法相衝突，不致不合理有害於著作人合法之利益者，得基於報導、評論、教育、研究等目的利用著作。

（2）著作之利用行為，是否該當第1項之合理使用，其判斷應斟酌下列事項：

①利用之目的及性質，包括係為商業目的或非營利教育目的。

②著作之種類及用途。

③所利用之質量及其在整個著作所占之比例。

④利用結果對著作潛在市場與現在價值之影響。」

南韓著作權法第23條至第35條之2，係相當於我國著作權法第44條至第63條有關著作財產權限制之規定。南韓著作權法第35條之3之一般合理使用原則，其中的四款檢驗基準，與我國著作權法第65條第2項相當。但是南韓之著作權法第35條之3規定，並不檢驗南韓著作權法第23條至第35條之2有關法定例外之規定，僅係獨立合理使用規定之檢驗基準。足見南韓該法案提出當時，亦知我國著作權法以第65條第2項之四款檢驗基準，作為檢驗第44條至第63條之規定，不僅在立法理論係屬違誤，且在實務上亦將陷於法律之不確定狀態。著作權法的一般合理使用規定，僅係在解決著作財產權限制規定之不足，而非在檢驗「法定例外」條款。

（四）其他國家之著作權法

中國著作權法實施條例第21條規定：「依照著作權法有關規定，使用可以不經著作權人許可的已經發表的作品的，不得影響該作品的正常的使用，也不得不合理地損害著作權人的合法利益。」法國智慧財產權法第122條之5第2項規定：「本條所揭示之例外規定，不得妨害著作物之通常利用，也不得不當地損害著作人之正當利益。」此二規定，雖似對著作財產權限制之檢驗規定，但一方面此為各國際公約的「三步測試原則」，有此規定，僅在履行公約義務，其與美國著作權法第107條之合理使用規定的功能不同。而以色列著作權法第19條、菲律賓著作權第185條、新加坡著作權法第35條、香港版權條例第38條，均採美國著作權法第107條之立法模式，而為相同的四款檢驗基準。然而，該等規定係獨立規定，並非檢

驗其他法定例外條款之檢驗基準。由此而知，我國著作權法以第65條第2項合理使用之四款檢驗基準，作爲檢驗法定例外規定之檢驗基準，係世界所無之制度，應加以檢討。

三、我國著作權法適用上的矛盾

事實上，我國著作權法從第44條至第63條規定，其中條文有「合理範圍」字樣者，有第44條、第45條、第46條、第47條、第50條、第51條、第52條等七條規定，而無「合理範圍」字樣者，有第48條、第48條之1、第49條、第53條至第63條等14條條文。其中無「合理範圍」規定者，許多條文乃著作財產權限制要件自我具足之條文，例如第44條至第47條，在日本幾乎均有條文非常相似而自我具足的規定，均無須經第65條第2項之四款檢驗基準之檢驗。故第65條第2項規定：「著作之利用是否合於第四十四條至第六十三條所定之合理範圍或其他合理使用之情形，應審酌一切情狀，尤應注意下列事項，以爲判斷之基準……」係矛盾之規定，有修正之必要。

肆、修正著作權法第65條之三種可能模式

爲解決著作權法第44條至第63條規定，是否尚應受著作權法第65條第2項四款檢驗基準的審酌，可能有下列三種修法模式。

一、「合理範圍說」修正模式

此種修正模式，爲2014年著作權法修正所採用，即第65條第2項規定，限於第44條至第63條條文中有「合理範圍」文字者，方適用第65條第2項規定。

第44條至第63條中，法文有「合理範圍」字樣者，有第44條、第45

條、第46條、第47條、第50條、第51條、第52條等七條規定,而無「合理範圍」字樣者,有第48條、第48條之1、第49條、第53條至第63條等14條條文。故依此說,應僅第44條、第45條、第46條、第47條、第50條、第51條、第52條等七條條文,適用第65條第2項之四款檢驗基準。

二、「獨立說」修正模式

此種修正模式,即修正第65條第2項,而將第65條定位係獨立之合理使用規定,不作為第44條至第63條之檢驗基準。

此說認為,我國著作權法第65條,既然係仿自美國著作權法第107條規定而來,而美國著作權法第108條至第122條有關法定例外規定,無須受美國著作權法第107條之四個判斷基準之檢驗。在第108條至第122條所無規定者,利用者尚得主張第107條合理使用之獨立抗辯規定。理論上,我國著作權法第44條至第63條規定,既係參考自日本著作權法著作財產權限制之規定,應是自我滿足之規定,不宜受著作權法第65條第2項之四款檢驗基準的檢驗。

三、「依性質適用說」修正模式

此種修正模式認為,第44條至第63條應視其性質,僅若干規定受第65條第2項四款檢驗基準之檢驗,其餘規定不受第65條第2項四款之檢驗。

此種修正模式之理論依據,在於我國著作權法第44條至第63條規定,基本上是仿照日本著作權法第30條至第49條而成。而日本著作權法第30條至第49條規定,係獨立自我充足,無假外求的著作財產權限制之規定。我國著作權法第44條至第63條規定,只要其中法條有關「合理範圍」之文字,改為相當於日本著作權法第30條至第49條之相關文字即可,無須再受著作權法第65條第2項四款檢驗基準之檢驗。著作權法第44條至第63條規定,須受著作權法第65條檢驗者,應是原來美國著作權法第108條至第122條所未規定,且法條規範彈性極大,法律被引用情形很普遍,例如第51條

（個人使用）、第52條（引用）等。

伍、修正著作權法第65條各種可能模式之可行性分析

茲將上述三種修正模式的可行性，次第加以分析如下。

一、「合理範圍說」修正模式之可行性分析

2014年修正之現行著作權法所採之「合理範圍說」修正模式，認為於第44條至第63條有「合理範圍」文字之條文，方適用第65條第2項規定。此種情形無須修改著作權法第44條至第63條之文字，優點為修改幅度小，立法阻力小。然而「合理範圍說」修正模式，仍有下列缺點：

（一）「合理範圍說」修正模式，仍然無法解決著作權法理論上「法定例外」與「合理使用」的理論混淆和糾葛問題，也無法解決因此種理論混淆和糾葛所產生著作權法「法定例外」條款的不確定性和不可預測性的問題，只是範圍較小而已。蓋第44條至第63條中，法文有「合理範圍」字樣者，有第44條、第45條、第46條、第47條、第50條、第51條、第52條等七條規定，此等規定，法條均有一定的要件，且均繼受自日本著作權法，如果法條「合理範圍」文字，能夠依日本著作權法相關規定文字再作修正斟酌，亦可成為著作財產權限制的自我具足的條文，無須再受著作權法第65條第2項的檢驗。如此一來，利用者就著作之利用，較有明確的標準可以遵循，使著作權法第65條的一般合理使用原則成為純粹利用人無其他「法定例外」條款足資引用時的抗辯規定，此不僅較符合美國著作權法及其他外國相關立法例的原意，且可以減少很多不確定法律概念的適用。上述七條規定，日本著作權法規定既然適用良好，何以我國還須受一般合理使用的四款基準的檢驗？

（二）符合一般「合理使用」規定，係無須付費，亦無須得著作權人同意。而著作權法第47條係「法定授權」之規定，須對著作財產權另外付費。依我國著作權法第65條第2項規定，第47條尚須受到著作權法第65條第2項的四款檢驗基準的檢驗。而如果通過該檢驗，理論上也一樣可以成為一般的合理使用，無須付費，與第47條之付費不同。如果無法通過著作權法第65條第2項的四款檢驗基準的檢驗，則將無法適用第47條，那麼第47條於何情況有適用的可能？更何況第47條教科書的使用，一般都由民間的教科書業者來承接實際重製工作，而此業者多係以營利公司為之，且印刷數量非常龐大，對著作權人的潛在市場一定有影響，又如何能通過著作權法第65條第2項的四款檢驗基準的檢驗？可見此說亦有其不可行之處。

二、「獨立說」修正模式之可行性分析

「獨立說」修正模式認為，第65條係獨立之合理使用規定，第44條至第63條之規定，全部無須受第65條第2項之四款檢驗基準之檢驗。此說在理論上較為可行，但是有幾個值得斟酌之處：

（一）美國著作權法第107條固然無須檢驗美國著作權法第108條至第122條規定。然而美國著作權法第108條至第122條，並無類似我國著作權法第49條、第51條、第52條規定。美國著作權法第107條本身即在執行相當於我國著作權法第49條、第51條、第52條規定的功能。採美國合理使用模式的以色列著作權法第19條及菲律賓著作權法第185條亦有此情況。而我國已有第49條、第51條、第52條，那麼這三條規定，是否須受第65條第2項四款基準的檢驗？

（二）我國著作權法第51條規定係來自日本著作權法第30條規定，而日本著作權法第30條，在1999年及2009年均作大幅度之修正。現行日本著作權法第30條規定：「（私人使用目的之複製）為著作權標的之著作物（以下本款簡稱『著作物』），以個人、家庭或其他相類似之範圍內的使用目的，除以下各款者外，其使用之人得加以複製：

1.以供公眾使用爲目的而設置之自動複製機器（即有複製之機能，關於其裝置之全部或主要部分係自動化之機器）而複製者。2.知悉其複製將使技術保護措施之規避成爲可能，或其行爲使保護措施不生妨礙之結果所爲之複製者（所謂保護措施之規避，即爲在技術保護手段所用的信號加以除去或改變）（所謂除去或改變，不含因伴隨記錄或送信方式技術變換的制約所爲之除去或改變，於第120條之2第1款及第2款亦同），而使技術保護措施所防止之行爲產生可能性，或技術保護措施所抑制之行爲不產生妨害結果）。3.明知其事實，仍以接收自動公眾送信（含於國外所爲之自動公眾送信，如於國內爲之即成立侵害著作權者）之數位方式侵害著作權者（第1項）。」「爲私人使用目的，以政令所規定有數位錄音或錄影機能之機器，將政令所規定之數位方式之錄音或錄影之紀錄媒體，予以錄音或錄影者，應支付著作權人相當數額之補償金（第2項）。」日本著作權法第30條的私人使用制度，較我國著作權法第51條詳盡，排除具有科技保護措施之著作，對網路的下載，限於非明知，且對數位錄音、錄影機器引進補償金制度，此在我國是否可行，爭論尚大。如果目前先將著作權法第51條之暫以第65條第2項之四款檢驗基準來衡量，俟全世界有關私人利用立法較爲明朗再來確定著作權法第65條之立法，亦不失務實可行之方法。否則採「獨立說」之立法模式，馬上必須解決著作權法第51條之立法政策問題，而此立法政策即使國外立法，亦爭議甚大，在國內亦無共識，非短期可能立法解決者。

（三）我國著作權法第52條規定，係來自日本著作權法第32條第1項規定。日本著作權法第32條第1項規定：「已公開發表之著作物，得加以引用。但其引用應屬公正慣行，並在報導、批評、研究或其他引用目的上正當之範圍內爲之。」依日本學者解釋，日本著作權法第32條第1項之引用規定，其界限並不明確，美國著作權法第107條規定，係解釋上很有益的參考。日本學者對日本著作權法第32條第1項「引用」的規定，猶認爲美國著作權法第107條規定爲解釋之參

考，我國著作權法第52條規定，要件亦不十分明確，可能受著作權法第65條第2項之四款檢驗基準之檢驗較佳。

三、「依性質適用說」修正模式之可行性分析

（一）依上述「合理範圍說」與「獨立說」修正模式之分析，「依性質適用說」修正模式似乎較為可行。而由於「合理範圍說」之法條有「合理範圍」文字之第44條、第45條、第46條、第47條、第50條、第51條、第52條等七條規定，其中第47條為「法定授權」規定，法定授權必須對權利付費，與第65條之一般合理使用原則有所不同，不宜再受第65條第2項之檢驗，已如前述。另第44條但書規定：「但依該著作之種類、用途及其重製物之數量、方法，有害於著作財產權人之利益者，不在此限。」此但書於第45條及第46條均有適用，可謂對利用人的利用限制十分嚴格。再者，第44條至第46條規定，要件均極嚴密，只要將「合理範圍內」之文字，作適當修正，實無須再適用第65條第2項規定。

（二）另著作權法第50條規定：「以中央或地方機關或公法人之名義公開發表之著作，在合理範圍內，得重製、公開播送或公開傳輸。」此規定於1992年修法時，係仿日本著作權法第32條第2項及第40條第2項、第3項而來。而日本著作權法第32條第2項規定：「國家或地方公共團體之機關、獨立行政法人或地方獨立行政法人，以為使一般人所周知為目的，在其著作名義下所公開發表之情報資料、調查統計資料、報告書或其他相類似之著作物，新聞紙、雜誌或其他刊行物為作說明資料，得加以轉載。但有禁止轉載之表示者，不在此限。」第40條第2項規定：「於國家或地方公共團體、獨立行政法人或地方獨立行政法人所為公開演說或陳述，除前項規定外，在報導目的認為正當者，得在新聞紙或雜誌上揭載，或為廣播或有線廣播，或將該廣播受信同時於專有該廣播之廣播對象地域受信為目的而為自動公眾送信（包含送信可能化中，在已連接供公眾用之電

信網路之自動送信伺服器上輸入資訊）。」第3項規定：「依前項
規定廣播或有線廣播，或自動公眾送信所爲之演說或陳述，得以受
信裝置公開傳達。」日本上開著作權法規定，並無「量」的限制，
只要目的正當，均得使用，無保護著作財產權人之潛在利益問題。
亦即我國著作權法第50條規定，在性質上亦不宜規定「在合理範圍
內」之文字。易言之，第50條規定適用著作權法第65條第2項之四
款檢驗基準，並不適宜。

（三）1955年，美國國會爲大幅度修正著作權法，授權美國著作權局進行
一項對著作權法的綜合性、基礎性之研究。美國著作權局即委託29
位著作權專家就34個議題作研究，其中合理使用議題之研究者爲
Alan Latman教授。在Alan Latman教授的研究中，列舉習慣法上認
可的八種合理使用類型：附帶使用（incidental use）、評論（review
and criticism）、搞笑模仿秀（parody）或諷刺劇（burlesque）、學
術研究、個人使用、新聞、訴訟程序中使用、非營利及政府機關之
使用等。上述有關附帶使用、搞笑模仿秀等規定，我國及日本著作
權法均未有相關的訂定，此本係有待合理使用規定之法理加以解
決。而其他規定，我國雖有加以制定，但著作權法第44條至第46條
規定，立法已相當完備，無須再適用著作權法第65條第2項規定；
第47條爲法定授權規定，性質上與一般合理使用規定不符，亦不宜
適用著作權法第65條第2項規定，所餘者僅著作權法第49條、第51
條、第52條而已。

（四）查著作權法第49條規定：「以廣播、攝影、錄影、新聞紙、網路或
其他方法爲時事報導者，在報導之必要範圍內，得利用其報導過程
中所接觸之著作。」此規定主要係來自日本著作權法第41條規定。
日本著作權法第41條規定：「以攝影、錄影、廣播或其他方法報導
時事事件者，就構成該事件之著作物或該事件所見所聞過程之著作
物，在報導目的上認爲正當之範圍內，得複製及伴隨該事件報導之
利用。」我國著作權法第49條已與日本著作權法第41條規定相當，
且原條文並無「在合理範圍內」字樣，基於著作財產權限制規定，

應儘量具明確性及有預測可能性之原則，著作權法第49條亦不適用著作權法第65條第2項規定，所餘僅著作權法第51條及第52條而已。

（五）著作權法第51條所規定之「私人使用目的」之規範，乃關係重大之條文，在日本已修正多次，各國均有爭論，我國並未跟進修正。如果跟進修正，恐將爭議甚大，或許數年內無法定案。而著作權法第52條所規定之「引用」，在日本學者認爲須參考美國著作權法第107條作解釋，已如前述，且我國著作權法第51條、第52條均係美國著作權法第108條至第122條所未規定，在美國須適用著作權法第107條者。再加以如果我國一般合理使用原則直接採「獨立說」修正模式，固然理論較爲理想，但恐怕立法不易通過。採「依性質適用說」修正模式，也許是理想與現實兼顧中較可行之路。

陸、結論

著作權法之合理使用問題，係著作權法中最困難，也是最令人困擾的問題。美國的合理使用原則，係由習慣法產生。1976年之美國著作權法第107條之合理使用原則，並非係第108條至第122條之法定例外規定之判斷標準，而係將美國1976年以前之司法實務有關合理使用之司法判決，加以明文化，「目的在於將司法實務之『合理使用』原則重述一遍，絕不是欲將該原則予以改變、限縮或擴張」。

我國著作權法第65條訂定之一般合理使用原則，本即大陸法系國家著作權法立法例之異數。尤其我國著作權法第65條之一般合理使用之四款檢驗基準，成爲法定例外之檢驗規定，更是世界各國立法例所無。此種「合理使用」與「法定例外」相互混淆之立法方式，不僅在著作權法理論有所矛盾，其實施結果亦使我國行政及司法實務，充滿不確定性及不可預測性，應予修正。

本文分析我國著作權法第65條之各種可能之修正模式，其中以「獨立

說」修正模式，在理論上最爲理想，而以「依性質適用說」修正模式，在實際上最爲可行。

　　依我國著作權法主管機關經濟部智慧財產局在2014年4月3日所公布著作權法修正草案第一稿第78條規定：「著作之合理使用，不構成著作財產權之侵害（第1項）。著作之利用是否合於第六十一條所定之合理範圍或其他合理使用之情形，應審酌一切情狀，尤應注意下列事項，以爲判斷之基準：一、利用之目的及性質，包括係爲商業目的或非營利教育目的。二、著作之性質。三、所利用之質量及其在整個著作所占之比例。四、利用結果對著作潛在市場與現在價值之影響（第2項）。著作權人團體與利用人團體就著作之合理使用範圍達成協議者，得爲前項判斷之參考（第3項）。前項協議過程中，得諮詢著作權專責機關之意見（第4項）。」

　　上述規定僅就現行著作權法第65條修正第2項，係採「依性質適用說」模式。而著作權法修正草案第61條規定：「供個人或家庭爲非營利之目的，在合理範圍內，得利用圖書館及非供公眾使用之機器重製已公開發表之著作，並得改作之。」係相當於現行著作權法第51條有關私人使用之規定。亦即依著作權法修正草案第一稿的修正模式，未來有關法定例外規定，僅有關私人使用之規定，須受合理使用四款檢驗基準之檢驗，此種修正模式，係在理想與現實中折衝而較爲可採的制度。

　　（本文原發表於經濟部智慧財產局，著作權法制新思潮研討會，2014年12月19日）

第十一章
里民活動中心利用伴唱機歌唱
引起的著作權問題

壹、問題之所在

　　里民活動中心往往有許多老人利用伴唱機休閒歌唱，此一活動對老人身心健康有極大裨益。在臺灣步入高齡化社會的今天，值得大力提倡。此不僅有助於減少臺灣老人健保和長照支出，亦可減輕子女對父母居家照顧的時間和金錢負擔，使子女對社會和生計能作更大的貢獻。

　　老人利用伴唱機在里民活動中心歌唱，在著作權法上，涉及著作財產權人之重製權及公開演出權問題。如果該伴唱機是合法購買，伴唱機音樂是合法由業者灌錄，並不涉及重製權授權問題[1]，可能僅涉及公開演出權的問題[2]。

　　然而由於目前伴唱機業界市場實態，合法音樂之伴唱機多由少數伴唱機業者壟斷。而伴唱機之公開使用，多以出租之型態呈現，而非以買斷形式呈現。尤其熱門歌曲多由一、兩家伴唱機公司壟斷音樂，出租價格並不低廉，導致若干里民中心有偷偷在伴唱機灌錄熱門音樂之現象，涉及侵害音樂著作之重製權。因而里民活動中心動輒收到業者的存證信函，甚至告訴。2019年6月18日即有各地歌唱協會、歌唱教師等團體及伴唱機業者

1　著作權法第22條第1項規定：「著作人除本法另有規定外，專有重製其著作之權利。」

2　著作權法第26條第1項規定：「著作人除本法另有規定外，專有公開演出其語文、音樂或戲劇、舞蹈著作之權利。」

集結上千人到經濟部智慧財產局陳情，要求修改著作權法，以解決此一問題[3]。

　　立法院民進黨團亦於2019年6月，針對民眾的陳情，提案修改著作權法，使非營利場所伴唱機內音樂的重製除罪化，並且擴大音樂的強制授權範圍，以解決市場音樂壟斷問題[4]。然而，上述立法院提案，引起臺北市音樂創作職業工會（MPA）及音樂創作者強烈反彈，認爲上述利用者之陳情，是「假公益眞盜版」，嚴重損及創作者權益[5]，於是該立法院之修法法案，由行政院主動宣布中止推動[6]。

　　究竟上述立法院之立法，在著作權法法理上，是否妥當？如何解決此一問題？係值得探討之議題。

貳、里民活動中心利用伴唱機演唱是否侵害著作權人之公開演出權？

　　依著作權法第26條規定，著作人固然有公開演出權。然而著作權法第55條亦規定：「非以營利爲目的，未對觀眾或聽眾直接或間接收取任何費用，且未對表演人支付報酬者，得於活動中公開口述、公開播送、公開上

3　中央廣播電台，2019年6月1日，「伴唱機夯歌授權壟斷 立院拚修法：里民活動中心侵權除罪化」，參見中央廣播電台：https://www.rti.org.tw/news/view/id/2024417（最後瀏覽日：2019/7/8）。

4　參見立法院議案關係文書，院總第553號，委員提案第23454號，2019年6月17日印發。

5　鏡週刊，2019年6月19日，「【著作權擬修法惹議快訊】反對假公益眞盜版 音樂人站出來捍衛權益」，參見鏡週刊：https://www.mirrormedia.mg/story/20190619mkt001/（最後瀏覽日：2019/7/8）。

6　中央社，2019年6月24日，「伴唱機強制授權爭議難解 政院中止修著作權法」，參見中央社：https://www.cna.com.tw/news/firstnews/201906240222.aspx（最後瀏覽日：2019/7/8）。

映或公開演出他人已公開發表之著作。」老人在里民活動中心歌唱，是否構成著作權法第55條的「豁免規定」（或「法定例外規定」，俗稱「合理使用」），而不構成公開演出權之侵害，實務上採否定說。

依經濟部智慧財產局101年6月20日智著字第10100050860號函釋認為：「依著作權法第3條第1項第4款規定，公眾係指不特定人或特定之多數人。但家庭及其正常社交之多數人，不在此限。由於區民或里民活動中心（下稱活動中心）等場所乃供民眾使用之公共空間，故對活動中心而言，區民、里民、各類社團或歌唱班等，均為不特定人或特定的多數人。是以，所詢問題1及3，在前述場所經常性提供公有電腦伴唱設備給民眾進行歡唱，或供社區舉辦之歌唱班教學使用，均已涉及著作公開演出的行為，而『公開演出權』乃著作財產權人專有的權能之一，如未取得著作財產權人或其授權之人（如著作權集體管理團體）公開演出的授權，則有構成侵害著作權之虞，恐要負民、刑事責任。」

上述函釋，是基於認為著作權法第55條之「活動」涵義，應解釋為限於非「經常性、常態性之活動」，如果常態性或經常性之活動，非屬著作權法第55條之適用範圍[7]。

然而，本文認為，我國著作權法第55條規定，係1998年參考日本著作權法第38條及美國著作權法第110條而來[8]。無論是日本著作權法第38條或美國著作權法第110條規定，均不限於適用在非「經常性、常態性之活動」[9]。事實上，如果認為著作權法第55條之活動，限於非「經常性、常

7　參見經濟部智慧財產局民國97年6月9日智著字第09700049370號函、民國96年10月15日智著字第09600090520號函。

8　經濟部智慧財產局，歷年著作權法規彙編專輯，頁241，2010年5月，參見經濟部智慧財產局網站：https://www.tipo.gov.tw/public/Data/3321555771.pdf（最後瀏覽日：2019/7/8）。

9　詳細分析參見蕭雄淋，「有關土風舞教學的著作權問題」一文，見「蕭雄淋說法」部落格：http://blog.ylib.com/nsgrotius/Archives/2009/03/11/9213（最後瀏覽日：2019/7/8），並蒐錄於蕭雄淋，著作權法實務問題研析（一），頁206-210，五南圖書，2018年3月。

態性之活動」，那麼目前許多老人、上班族每天早上在公園跳舞所播放的音樂、教堂每星期經常性唱現代人作曲的聖歌，都侵害他人之公開演出權，有著作權法第92條侵害公開演出權之刑事責任，在社會通念上，亦屬荒謬。

參、立法院著作權法修正草案的內容

　　立法院第九屆第七會期第一次臨時會，民進黨團曾經提案修正著作權法[10]，主要分兩個部分：

一、在著作權法第37條第6項增加第5款規定，對「提供公眾使用之非營利場所，為促進民眾身心健康目的而重製著作於電腦伴唱機者」增訂除罪化規定。其理由為：

（一）與貿易有關之智慧財產權協定（TRIPS）第61條要求各會員國至少應對具商業規模之故意侵害著作權案件，訂定刑事程序及罰則。至於非營利或情節輕微之侵權行為是否科以刑責？則無要求，而係由各國依其國情以國內法定之。我國各鄉鎮市區的社區、里民活動中心（集會所）或社會福利照護機構等提供公眾使用之非營利場所，設置電腦伴唱機供里民、年長者進行歡唱聯誼，十分普遍，而所利用的電腦伴唱機內絕大多數為國、臺語歌曲。近期發生有電腦伴唱機廠商對里民活動中心寄發函文或存證信函，要求清查其設置電腦伴唱機內灌錄之歌曲是否合法，否則會涉及著作權侵權而有刑事責任，甚至派員至里民活動中心進行蒐證、出言恐嚇，導致里民擔心遭受刑事訴追，心生恐懼，民怨四起。

（二）由於電腦伴唱機灌錄的歌曲及影音內容包含音樂、錄音及視聽等各種著作，考量前述場所提供公眾使用電腦伴唱機，均無營利目的，

10　立法院議案關係文書，前揭註4。

且多屬配合政府政策照顧年長者，具有公益性及促進國民身心健康目的，其購買伴唱機後灌錄新歌之行為，多係由經銷商或伴唱歌曲發行商派人至活動中心灌錄，難以確認歌曲是否取得重製授權，且因不具商業性質，對著作財產權人之權益影響有限，不應以刑事責任相繩。

（三）再者，我國無重製權集體管理團體，伴唱機內的歌曲如專屬授權給特定廠商，極易造成音樂著作利用的壟斷，而著作權人如動輒對非營利場所進行刑事訴追，除不符合比例原則，亦非刑事政策之目的，故增訂本款規定，如在非營利場所重製著作於電腦伴唱機者，因具有促進民眾身心健康之公益性，則此一行為所涉及之爭議僅屬民事問題，不應受刑事責任拘束。此外，伴唱機內的音樂著作如屬著作權集體管理團體所管理者，利用人利用伴唱機公開演出之行為，如未取得著作權集體管理團體之授權，仍有刑事責任，因此著作權集體管理團體如管理伴唱機內音樂著作之重製權者，亦應有刑事責任之規定，以期衡平[11]。

二、訂定伴唱機對音樂著作強制授權規定，即增訂著作權法第69條之1規定：「音樂著作經授權錄製成錄音著作滿六個月，欲利用該音樂著作重製於電腦伴唱機者，經申請著作權專責機關許可強制授權，並給付使用報酬後，得利用該音樂著作，另行重製及散布（第1項）。」「依前項規定申請強制授權者，應符合下列之情事：一、該音樂著作授權重製於電腦伴唱機滿六個月。二、申請人曾以合理之授權條件要求授權而無法達成協議者（第2項）。」「第一項使用報酬之金額，應與一般著作經自由磋商所應支付合理之使用報酬相當；其使用報酬之數額，由著作權專責機關參考前項授權條件及市場價格核定之（第3項）。」「依第一項許可利用音樂著作者，得附隨重製歌詞之文字（第4項）。」「本條音樂著作強制授權許可、使用報酬之計算方式

11　前揭註4修正草案增訂第37條第6項第5款之立法理由。

及其他相關事項之辦法，由主管機關定之（第5項）。」其主要理由為：

（一）著作權法之立法目的在於促進文化發展，因此，著作的廣泛流通及利用，對於文化的發展至為關鍵，由於音樂著作具有流行性、促進身心健康及高度經濟利益，如果大量音樂著作被壟斷，即無法充分流通，我國現行音樂著作的流通管道，除了錄製成CD等錄音著作發行外，更重要的是後續灌錄於電腦伴唱機及卡拉OK的傳唱，例如於家庭、社區、小吃店、里民活動中心（集會所）或社會福利照護機構團體設置電腦伴唱機，十分普遍，且該等場所傳唱者為國、臺語歌曲，幾無外國歌曲，係我國國人特有的文化。然而現行電腦伴唱機授權市場，音樂權利人將大多數國臺語熱門歌曲專屬授權予特定公司，一旦專屬授權期間期滿，仍繼續將該等熱門歌曲專屬授權予該公司，致其他廠牌之伴唱機業者無機會取得該等熱門歌曲之授權，音樂著作無法在市場流通，造成伴唱機利用音樂著作市場被壟斷，不利音樂著作之流通，也阻礙民眾透過歌唱文化促進身心健康，且因此常常發生盜版侵權問題，此反不利民眾建立正確之著作權觀念。

（二）為解決前述伴唱機市場壟斷之問題，避免我國民眾歌唱文化因此受到阻礙，有必要增訂音樂著作強制授權重製於電腦伴唱機之規定，且其他先進國家以著作權法保護音樂著作的同時，亦有音樂著作強制授權的配套措施，例如美國著作權法第115條規定，只要音樂著作的錄音物一經發行，其他利用人即可支付使用報酬後重製該音樂著作用於CD或線上音樂。考量音樂著作之強制授權，各國立法例均以先授權錄製於錄音著作者為前提要件，且考量應給予著作財產權人一定期間專屬授權之收益，爰於第1項增訂為將音樂著作經授權錄製成錄音著作滿六個月，其他人欲重製該音樂著作於電腦伴唱機者，得以申請強制授權之方式取得授權，並於支付使用報酬後，得利用該音樂著作，解決目前的壟斷問題，以促進音樂流通利用。

（三）著作權為私權，為避免因強制授權制度而有過度干預契約自由之私

法自治精神之問題，就重製於電腦伴唱機之強制授權申請，宜保障取得音樂著作專屬授權之伴唱機廠商一定期間專屬授權之收益，爰於第2項第1款明定音樂著作授權重製於電腦伴唱機滿六個月者始得申請強制授權。此外，參考德國著作權法第42a條及日本著作權法第69條規定關於音樂著作強制授權之要件，於第2項第2款增訂須以申請人曾以合理之授權條件要求授權而不能協議授權者為要件，促成權利人與利用人先行協商洽談授權，並維護權利人之權利。

（四）本條強制授權係為解決音樂著作壟斷無法充分流通利用之問題，並非取代市場授權機制或剝奪著作權人之經濟利益，爰於第3項規定強制授權使用報酬之數額，由著作權專責機關參考授權條件及市場價格核定，以保障著作財產權人之權益。

（五）本條強制授權係將音樂著作重製於電腦伴唱機，一般民眾利用電腦伴唱機演唱國、臺語歌曲時，需要同時觀看歌詞之字幕，否則無法演唱，此為我國特有的民情文化。因此我國電腦伴唱機內國、臺語歌曲之利用除樂曲外，尚包含歌詞文字之呈現，方能符合民眾利用電腦伴唱機之需求，由於現行著作權法第69條雖然有音樂著作強制授權的規定，然而其強制授權的範圍並不包含附隨重製歌詞之文字，因此本條得強制授權若不包括歌詞文字之重製者，則不符現行電腦伴唱機利用著作之型態。爰於第4項增訂本條音樂著作強制授權重製於電腦伴唱機包括歌詞[12]。

肆、著作權法修正草案之檢討

一、有關增訂著作權法第37條第6項第5款除罪化之檢討

（一）上述著作權法修正草案規定：「有下列情形之一者，不適用第七章

12　前揭註4著作權法修正草案第69條之1之立法理由。

規定。但屬於著作權集體管理團體管理之著作，不在此限：（略）五、提供公眾使用之非營利場所，為促進民眾身心健康目的而重製著作於電腦伴唱機者。」上述規定之重製之主體雖為「提供公眾使用之非營利場所」，然而該場所本身並無非法的音樂檔案，非法的音樂檔案，仍應由未經音樂著作之權利人授權之非法業者提供。此業者多數係未經合法管道向音樂著作之著作財產權人購買音樂著作之重製授權於伴唱機之業者。故此項除罪化規定，真正得利者，為以純粹販賣伴唱機或以低價販賣曲目不足之伴唱機之業者。此業者不願向音樂著作之權利人以高價購買熱門音樂著作之重製授權。而全臺灣里民中心及其他「提供公眾使用之非營利場所」成千上萬，如果擅自重製伴唱機內之音樂均可除罪化，可能使非法伴唱機業者反而有暴利，不利於以高價向音樂著作之權利人尋求音樂授權之合法業者。草案立法理由認為此法案非屬TRIPS第61條「具商業規模之故意侵害著作權案件」。

（二）依刑法第1條、第12條規定，違反著作權法之刑事處罰，係針對故意違反著作權法之行為人。里民中心之伴唱機中之音樂，如果係由非法伴唱機業者灌入，無法證明係里民中心人員所灌入，自不應由里民中心負責，而應供出灌入音樂之業者，以該業者為被處罰之對象。非營利之相關人員，既然服務於非營利場所，自不應鼓勵其為非法灌錄音樂行為。草案規定在立法意旨似在鼓勵或縱容提供公眾使用之非營利場所在伴唱機灌錄音樂，似有未妥。

（三）著作權法第37條第6項前四款之除罪化，均係針對已重製之著作後端之公開演出、公開播送、公開傳達、公開傳輸行為，因對所使用著作來不及過濾及取得授權，而有除罪化規定，此與新訂定的修正草案第37條第6項規定的主動重製他人著作，本質有異。故修正草案第37條第6項規定，似有檢討必要。

二、訂定伴唱機強制授權規定之檢討

（一）臺灣於2002年1月1日加入世界貿易組織，依法應受到TRIPS之拘
　　　束。依TRIPS第9條第1項規定：「會員應遵守伯恩公約（1971年）
　　　第1條至第21條及附錄之規定。但會員就伯恩公約第6條之1所賦予
　　　之權利或者從該等權利所衍生之權利，在本協定上不享有權利亦不
　　　負擔義務。」臺灣加入世界貿易組織後，原則上要受到伯恩公約之
　　　拘束。

（二）伯恩公約1971年巴黎條款第13條第1項規定：「關於音樂著作著作
　　　人所獲對其音樂著作爲錄音授權之專有權，以及於音樂著作結合文
　　　字之情形，如該文字與該音樂著作之併同錄製，業經文字著作人授
　　　權者，該文字著作人所獲對該音樂著作併同其文字爲錄音授權之專
　　　有權，聯盟各會員國得自行對上開專有權課予權利保留及條件，惟
　　　所課權利保留及條件，應僅於課予該等權利保留及條件之國家內適
　　　用之，且無論情形爲何，一律不得損害上開著作人取得相當報酬
　　　之權利；上述相當報酬如無相關協議者，應由主管機關定之。」
　　　（Each country of the Union may impose for itself reservations and
　　　conditions on the exclusive right granted to the author of a musical work
　　　and to the author of any words, the recording of which together with the
　　　musical work has already been authorized by the latter, to authorize the
　　　sound recording of that musical work, together with such words, if any;
　　　but all such reservations and conditions shall apply only in the countries
　　　which have imposed them and shall not, in any circumstances, be
　　　prejudicial to the rights of these authors to obtain equitable remuneration
　　　which, in the absence of agreement, shall be fixed by competent
　　　authority.）另1993年生效的「北美事務協調委員會與美國在臺協會
　　　著作權保護協定」（下稱「臺美著作權協定」）第12條規定：「對
　　　於包括歌詞與樂曲之音樂著作，除非著作人或著作權人已授權將該
　　　著作製作錄音著作，本協定各方之領域不受本協定第七條之規範，

未經著作人或著作權人之同意，實施非自願之授權，准予製作包括音樂著作及其附帶文字之錄音著作。此非自願之授權，不得容許複製他人之錄音著作，且僅適用於法令已有非自願授權規定之締約該方領域內；亦不得損害該等著作人收取合理報酬之權利；除非另有協議。該合理報酬由主管機關定之。」上述規定，均係針對音樂著作（包含歌詞）已經過正常管道授權作成錄音著作，因此對該音樂著作（包含歌詞），得透過強制授權作成「錄音著作」。不包含作成重製歌詞，在螢幕放映之歌詞字幕在內，因為此一行為並非重製為「錄音著作」，可能係重製為「視聽著作」。著作權法修正草案顯然逾越上述公約和協定的範圍。

伍、結論

里民活動中心利用伴唱機歌唱，顯然有益於國人健康和休閒，值得鼓勵。其中利用人陳情經濟部智慧財產局修法，而立法院提出著作權法修正草案又引起權利人反彈。本文認為，立法院所提「提供公眾使用之非營利場所，為促進民眾身心健康目的而重製著作於電腦伴唱機者」加以除罪化之法案，在法理上，似非妥適。如果因一、兩家伴唱機業者聯合壟斷，哄抬價格，似宜由公平交易法加以處理，或由相關行政機關出面協商市場價格，而不宜遽對重製者予以除罪化。

另著作權法修正草案所新訂第69條之1，針對伴唱機音樂的強制授權，包含歌詞字幕的顯現，恐有違反伯恩公約第13條及臺美著作權協定第12條之嫌，似亦未宜。

再者，里民活動中心利用伴唱機歌唱，如果無營利收費，應解為符合著作權法第55條之豁免規定，就其公開演出行為，不應收費，此較符國際著作權法法理。

（本文原載台灣法學雜誌，第375期，2019年9月，頁5-11）

第十二章
二十年來智慧財產局之函釋與司法實務之相互關係

壹、前言

我國著作權法之主管機關，依前清宣統2年著作權律為「民政部」[1]，1915年北洋軍閥之著作權法為「內務部」[2]，1928年國民政府公布之著作權法為「內政部」[3]，以後歷次修正，均無變更，直至2001年11月12日修正公布之著作權法，方改為「經濟部」。

依2001年11月12日修正公布之著作權法第2條規定：「本法主管機關為經濟部（第1項）。」「前項業務，由經濟部設專責機關辦理（第2項）[4]。」其修正理由為：「經濟部智慧財產局組織條例第2條規定，有關著作權之相關業務為其職掌，經濟部智慧財產局（下稱智慧局）業於88年1月26日成立，原內政部主管之著作權相關業務已移撥該局主政，爰參考專利法第3條修正之[5]。」

1　宣統2年著作權律第2條規定：「凡著作物，歸民政部註冊給照。」

2　1915年北洋政府公布之著作權法第2條規定：「著作權之註冊，由內務部行之。」

3　1928年國民政府公布之著作權法第2條規定：「著作物之註冊，由國民政府內政部掌管之（第1項）。」「內政部對於依法令應受大學院審查之教科圖書，於未經大學院審查前，不予註冊（第2項）。」

4　2003年7月9日修正公布之著作權法第2條第2項改為：「著作權業務，由經濟部指定專責機關辦理。」

5　著作權法異動條文及理由，參見立法院法律系統網站：https://lis.ly.gov.tw/lglawc/lawsingle?0034491735A700000000000000000001400000000400FFFFFD00^011760 90102500^00194001001（最後瀏覽日：2019/4/22）。

而依經濟部智慧財產局組織條例第2條規定，智慧局掌理包含著作權政策、法規、制度之研究、擬訂及執行事項，以及著作權之相關資料之蒐集、公報發行、公共閱覽、諮詢服務、資訊推廣、國際合作、資訊交流及聯繫事項等。

在1998年以前，著作權主管機關主要的業務為著作權之登記，然而自從1998年著作權法修正，廢除著作權登記制度後，著作權主管機關主要業務有三：一是有關著作權法令之研究、修法、解釋、諮詢業務；二是有關著作權集體管理團體業務；三是有關著作權宣導業務。其中法令之研究與解釋占極重要的地位。事實上，智慧局這20年來，也產生極多函釋[6]。這些函釋包羅萬象、彌足珍貴，對民眾著作權法令之遵循，極有幫助。

另2007年3月28日制定公布「智慧財產法院組織法」，該法於2008年7月1日施行。該法歷經五次修正，最後一次在2018年6月13日修正公布。依智慧財產法院組織法第3條規定，依著作權法所保護之著作權所生之第一審及第二審民事訴訟事件，屬於智慧財產法院管轄。由於著作權刑事案件極多數屬於刑法第61條之案件，不能上訴最高法院，而有關著作權法民事訴訟之標的金額又往往未逾新臺幣150萬元，真正上訴最高法院的比例相對少。所以進入司法訴訟，真正表達法院見解最多的，反而是智慧財產法院。

然而智慧局之函釋見解和智慧財產法院之判決見解，相互關係究竟如何？此係極為有趣之問題。在智慧局成立20年之時刻，檢討其相互影響或關係，尤有意義。

6　至2019年4月22日為止，智慧局網站公布的著作權法主管機關（包含內政部和智慧局）函釋共5,249個。其中屬於智慧局產生的函釋，共4,223個。參見智慧局網站：https://www.tipo.gov.tw/sp.asp?xdURL=search/lmexplainlist.asp&mp=1&pagesize=100&ctNode=7448&cPage=43（最後瀏覽日：2019/4/22）。

貳、智慧局之函釋與司法實務之相互關係之態樣

憲法第80條規定：「法官須超出黨派以外，依據法律獨立審判，不受任何干涉。」智慧財產法院法官依據「法律」獨立審判，而智慧局基於職掌所作之行政函釋，並非「法律」，其地位如何？智慧財產法院是否受其拘束，或逕行排斥不用？

依司法院釋字第137號解釋謂：「法官於審判案件時，對於各機關就其職掌所作有關法規釋示之行政命令，固未可逕行排斥而不用，但仍得依據法律表示其合法適當之見解。」其理由書為：「法官於審判案件時，對於各機關就其職掌所作有關法規釋示之行政命令，或為認定事實之依據，或須資為裁判之基礎，固未可逕行排斥而不用。惟各種有關法規釋示之行政命令，範圍廣泛，為數甚多。其中是否與法意偶有出入，或不無憲法第172條之情形，未可一概而論。法官依據法律，獨立審判，依憲法第80條之規定，為其應有之職責。在其職責範圍內，關於認事用法，如就系爭之點，有為正確闡釋之必要時，自得本於公正誠實之篤信，表示合法適當之見解。」

這十年來，智慧財產法院之判決，是否尊重智慧局之函釋，抑或表示不同見解？本文整理有關智慧局之函釋與司法實務之相互關係，略有三種態樣：一、法院見解受函釋影響；二、函釋受法院見解影響；三、法院見解與先前的函釋有異。茲各舉若干案例說明如後。

參、智慧財產法院見解受智慧局函釋影響

一、著作之原創性是否包含一定的創作高度？

（一）智慧局之函釋

智慧局98年4月27日電子郵件980427a號函釋：「……按著作權法（以

下簡稱本法）所稱之『著作』，本法第3條第1項第1款明定屬於文學、科學、藝術或其他學術範圍之『創作』。因此，著作符合『原創性』（Originality）及『創作性』二項要件時，方屬本法所稱之『著作』。所謂『原創性』，係指爲著作人自己之創作，而非抄襲他人者；至所謂『創作性』，則指作品須符合一定之『創作高度』，至於所需之創作高度究竟爲何，目前司法實務上，相關見解之闡述及判斷相當分歧，本局則認爲應採最低創作性、最起碼創作（minimal requirement of creativity）之創意高度（或稱美學不歧視原則），並於個案中認定之。二、因此來函所述使用電腦畫圖，依上述說明，亦需具有『原創性』及『創作性』二要件，足以表達作者之情感或思想，而非單純利用電腦繪圖之功能或技術，方得受著作權保護。至於判斷使用電腦所畫之圖是否具有『原創性』及『創作性』、是否屬本法所稱之『著作』等，涉及個案中如何利用電腦畫圖，及有無創意投入等事實問題，應由司法機關就個案調查認定之。」

（二）智慧財產法院之判決

智慧財產法院101年度民著訴字第1號判決謂：「而所謂原創性，廣義解釋包括狹義之原創性及創作性，狹義之原創性係指著作人原始獨立完成之創作，非單純模仿、抄襲或剽竊他人作品而來；創作性不必達於前無古人之地步，僅依社會通念，該著作與前已存在作品有可資區別之變化，足以表現著作人之個性或獨特性之程度。而美術著作爲著作之一種，自仍須具備上開關於『著作』之基本要素，除有一定之表現形式外，尚須其表現形式能呈現或表達出作者在思想上或感情上之一定精神內涵始可，同時該精神內涵應具有原創性，且此原創性之程度須達足以表現作者之個性或獨特性之程度。再者，創作須具備最低程度之創作或個性表現，始可受到保護，亦即該著作仍須具有最低限度之創意性，且足以表現著作個性或獨特性之程度，方屬著作權法所保護之著作，如其精神作用之程度甚低，不足讓人認識作者之個性，抑或著作係拼湊堆砌既存材料，則不得爲著作權之客體，即無保護之必要；而著作權專責機關經濟部智慧財產局亦採此見解……」上開判決，同意旨者極多，例如智慧財產法院100年度民著訴字

第55號、101年度民著訴字第11號、101年度民著訴字第14號、103年度民著上字第17號、101年度民著上字第13號等[7]。

（三）小評

著作須具備「原創性」之要件，方受著作權法保護，此乃世界各國著作權法之基本原理。然而原創性，包含原始性內涵，即未抄襲他人，固為學說之通說。而原創性是否包含創作高度內涵？抑或創作高度與原創性同屬於受保護著作之要件，而非屬原創性之內涵，學說略有爭執。智慧局針對受保護之著作，「原創性」與「創作性」並列，即將「原創性」定位為「原始性」。智慧財產法院之判決，將原創性分廣義和狹義，廣義之「原創性」，包含「原始性」和「創作性」；狹義之「原創性」，則限於「原始性」。智慧財產法院之判決，固受智慧局函釋之影響，但更進一步將原創性分廣義與狹義，似更進一步作理論的統合，值得肯定。

二、著作並非該商品主要用途之商品的平行輸入

（一）智慧局之函釋

智慧局99年7月22日電子郵件990722b號函釋：「著作權法（下稱本法）第87條第1項第4款規定，未經著作財產權人之同意而輸入著作原件或重製物者，視為侵害著作權，即一般人所稱『禁止真品平行輸入』，該等規定，本局認為主要係適用於所謂的『著作權商品』之輸入行為，如輸入之商品雖含有著作（例如床單、被套可能含有美術著作），但此著作並非該商品之主要用途者，則此等商品並非著作權商品，不受本法第87條第1項第4款規定之限制，販賣此等商品，並不會發生侵害著作之問題。」

7　由於案例太多，不勝枚舉，不一一羅列。

（二）智慧財產法院之判決

智慧財產法院100年度民著訴字第56號判決謂：「……則系爭商品既屬眞品，被告將系爭商品以眞品平行方式輸入臺灣並加以販售，有無違反著作權法第87條第1項第4款規定？姑不論智慧財產局歷來見解均認著作權法第87條第1項第4款規定之適用範圍，係適用於所謂『著作權商品』（例如音樂CD、視聽DVD、書籍、電腦程式等）之輸入行爲，如輸入之商品雖含有著作（例如床單、被套可能含有美術或圖形著作），但此著作並非該商品之主要用途者（例如床單、被套主要用途爲供作臥室寢具），則此等商品並非著作權商品，不受著作權法第87條第1項第4款規定之限制，有智慧財產局92年11月18日、99年7月22日函釋在卷足憑（見本院卷第200、244頁）；另案刑事部分亦採此見解，已如上述，是倘依此見解，原告既主張系爭商品僅包含皮包皮件、茶杯、吊環、筆記本、T-shirt等項目，自非屬所謂『著作權商品』，尚非著作權法第87條第1項第4款規範之對象。然縱認上開見解有誤，認著作權法第87條第1項第4款之規定並未區分所謂『著作權商品』或『非著作權商品』，凡未經著作財產權人同意而輸入著作原件或其重製物者，不論『著作權商品』或『非著作權商品』，均屬著作權法第87條第1項第4款規範之對象，自仍須判斷有無同法第87條之1各款例外規定之適用……。是系爭著作自係附含於系爭商品即貨物之著作原件或其重製物，並隨同貨物之合法輸入而輸入，符合著作權法第87條之1第1項第4款之規定，排除同法第87條第1項第4款規定之適用。」

（三）小評

智慧局之函釋，認爲如輸入之商品雖含有著作（例如床單、被套可能含有美術著作），但此著作並非該商品之主要用途者，則此等商品並非「著作權商品」，不受本法第87條第1項第4款規定之限制。智慧財產法院受此見解之影響，更進一步認爲，輸入之商品雖含有著作（例如床單、被套可能含有美術著作），但此著作並非該商品之主要用途者，不管是否適用第87條第1項第4款，至少是屬於著作權法第87條第1項第4款之眞品平行

輸入例外的範圍，此一見解，與智慧局之見解，雖然結論同一，但論述更爲精確[8]。

肆、智慧局函釋受智慧財產法院見解影響

一、臉書內容得利用之範圍

　　智慧局106年10月23日電子郵件1061023b號函釋：「來信所述之照片，若符合『原創性』（即著作人自己的創作，非抄襲他人者）及『創作性』（符合一定之『創作高度』）等二項要件，即爲受著作權法所保護之攝影著作，他人若欲利用個人臉書照片，涉及臉書服務條款是否允許第三人利用之問題。又依現行司法實務對臉書服務條款之解釋，臉書用戶設定『公開』時所同意第三人使用者，只有臉書用戶之姓名、大頭貼等資料，與著作權有關的相片、影片等著作『內容』，並不包括在內（智慧財產法院104年度刑智上易字第18號參照）。所詢該等照片被轉發至匿名平臺，並有明顯修改等，涉及『重製』、『改作』、『公開傳輸』之利用行爲，除有符合著作權法第44條至第65條合理使用規定外，應取得著作財產權人之同意或授權，始得爲之，否則即涉及著作權之侵害，而須負擔相關之民、刑事責任（請參考著作權法第88條、第91條及第92條等規定），並不因其未使用於營利事業而即無侵權。」

二、著作權法第11條「職務上完成之著作」之解釋

　　智慧局105年10月4日電子郵件1050922號函釋：「依著作權法第11條規定，職務上著作經約定著作權歸屬者，依契約之約定；未約定時，以受僱人爲著作人，僱用人則享有著作財產權。所謂『於職務上完成之著

8　參見蕭雄淋，著作權法實務問題研析，頁388-395，五南圖書，2013年7月。

作』，是指基於僱傭關係下，受僱人爲任職單位業務或經指定完成之工作，屬事實認定問題，須以工作性質作實質判斷（例如是否在僱用人指示、企劃下所完成？是否利用僱用人之經費、資源所完成之著作等），與工作時間、地點並無必然關係，智慧財產法院102年度民著訴字第50號民事判決，亦有相同見解。」

三、A片是否受著作權法保護

智慧局104年6月9日電子郵件1040609號函釋：「依據著作權法第3條之規定，『著作』係指屬於文學、科學、藝術或其他學術範圍之創作，並需具備『原創性』（非抄襲他人著作）及『創作性』（具有一定之創作高度），因此，如成人影片（即一般所稱A片）符合此要件，仍得爲著作權之保護標的。最近有法院判決（智慧財產法院103年2月20日101年度刑智上易字第74號刑事判決、臺北地方法院104年5月8日100年度自字第68號刑事判決）亦認爲A片如符合上開要件，仍應受著作權法保護。至於A片是否涉及妨害風化乃至屬於禁止散布之猥褻物，另有刑法規範，與其是否享有著作權無涉。色情影片是否受著作權保護，仍須個案由法院依事實認定之；而就上述見解仍具參考價值。」

四、著作權法第61條「時事」之解釋

智慧局104年2月26日電子郵件1040216號函釋：「至所詢上開規定要件中之『時事』範圍爲何一節，涉及具體個案之判斷，無法一概而論。參考相關司法判決，有認爲係指『現在或最近所發生而爲社會大眾關心之當時事件之報導』（智慧財產法院100年度民著上易字第1號民事判決），亦有認係指『敘述當時甚至現在仍然存在之事實』（臺灣高等法院99年度上易字第950號民事判決）；因此，若就是否爲『時事問題』發生爭執時，仍應由司法機關調查具體事實認定。」

五、新聞照片是否受著作權保護

智慧局102年7月26日電子郵件1020726b號函釋：「又您所引述關於A報控告B報翻拍甲之緋聞女主角照片一案，該案於二審已改認該新聞照片具原創性（節錄智慧財產法院針對該案之判決內文：『新聞事件之照片，係在新聞事件發生之瞬間攝取其臨場之情形，基於事件發生之即時性，事實上不可能預先於新聞現場布置燈光、布景、取捨角度，且事件發生後，亦具有不可再現性，是以，新聞事件之照片，較諸預先設計之場景下所拍攝之照片，其困難度與所需具備之經驗不遑多讓，尚難僅因照片性質上屬新聞照片，即因而認為不具原創性……』），並認被告之行為符合著作權法第49條合理使用之規定，且未逾越必要範圍，而判被告無罪，與您的情形並不相同（經參考您所附之刊物內容樣本，是屬於具評論性質的文章，並非單純時事報導，故不符合該條合理使用規定），併予敘明。」

六、小評

智慧局在回答民眾之問題時，如果遇在智慧財產法院已有判決見解，往往引用判決見解以為補強。尤其遇到著作權法法條文義之解釋，如果智慧財產法院已有判決，往往可以作為法條文義衍生的補充，例如上述著作權法第11條之「職務上完成之著作」、第61條之「時事」涵義，即是引判決加以闡述。

然而有關A片是否受著作權法保護，智慧局在93年6月15日電子郵件930615a號函釋即已承認，如果該影片具著作之原創性，即受保護，與該著作是否係猥褻物品無關[9]。故上述智慧局104年6月9日電子郵件1040609

9　智慧局93年6月15日電子郵件930615a號函釋：「至於『色情雜誌』或『A片』在我國是否享有著作權，本局認為，依著作權法規定，著作係指屬於文學、科學、藝術或其他學術範圍之創作，因此，『色情雜誌』或『A片』，不論是本國或外國，是否係著作權法所稱之著作，應視具體個案內容是否符合上述規定而定，如具有創作性，仍得為著作權保護標的。至於其是否為猥褻物品，其陳列、散布、

號函釋，雖引智慧財產法院之判決，然而並非受到智慧財產法院之影響，而是該見解本爲智慧局之確信，僅因智慧財產法院已有判決，而加以引用，使民眾更加其確信而已。

伍、智慧財產法院見解不受智慧局函釋之影響

一、營業場所之公開演出

（一）智慧局之函釋

　　智慧局99年5月5日電子郵件990505a號函釋：「消費者利用店家所提供之電腦伴唱機及相關設備於店家開設之營業場所演唱歌曲時，此乃涉及公開演出他人之音樂著作或錄音著作，而消費者與店家負責人係此公開演出之共同行爲人。亦即消費者以歌唱之方式公開演出他人音樂或錄音著作，而店家負責人係以電腦伴唱機之器材公開演出他人音樂或錄音著作。又店家提供電腦伴唱機供消費者演唱，此係增加其營利之營業行爲，故店家負責人應向著作財產權人或其所參與之集體管理團體取得授權。如未獲授權，又不符合合理使用的情形，則會侵害著作權，應負民、刑事責任。」

（二）智慧財產法院之判決

　　智慧財產法院100年度民著上易字第8號判決謂：「……上訴人主張被上訴人以現場螢幕公開演出『詞之音樂著作』，再以現場喇叭、擴大機公開演出『曲之音樂著作』，侵害上訴人就系爭著作之公開演出權云云，固

播送等，是否受刑法或其他法令之限制、規範，應依各該法令決定之，與著作權無涉。但我國司法實務上則認爲色情錄影帶、光碟等，與著作權法之立法目的有違，而排除在著作權法保護之範圍外，故如有盜版、販賣盜版色情錄影帶、光碟的案件發生時，多以刑法第235條妨害風化罪處罰，並不適用著作權法。」

據其提出99年4月4日派員勘查A釣蝦場之現場照片為證（見臺南地院補字卷第45至56頁）。然查，上訴人係基於蒐證之目的，始派員前往被上訴人經營之A釣蝦場點選系爭著作，觀諸前開照片僅係歌曲影像及點歌本之外觀，有關被上訴人店內情形之照片，亦未顯示有其他消費者點歌而公開演出之情形，參以上訴人訴訟代理人甲亦於偵查中陳稱當時並未發現有何客人在該店內使用伴唱機點唱系爭歌曲之證據等語（見同前系爭不起訴處分書第2頁），是前開歌曲點播畫面之照片僅能證明該電腦伴唱機內灌錄有系爭著作，尚難以此遽認實際上確有消費者在該營業場所公開演出系爭著作。再者，該電腦伴唱機內經重製之歌曲並非僅有系爭著作6首，自不能因伴唱機內灌錄有系爭著作，即推論有不知情之消費者曾使用該伴唱機而有未經授權公開演出之行為，是上訴人遽以上開事證主張被上訴人有公開演出之行為云云，亦不足採。（四）本件上訴人上訴固提出經濟部智慧財產局（下稱『智慧局』）100年1月10日電子郵件第1000110號函、100年4月15日智著字第10000031880號函、99年5月5日電子郵件第990505a號函、臺灣臺南地方法院檢察署100年調偵字第410號起訴書（均影本）各1份，惟上開智慧局函非最高法院判例及司法院大法官解釋，本院不受拘束。」

（三）小評

上開智慧財產法院判決，雖謂智慧局之函釋，並非最高法院判例，亦非司法院大法官會議解釋，對法院無拘束力，惟判決理由，並非與智慧局見解不同，僅是公訴人及告訴人舉證不足而已。然而此項判決，確認智慧局之函釋，對智慧財產法院無拘束力，僅供判決所採見解之參考而已。

二、有關販賣原版商品而在網站上使用商品外觀照片

（一）智慧局之函釋

智慧局101年8月9日電子郵件1010809b號函釋：「將自己購買的商品外觀（封面）拍照後上傳網路販售是否會構成侵害著作權一節，如果該封面屬於著作權法保護的著作（美術著作或攝影著作），會涉及『重製』及

『公開傳輸』他人著作的行為。一般而言，除符合著作權法第44條至第65
條規定之合理使用情形外，利用人應取得該著作之著作財產權人的同意或
授權。惟商品所有人販賣商品換取對價者並非商品外觀，與一般販賣海報
或照片以取得對價有別，因此若該等利用攝影或美術著作的結果，對於該
等商品本身的潛在市場與現在價值並無影響，應有主張合理使用的空間而
不會有侵權的問題；另依法院實務見解，亦有認定為在網路上銷售正版音
樂唱片，將唱片封面放至網頁供人瀏覽的行為，符合合理使用的規定（臺
北地方法院92年度易字第1969號判決參照）[10]，以上意見，僅供參考。」

（二）智慧財產法院之判決

　　智慧財產法院102年度刑智上易字第2號判決謂：「本件被告基於販售
告訴人公司產品之犯意，推由甲先後於98年8月19日及99年2月7、8日，將

10　臺北地方法院92年度易字第1969號刑事判決：「3.現今資訊科技發達，網際網路普
　　遍為社會大眾所利用，被告飛行網公司在網頁上重製告訴人等發行錄音著作之包
　　裝封面，除宣傳廣告販賣正版錄音著作外，並使有意購買該等產品之消費者易於
　　上網了解各該錄音著作內容，此除無悖告訴人等印製錄音著作『包裝封面』之初
　　衷，而利用結果對該攝影及美術著作本身潛在市場與現在價值並無影響外，更合
　　於現今市場交易習慣，而此商業習慣並有被告等提出相關線上購物網頁畫面列印
　　資料可憑（見本院卷第80至107頁）。本院審酌前揭著作權法第65條第1項規定之
　　一切情狀，為整體判斷後，認為被告等所為，符合該條項規定之合理使用情形，
　　而此合理使用之正當性並不因被告等與告訴人等有無直接經銷關係而變異，蓋被
　　告等於涉案網頁上販賣者確係告訴人等發行之『正版』錄音著作。綜上所述，告
　　訴人等之攝影及美術著作財產權在此範圍內，應受到限制，是被告固然重製、
　　公開傳輸、陳列告訴人等發行錄音著作之『包裝封面』，然所為尚無構成刑事責
　　任之餘地。」另本案之上訴案臺灣高等法院93年度上易字第927號刑事判決：「經
　　查：原判決對於被告等未獲告訴人等授權重製攝影及美術著作，於網頁上重製攝
　　影及美術著作，應屬合理使用；就被告乙僅為飛行網公司之登記代表人，並未實
　　際參與公司業務等情，已詳為說明證據取捨之理由。又被告等於本院審理時亦據
　　提出進貨及銷售CD之證明，有飛行網公司部分進貨發票及銷貨單影本附卷可稽，
　　足證被告等確有從事販賣告訴人等發行正版錄音著作業務，其於網頁上重製攝影
　　及美術著作，應屬著作之合理使用。」

告訴人擁有著作財產權之系爭圖片擅自重製後貼上被告所使用之A拍賣網站網頁上使用，因其擅自重製侵害他人著作權之行為，係基於單一犯意所為，且其先後重製行為在時、空上具有反覆實施之密切關係，復侵害同一法益，客觀上應以包括之一行為，加以評價較為合理，屬接續犯而應僅論以一罪。原審以被告犯行明確，適用著作權法第91條第1項、刑法第11條前段、第41條第1項前段之規定，並審酌被告素行良好，其明知告訴人並不同意他人任意重製使用公司網站網頁上產品照片，卻因貪圖方便及自身利益，未尊重告訴人所擁有系爭圖片之攝影著作之智慧財產權，即推由與其有犯意聯絡之乙將系爭圖片重製後貼在A拍賣網站網頁上使用，惡意非輕，被告於原審審理時仍飾詞否認犯行，態度不佳，於原審仍未與告訴人達成民事和解，暨使用系爭圖片長達年餘，使用系爭圖片出售商品之所得不多等一切情狀，量處有期徒刑四月，並諭知易科罰金之折算標準。」

（三）小評

　　智慧局上開函釋，認為將自己購買的商品外觀（封面）拍照後上傳網路販售，有主張一般合理使用之空間，而臺北地方法院92年度易字第1969號刑事判決及臺灣高等法院93年度上易字第927號刑事判決，亦均認為在網路上銷售正版音樂唱片，將唱片封面放至網頁供人瀏覽的行為，符合合理使用的規定。然而上開智慧財產法院102年度刑智上易字第2號判決有不同見解。該判決與上述智慧局之函釋及臺北地方法院和臺灣高等法院之案情不同，惟在於被告是否針對自己購買之產品自己拍照上網，抑或是直接使用他人照片上網。

　　然而智慧財產法院103年度民著訴字第26號判決謂：「然查，縱上開網路書店有原告所指行為，然其係基於推廣介紹原告書籍、便於讀者可瀏覽新書簡介之目的而為之，並非基於侵害原告著作權之意圖，自無侵害原告著作權可言。再按著作之合理使用，不構成著作財產權之侵害。著作之利用是否合於第44條至第63條規定或其他合理使用之情形，應審酌一切情狀，尤應注意下列事項，以為判斷之基準：一、利用之目的及性質，包括係為商業目的或非營利教育目的。二、著作之性質。三、所利用之質量及

其在整個著作所占之比例。四、利用結果對著作潛在市場與現在價值之影響。著作權法第65條第1、2項定有明文。上開被告等所刊登之內容為系爭書籍之簡介，其使用系爭書籍之質與量占系爭書籍篇幅甚微，讀者見該新書簡介後會增加讀者購買系爭書籍之機率，對系爭書籍之潛在市場與現在價值不會有負面影響，揆諸上開合理使用之規定，被告之利用行為亦應構成合理使用。」上述判決似未區分簡介使用之照片，是否為原告所拍或被告所拍。

由上述案例，只能證明「合理使用」規定理論上原與著作權之「法定例外」（statutory exemption）嚴加分別。蓋「合理使用」係針對所有不同著作及所有利用著作類型所作的規定。利用人於利用著作時，如果被法院判定係屬公平、合理，即得適用該規定；而「法定例外」係立法機關基於立法政策，對特定著作之特定利用行為，所設計之免責規定[11]。「合理使用」是否構成，應由法院決定，有極大的不確定性，在美國法上，相同情況，今日構成合理使用之事實，明日卻不一定構成合理使用[12]。然而類似的案件，智慧財產法院應同樣討論出較一致的原則為妥。

陸、結論

由於受限於篇幅，有關智慧局之函釋與智慧財產法院見解之相互關係，無法一一盡舉分析。然而由上述所舉若干函釋與判決之相互關係而論，顯見智慧財產法院在若干判決見解，也受到智慧局函釋之影響。但智慧財產法院大抵並非照單全收，而是多有理論之統合或衍生。而智慧財產法院之判決，由於對人民有權利與義務關係之實質拘束力，故智慧局之函釋，在解釋法令時，多所引用，不作衍生。而智慧財產法院亦有少數判決，其見解與智慧局函釋相異。

11　Paul Goldstein, *Copyright: Principles, Law and Practice*, §12.1.1, 12:6-12:7 (2010).

12　House Reporter, p. 66.

　　智慧局成立20年來，光著作權法之函釋即產生4,000多則[13]。此4,000多則，大抵上係民眾及各機關詢問問題所為之函釋，內容包羅萬象，在行政院其他行政機關鮮有這麼多行政函釋。

　　智慧局在1998年廢除著作權登記制度後，主管著作權之公務員，主要工作在修法、著作權法宣導、諮詢、談判、集管業務，這些都涉及法令之研究，故其函釋極有專業性。尤其在涉及較困難的法令爭議見解，智慧局尚會諮詢若干著作權法專家方形成專業意見，故智慧財產法院雖係專業法院，在判決上，除非有確信見解，否則似宜多方尊重及參考這些函釋意見。

　　智慧財產法院及智慧局為我國司法及行政機關，極專業之單位，雙方似宜定期座談、研討、溝通，不作本位主義思考，此對我國智慧財產權理論及實務之進步，定極有裨益。

（本文原載慶祝智慧局20週年特刊，經濟部智慧財產局出版，2019年10月，頁103-113）

13　前揭註6。

第十三章
論著作權法第52條引用之
要件與內涵

壹、前言

　　1948年12月10日聯合國在其通過之「世界人權宣言」（Universal Declaration of Human Rights）第27條規定：「任何人有權利自由地參與共同的文化生活，有權利享有藝術及分享科學的發展及其帶來的福祉。任何人有權利享有其為科學、文學或藝術作品的著作人帶來的人格上或物質上之利益所為之保護。」第28條規定：「任何人有權利享有本宣言所載權利與自由可得全部實現之社會及國際秩序。」另聯合國大會於1966年12月16日通過的「經濟、社會及文化權利國際公約[1]」第15條規定：「本公約締約國確認人人有權：（一）參加文化生活；（二）享受科學進步及其應用之惠；（三）對其本人之任何科學、文學或藝術作品所獲得之精神與物質利益，享受保護之惠（第1項）。」「本公約締約國為求充分實現此種權利而採取之步驟，應包括保存、發揚及傳播科學與文化所必要之辦法（第2項）。」

　　依「世界人權宣言」及「經濟、社會及文化權利國際公約」之意旨，每個人的精神創作，應予保護。然而又規定，任何人均有權利分享人類文學、藝術及科學的發展及其帶來的福祉。其中一方面承認個人創作有私權應予保護；一方面又希望此創作人人可以分享成果，加以利用。此種相互

1　該公約我國於1967年10月5日代表中華民國政府簽署，並於2009年5月14日按憲法程序批准，接受該公約。

矛盾交互呈現之理念，即展現在複雜的著作權法之技術規定及法規之解釋上。

　　著作權法第1條前段規定：「為保障著作人著作權益，調和社會公共利益，促進國家文化發展，特制定本法。」著作權法之立法目的，係在促進國家之文化發展。為實現此目的，國家應保障個人之創作，然而亦應調和社會公共利益，在某種特定要件下，限制個人創作之著作財產權，將個人之創作成果予世人分享。此種世人有權利分享人類的創作成果，在著作權法之「引用」（quotations）之要件及內涵解釋上，更體現此二矛盾理念其中蘊含的細密邏輯。

　　在著作權法實務案例上，著作權法第52條之「引用」，最常為利用人所主張。究竟著作權法第52條之「引用」，其意義、要件及內涵如何？實有以專文對理論及實務見解加以分析整理之必要。

貳、著作權法上「引用」之立法及意義

　　由於「引用」係著作權法中有關「著作財產權限制」之核心議題，除英美法系以「合理使用」（fair use）[2]規定處理外，一般大陸法系國家，大抵均有明文立法。例如德國著作權法第51條[3]、日本著作權法第32條第1項[4]、

2　如美國著作權法第107條。此規定與我國著作權法第65條規定近似。

3　德國著作權法第51條規定：「為引用之目的，在合理之範圍內得重製、散布及公開再現已公開發表之著作。下列情形尤得引用：1.獨立之學術著作為說明內容而引用已公開發表之個別著作；2.在獨立之語文著作中引用已公開發表之著作之片段；3.在獨立之音樂著作中引用已出版之音樂著作之片段。第一句及第二句所定之引用權，涵蓋被引用著作之插圖或其他重製物之利用，縱令後者受到著作權或著作鄰接權之保護。」

4　日本著作權法第32條第1項規定：「已公開發表之著作，得以引用之方法利用之。但其引用應屬公正慣行，並在報導、批評、研究或其他引用目的上正當之範圍內為之。」

南韓著作權法第28條[5]、法國智慧財產權法典第122條之5第3項[6]等均是。

　　有關「引用」之定義，各國著作權法多未明文規定。我國實務上認爲，所謂「引用」，即指利用他人著作而完成自己著作之合理利用行爲[7]。日本學者通說認爲，所謂「引用」，即爲自己的著作活動之利用目的（引用目的），而將他人之著作重製或無形再生到自己的著作上，而創作自己之著作，或在自己的創作中，以重製以外的方法加以利用他人著作之行爲。所謂重製以外之方法利用，即以公開演出、公開播送、公開傳輸等方法利用他人著作之行爲[8]。

　　國際所公認「引用」的核心概念，規定於「保護文學及藝術著作之伯恩公約」（1971年巴黎條款）第10條第1項：「已合法向公眾提供之著作，如其引用合於公正慣行（fair practice），且在其目的上認爲正當之範圍內（包括以新聞摘要形式所爲新聞紙及其定期刊行物之引用），得加以引用[9]。」上述有關「引用」之規定，依據世界智慧財產權組織（WIPO）之「伯恩公約指南」之解釋如下[10]：

5　南韓著作權法第28條規定：「爲報導、評論、教育與研究等之正當範圍內且以合乎公平慣例之方法，得引用已公開發表之著作。」

6　法國智慧財產權法典第122條之5規定：「已公開發表之著作，其著作人不得禁止以下各項記載之行爲：（略）以明白標示著作人姓名及出處爲條件，而：(a)批評、評論、教育、學術或報導性著作物所含之合理的概要歸納及簡短引用。」

7　參見智慧財產法院106年民公上更（一）字第1號民事判決。

8　參見金井重彥、小倉秀夫，著作權法コメンタール，頁619，レクシスネクシス・ジャパン株式会社，平成25年5月初版；半田正夫、松田正行，著作權法コメンタール，第二冊，頁192-193，勁草書房，平成21年1月；涉谷達紀，知的財產權講義II，頁163，有斐閣，平成19年6月2版。

9　伯恩公約第10條第1項原文爲："It shall be permissible to make quotations from a work which has already been lawfully made available to the public, provided that their making is compatible with fair practice, and their extent does not exceed that justified by the purpose, including quotations from newspaper articles and periodicals in the form of press summaries."

10　WIPO, *Guide to the Berne Convention for the Protection of Literary and Artistic Works* (Paris Act, 1971), pp. 58-59.

一、依據辭典上的原意，「引用」係指重複他人所述，亦即將他人著作中
　　一個或一個以上之段落納入自己之著作中。換言之，引用係指重製某
　　一著作之片段，以說明某一主題或為某一觀點辯護，或用來描敘或評
　　論被引用之著作。引用不限於對語文著作，對視聽著作、錄音著作或
　　其他著作，均得加以引用。

二、公約對此「引用」規定設有三個限制條件，即：

（一）被引用之著作必須為已合法提供給公眾之著作。未公開發表之手
　　　稿，甚至印出供在私人範圍內使用之著作，不得自由引用。

（二）引用必須符合「公正慣行」。此即一種對通常認為得接受程度之客
　　　觀評價。而是否屬於「公正慣行」，最終須由法院裁量。此時法院
　　　應斟酌某些因素，諸如所引用部分在被引用之著作中和使用這些片
　　　段的新著作中所占之比例，尤其是新著作透過與被引用著作之競
　　　爭，對其銷售和散布所造成的影響等。

（三）引用絕不得超出「此一目的所證明正當」之限度，此一限制條件與
　　　前一限制條件相同，最終應由法院判斷。

　　　　依上開伯恩公約第10條第3項規定，引用人有明示出處義務；如有著
作人名稱者，並應註明著作人名稱。

參、引用之要件

　　　　我國著作權法第52條規定：「為報導、評論、教學、研究或其他正
當目的之必要，在合理範圍內，得引用已公開發表之著作。」第65條第2
項規定：「著作之利用是否合於第四十四條至第六十三條所定之合理範圍
或其他合理使用之情形，應審酌一切情狀，尤應注意下列事項，以為判斷
之基準：一、利用之目的及性質，包括係為商業目的或非營利教育目的。
二、著作之性質。三、所利用之質量及其在整個著作所占之比例。四、利用
結果對著作潛在市場與現在價值之影響。」依此規定，引用有下列要件：

一、須目的正當

此目的正當，即「爲報導、評論、教學、研究或其他正當目的之必要」。上開報導、評論、教學、研究，係例示性質，而「其他正當目的之必要」，須受社會「公正慣行」通念之拘束。實務案例如下：

（一）利用網路上他人的著作係供所錄製原創性收費或免費課程之參證或註釋之用（經濟部智慧財產局109年3月27日電子郵件1090327c號函釋）。

（二）拍攝書籍的封面及經典句子係供撰寫閱讀心得的參證或註釋之用（經濟部智慧財產局109年2月25日電子郵件1090225號函釋）。

（三）承接政府機關案件，須放機關LOGO時，而加以重製（經濟部智慧財產局108年10月31日電子郵件1081031號函釋）。

（四）在自行拍攝的道路交通安全宣導影片中，引用他人已公開發表之著作（灌籃高手片頭動畫）（經濟部智慧財產局108年8月13日電子郵件1080813號函釋）。

（五）舉辦講座播放電影片段，係爲說明、補充或闡述自己的觀點或意見之目的，且利用的比例甚低（例如僅播放一小片段）（經濟部智慧財產局107年8月7日電子郵件1070807b號函釋）。

實務上認爲目的不正當者，例如：將多本書籍之封面放在文宣上（經濟部智慧財產局107年2月23日電子郵件1070223號函釋）。至於如戲謔仿作（parody）是否屬於著作權法第52條之正當目的範圍？在日本學說發生爭議，認爲須以立法解決[11]。我國智慧財產法院在107年民商訴字第1號民事判決，已直接承認戲謔仿作得直接引著作權法第65條第2項主張合理使用。因此，本文認爲戲謔仿作之引用他人著作，應認爲係著作權法第52條引用之正當目的。

11　參見金井重彥、小倉秀夫，前揭書，頁627。

二、須限於已公開發表之著作

此部分與伯恩公約、日本、德國、南韓等著作權法規定相當。未公開發表之著作，不得主張著作權法第52條之引用[12]。所謂「未公開發表之著作」，實務案例如學生作業[13]。

至於蔣介石日記是否係「已公開發表之著作」？實務上認為尚有爭論。雖未必得依著作權法第52條而為引用，然而如果不得依著作權法第52條為「引用」，仍得單獨依著作權法第65條第2項主張獨立合理使用，且依著作權法第18條但書規定，尚無侵害著作人死亡後之公開發表權問題[14]。

---

12 參見經濟部智慧財產局107年7月3日電子郵件1070703號函釋：「依著作權法第52條規定：『為報導、評論、教學、研究或其他正當目的之必要，在合理範圍內，得引用已公開發表之著作。』故依據本條得主張之合理使用，應指所引用者為『已公開發表』之著作，因此，如引據他人未公開發表之著作，無法主張本條之合理使用。」

13 參見經濟部智慧財產局106年2月3日電子郵件1060123b號函釋。

14 參見蕭雄淋，著作權法實務問題研析（一），頁328-333，五南圖書，2018年3月；另參見經濟部智慧財產局101年3月26日電子郵件1010326號函釋：「有關 貴電台因製作專題報導欲引用學者著作中，抄錄蔣介石日記部分內容一事所涉及的著作權問題，本組答復如下：

一、按著作權法第52條規定，為報導、評論、教學、研究或其他正當目的之必要，在合理範圍內，得引用『已公開發表』之著作。至於著作是否已經公開發表，應視權利人是否有以發行、播送、上映、口述、演出、展示或其他方法向公眾公開提示著作內容。本件 貴電台欲引用之日記是否已經獲得全體繼承人之同意進行公開發表，如來函所述，仍有爭議，亦即該日記是否係著作權法所稱『已公開發表之著作』，此一事實未能釐清前，尚不宜引用第52條規定主張合理使用。但著作權法第65條另外設有著作合理使用之概括規定，如利用的目的及性質、利用著作的比例，對市場的影響等，因此如為評論、報導以滿足人民知的權利之公益目的，而引用學者抄錄之部分內容，且引用數量有限，應認為可符合著作權法第65條其他合理使用之規定，而不構成著作權的侵害。惟因著作權係屬私權，個案是否符合本法第65條第2項規定之四項判斷標準，於發生爭議時，由司法機關調查具體事證予以審認。

三、須自己著作與被引用著作有可區辨性

著作權法上之「引用」，係爲自己的著作活動之利用目的（引用目的），而將他人之著作重製或無形再生到自己的著作上，而創作自己之著作等，已如前述。故須有自己著作存在，且自己著作與被引用之著作，須可區辨[15]。司法實務見解如最高法院84年台上字第419號刑事判決：「所謂『引用』，係援引他人著作用於自己著作之中。所引用他人創作之部分與自己創作之部分，必須可加以區辨，否則屬於『剽竊』、『抄襲』，而非『引用』[16]。」行政函釋如經濟部智慧財產局107年6月20日電子郵件1070620b號函釋：「依著作權法第52條規定：『爲報導、評論、教學、研究或其他正當目的之必要，在合理範圍內，得引用已公開發表之著作。』該條所稱『引用』，係指於合理範圍內以節錄或抄錄他人著作，供自己創作之參證或註釋使用（亦即必須先有自己的創作），且引用的內容需非屬於自己創作的主要部分，被引用的著作亦需與自己的創作相區辨，並應註明出處，即得主張合理使用[17]。」

四、須以自己創作為主，被引用之著作為輔

欲符合著作權法第52條之引用要件，須以自己創作爲主，被引用之著作爲輔，兩者有主從的關係[18]。實務見解如下：

二、此外，鑑於日記於著作人記載當時固屬高度私密事項，惟當時內祕之性質若已因時代、社會變遷而失其意義，則現階段少量轉引該日記之利用行爲，依著作權法第18條但書規定，應可認爲不違反著作人之意思，不構成著作人格權之侵害，併此說明。」

15　此可區辨性，亦爲日本學者認爲係引用的共同要件。參見半田正夫、松田正行，前揭書，頁195；涉谷達紀，前揭書，頁246；作花文雄，詳解著作權法，頁336，ぎょうせい，平成22年4月4版。

16　同旨如智慧財產法院106年民著上更（一）字第1號民事判決。

17　經濟部智慧財產局同旨之函釋，尚有數十個，茲不復贅。

18　上述自己創作之著作與被引用之著作，須有可區辨性及主從關係，此均爲日本學

（一）智慧財產法院106年民公上更（一）字第1號民事判決謂：「所謂引用者，係指利用他人著作而完成自己著作之合理利用行為，是以被引用之他人著作內容，僅係自己著作之附屬部分。兩者有主從關係，自己著作為主，被利用之他人著作為輔。」

（二）經濟部智慧財產局104年12月23日電子郵件1041223號函釋：「本條文所稱『引用』，係指以節錄或抄錄他人著作，供自己創作之參證或註釋之用，亦即利用者本身要有創作，且以自己之創作為主，並得與自己創作部分加以區辨，如您符合上述規定並依同法第64條規定註明出處，即得主張合理使用，後續將該文章於網路上分享亦有依著作權法第65條第2項一併主張合理使用之空間；反之，若逕將他人著作作為自己之著作利用，或自己的著作與所引用之著作比例不相當，依一般社會通念，已非屬供自己創作之參證、註釋或評註之用者，自不得主張本條之『引用』而無合理使用之空間。」所稱不符主從原則，如該個人心得引用他人著作之比例高達95%[19]；僅發表兩句評論，卻轉貼多張截圖[20]。

（三）經濟部智慧財產局103年7月17日電子郵件1030717號函釋：「大學老師『從50萬字之美國學者專書中譯本中，取其中之6萬字加以摘錄、濃縮、部分改寫，弄成約3-4萬字之大段落』、『從400頁專書引用（照貼或改寫）約20頁（3-4千字）』及『從2萬字之研討會文章中引用（照貼或改寫）其中的六大段及圖（約1千字）』，並利用這些引用部分作成自己的出版著作，其中僅穿插一些自己的引言、評語及心得之利用態樣，似非先以自己的著作為基礎，再去引用他人著作，難謂符合前述著作權法第52條之要件。」

說之通說。參見半田正夫、松田正行，前揭書，頁195-196；岡村久道，著作權法，頁239-240，平成26年9月3版；作花文雄，前揭書，頁336。

19　參見經濟部智慧財產局104年9月4日電子郵件1040904b號函釋。

20　參見經濟部智慧財產局104年8月13日電子郵件1040813號函釋。

五、須在合理範圍

　　所謂「合理範圍」，須依著作權法第65條第2項作判斷[21]。著作權法第65條第2項規定：「著作之利用是否合於第四十四條至第六十三條所定之合理範圍或其他合理使用之情形，應審酌一切情狀，尤應注意下列事項，以為判斷之基準：一、利用之目的及性質，包括係為商業目的或非營利教育目的。二、著作之性質。三、所利用之質量及其在整個著作所占之比例。四、利用結果對著作潛在市場與現在價值之影響。」上述合理範圍，尚包含「必要性」概念在內[22]。實務案例如下：

（一）最高法院96年台上字第718號民事判決：「該遭重製部分之著作，又僅約占整部白皮書百分之二，即不足以影響白皮書之潛在市場與現在價值，應認被上訴人擅自重製白皮書部分著作之行為，猶在著作權法所定之合理使用範圍，不構成對著作財產權之侵害。」

（二）智慧財產法院106年民著上更（一）字第1號民事判決：「所謂『為報導、評論、教學、研究或其他正當目的之必要』，必須以有自己之報導性、評論性、教學性、研究性或其他相類之正當目的所為之著作，且有必要性，始得引用已公開之著作。而何謂有『必要性』，應與該條之『在合理範圍內』一併解讀，亦即非引用已公開發表之著作，即無從撰寫報導、評論、教學、研究或其他相類之正當目的之著作，或引用已公開發表之著作，可使報導性、評論性、教學性、研究性或其他相類之正當目的所為之著作更符合其使用之目的。」

（三）智慧財產法院107年民著訴字第87號民事判決：「查系爭報導所使

21　最高法院92年台上字第205號刑事判決：「原判決固引用著作權法第52條為被告無罪之依據，但對於被告引用上訴人公司攝影記者郭○舫拍攝徐○櫻之照片乙幀，是否符合前揭合理使用判斷之標準，未於理由中詳加論述，自不足以昭折服。」

22　日本通說認為「必要性」或「必然性」亦為「引用」之要件。亦即過剩性之引用，即不認為有引用之必要性。參見加户守行，著作權逐條講義，頁244，著作權情報センター，平成15年4訂新版；半田正夫、松田正行，前揭書，頁198-199。

用之系爭照片，具有新聞及經濟價值，並非報導過程中所接觸之著作，且無必須使用該照片始能達其報導之目的，○○日報公司未將該照片為任何轉化使用，即全篇幅引用，而生取代之效果，已逾報導之必要範圍，復未明示其出處，使人無法得知該照片來自被上訴人，○傳媒公司更在所屬網站標註『版權所有不得轉載』，致人誤會該照片之出處，均不符合社會使用慣例，且該二公司利用該照片之商業目的與性質同於被上訴人，利用結果已影響該著作之潛在市場及價值，無法通過上開合理使用之檢驗，為原審合法認定之事實，依上說明，即無著作權法第49條、第52條規定之適用，亦非關新聞自由之問題。」

（四）智慧財產法院108年刑智上易字第21號刑事判決：「上述『合理範圍』，除了第65條第2項之斟酌要素外，還有『必要性』因素。被告於本案對於告訴人所為評論並不必然要使用到告訴人的圖片或需要去改他人的圖片，表達公共意見可以自己設計圖片、可以使用其他鏗鏘有力的論述，不必然需要在別人的圖片上加上字句來做公共政策的討論，故本院衡酌本案事實及證據，認為被告及辯護人以公共政策討論來強調合理使用並不成立。」

（五）智慧財產法院103年民著上更（一）字第2號民事判決：「就著作權法第52條『報導之必要』而言：邱○係立法委員，本身為公眾人物，其赴監察院檢舉途中遭人摘髮，事後提告並取得民事勝訴確定判決，係屬一具新聞價值之事件。然系爭報導係有關邱○摘髮事件獲勝訴判決，是就公眾知的權利而言，公眾僅需知悉該判決之內容即可，該報導得僅以文字為之，如此對報導內容之完整性亦無影響，系爭報導既非在評論『系爭照片本身』之司法判決結果，是實無使用系爭照片之必要。若謂基於喚起民眾對事件之回憶而有使用新聞照片之情形，然摘髮事件發生當時並非僅有上訴人在場拍得照片，被上訴人蘋果日報臺灣分公司本身亦拍攝有多組照片可使用，是系爭報導非僅得使用系爭照片才能達到喚起民眾對事件之記憶，縱系爭報導不使用系爭照片，對公眾知的權利及時事報導完整性亦

無妨礙，是系爭報導並無使用系爭照片之必要性。」

六、須註明出處

依著作權法第64條規定，依著作權法第52條之引用，須明示其出處。其明示出處，就著作人之姓名或名稱，除不具名著作或著作人不明者外，應以合理之方式為之。

肆、引用之若干爭議問題

一、未註明出處之法律效果

未依著作權法第64條規定註明出處，其法律效果如何？略有三說：

（一）**侵害著作財產權說**：即未註明出處，係未符著作權法引用之要件，即屬侵害著作財產權之行為，而有著作權法第91條、第92條之刑事責任，並有著作權法第88條之民事責任。主此說者，如智慧財產法院108年民著訴字第74號民事判決：「惟查，被告呂○文利用原告之系爭講義，卻絲毫未註明出處，亦未標示著作人原告之姓名，此觀系爭手冊之參考資料中並未提及系爭講義即明，顯然並未依照著作權法第64條第1項之規定註明出處，並非屬合理使用。」

（二）**僅係著作權法第64條之違反，應負第96條之責任，非屬侵害著作財產權之行為**：引用而未註明出處，僅依著作權法第96條規定，違反註明出處罪，科新臺幣5萬元以下罰金，而非侵害著作財產權。主此說者，例如臺灣高等法院高雄分院96年智上易字第3號民事判決：「被上訴人違反明示出處之義務，與其利用著作是否屬於合理使用，並無必然之關係，亦即明示著作出處並非合理使用著作之必要條件，故縱未依本條以合理之方式明示其出處，亦僅屬應依同法第96條科處罰金之問題，並不當然構成著作權之侵害。」

（三）**侵害著作人格權說**：即引用而未註明出處，除係構成著作權法第96
　　　條之罪外，依著作權法第66條、第16條及第93條第1款規定，尚構
　　　成侵害姓名表示權之罪，依刑法第55條想像競合規定，從一重之著
　　　作權法第93條第1款加以處罰，且有民事責任。

　　上述三說，本文認為違反註明出處義務，視其有無同時違反「自己著
作與被引用著作之可區辨性」要件而定。如果違反註明出處義務，係將他
人著作作為自己著作利用，違反引用之可區辨性，則應認為違反引用之必
要要件，無第52條之適用，構成侵害著作財產權行為[23]。反之，如果引用
符合可區辨性及其他引用之要件，僅未註明出處，如報紙引用他人圖片，
其上寫「網路截圖」，則此單純違反著作權法第64條之註明出處義務，並
非侵害著作財產權，在刑事上僅有第96條之責任[24]。

　　至於如明確知悉係他人著作而加以引用，並且未註明出處，且未註明
著作人姓名或名稱，除了有著作權法第96條規定之刑事責任外，尚屬侵害
著作人著作人格權中之姓名表示權[25]。然而如果註明出處不全，僅註明著
作人之姓名或名稱，而未註明其他出處（如出版社或發行所），則未侵害

23　最高法院103年台上字第1352號民事判決謂：「著作權法第64條第1項、第2項規
　　定，依第49條規定利用他人著作，就著作人之姓名或名稱，應以合理之方式，明
　　示其出處；同法第16條第4項復規定，依著作利用之目的及方法，於著作人之利益
　　無損害之虞，且不違反社會使用慣例者，得省略著作人之姓名或名稱。蘋果日報
　　台灣分公司為系爭報導時，未明示系爭照片之出處，原審未敘明其所為何以不違
　　反社會使用慣例之依據，遽為不利上訴人之認定，非無可議。再違反著作權法第
　　64條規定，利用他人著作，未明示其出處者，依同法第96條科5萬元以下罰金，即
　　屬不法行為，乃原審竟認無從令被上訴人負民事損害賠償責任，適用法律自有可
　　議。」此判決之事實，係在該系爭邱○假髮照片係以他人著作當作自己著作而使
　　用，並無符合引用之可區辨性要件。
24　參見蕭雄淋，前揭書，頁303-305。此亦為日本學者通說，參見半田正夫、松田正
　　行，前揭書，頁201；田村善之，著作權法概說，頁262，有斐閣，平成15年2月2
　　版。
25　參見加戶守行，前揭書，頁269；蕭雄淋，著作權法逐條釋義，頁212-214，五南
　　圖書，1999年4月2版。

著作人之姓名表示權，僅單純係第64條註明出處義務之違反，視其有無第96條之罪責之問題。

二、引用得否以摘要為之，抑或須原文引用

有關引用得否以摘要、濃縮形式為之，略有二說：

（一）**肯定說**：即認為著作權法之引用，得以摘要濃縮為之。其理由為，大清著作權律第39條規定：「下列各項，不以假冒論，但須注明原著之出處：一、節選眾人著作成書，以供普通教科書及參考之用者；二、節錄引用他人著作，以供己之著作考證注釋者；三、仿他人圖畫以為雕刻模型，或仿他人雕刻模型以為圖畫者。」自大清著作權律至1985年之著作權法，有關引用均以「節錄」用語規定之。現行著作權法第52條僅規定「引用」，而不限於完全原樣之「節錄」，自應解為得以摘要濃縮方式為之，不限原文照用。

（二）**否定說**：即認為著作權法之引用，應完全依原文節錄。如果係外文，尚可以以翻譯為之，然而不得以摘要濃縮方式為之。其理由為，依著作權法第63條第1項規定，引用得以翻譯為之，但第63條第2項規定，得以「改作」為之者，僅限於第46條及第51條，不包含第52條。易言之，依著作權法第63條規定，著作權法第52條之引用，僅限於以重製方式及翻譯方式，不包含以其他改作方式為之。再者，如果允許摘要引用，則恐怕引用者將大量濃縮被引用人之著作，增加被引用之量，且摘要引用亦無公益性。

在引用實務上，不乏以摘要方式引用者。此究竟是否符合引用規定？此一問題，在日本亦發生爭議。日本學者多數認為引用應忠於原著，不得加以濃縮摘要之方式呈現[26]，然而日本實務上承認只要忠於原著內容，亦

26　參見金井重彥、小倉秀夫，前揭書，頁622；半田正夫，著作權法概說，頁173-174，法學書院，平成25年15版；涉谷達紀，前揭書，頁264-265；齊藤博，著作權法，頁242，有斐閣，平成19年3版。

得濃縮摘要而引用[27]。學者亦有承認被引用之著作得一部省略[28]。

上述二說，本文採肯定說，理由爲：

（一）著作權法第63條僅承認引用得加以「翻譯」，未承認引用得加以「改作」。然而著作權法第52條係規定，已公開發表之著作，得加以「引用」，而非得加以「節錄」、「重製」或「翻譯」。而著作權法第3條第1項第11款規定，改作之定義爲：「以翻譯、編曲、改寫、拍攝影片或其他方法就原著作另爲創作」。濃縮、摘要或一部省略，並非「另爲創作」，應符合引用之規定。

（二）無論伯恩公約第10條第1項或日本著作權法第32條第2項，公正慣行均爲「引用」之核心要件。而在引用實務上或論文寫作上，將原被引用之著作加以濃縮，以摘要形式引用，乃係被承認之引用慣例，係具社會相當性，實無侵害著作權之實質違法性，無視爲侵害著作權法之必要。況依引用之法理，引用不限於文字著作。課堂講課或演講，均得引用他人著作，此引用某書之某觀點，殊無在演講或講課時原文照唸之必要，在實務上原文一字不漏引用，亦有困難。

三、引用是否限於非營利目的？

爲販售等營利目的，是否得主張著作權法第52條之引用？略有二說：

（一）肯定説

認爲著作權法第52條未如著作權法第55條規定「非以營利爲目的」之要件，則以販售營利目的，如果符合引用之其他要件，仍得主張引用。實務見解如：

1. 經濟部智慧財產局109年3月17日智著字第10900013200號函釋：「欲於

---

27 東京高判平5.12.1，此判決未登於判例時報，係學者收藏；東京地判平10.10.30，判例時報，1674號，頁132。

28 中山信弘，著作權法，頁263-264，有斐閣，平成19年10月。

書籍中引用他人之著作，如符合前述規定，即可依著作權法第52條規定主張合理使用，至於將書營利出版之『散布』行為，亦得依同法第63條第3項主張合理使用。」

2. 經濟部智慧財產局100年11月18日智著字第10000109420號函釋：「按著作權法（稱本法）第52條規定，為報導、評論、教學、研究或其他正當目的之必要，在合理範圍內，得引用已公開發表之著作。因此，如係基於上述本法所定之正當目的，且必須以『有自己之著作』為前提，為供自己創作之參證、註釋或評註之用而在合理範圍內利用他人著作，即可主張上述本法所定之合理使用。至利用他人著作達多少比例始為『引用』，須依具體個案而定，無法一概而論。惟若逕將他人著作作為自己之著作利用，或自己的著作與所引用之著作比例不相當，依一般社會通念，已非屬供自己創作之參證、註釋或評註之用者，自不得主張本條之『引用』，而無合理使用之空間。又依該規定利用他人著作者，得『散布（例如對外販售）』該著作（本法第63條第3項參照）。」

（二）否定說

認為著作權法第52條之引用，係為報導、評論、教學、研究或其他正當目的之必要。為營利販賣著作目的而引用，應非屬著作權法第52條之「正當目的」。最高法院84年台上字第419號刑事判決謂：「依著作權法第52條規定主張合理使用，其要件為：須為報導、評論、教學、研究或其他正當目的之必要……。而所稱『為教學之目的』，應限於學校教師單純為直接供課堂上教學活動之用而言。黃新春編著『數控工具機』一書，供高進華經營之高科技書局印行銷售，係基於營利之目的，似與『為教學之目的』不合。」況著作權法第52條之「合理範圍」，須受第65條第2項四款條件之檢驗。而上開四款條件中之第1款為：「利用之目的及性質，包括係為商業目的或非營利教育目的。」故有營利行為，即不得主張「引用」。

上述二說，本文採肯定說，理由如下：

（一）伯恩公約或各國著作權法均未明文規定，引用限於非營利目的。如果非營利方得引用，則公約及各國立法，應明示其旨。況依前述所提到伯恩公約指南之意旨，營利與否，僅關係法院對引用比例判斷，是否足以影響被引用著作之潛在市場，而非凡營利均不得引用。易言之，營利與否，僅影響合理範圍之判斷，而非所有營利行為，均不得主張引用。

（二）依我國著作權法第52條及第65條之規範邏輯，營利與否，不影響第52條規定，僅係作為是否通過第65條合理範圍檢驗之標準。然而第65條第2項四款之判斷，係法院之權力。而目前司法實務，甚多營利行為均通過第65條之檢驗。亦即並非營利行為，即無法通過第65條第2項合理使用判斷基準之檢驗。舉例如下：

1. 最高法院94年度台上字第7127號刑事判決：「著作權法第65條第2項第1款所謂『利用之目的及性質，包括係為商業目的或非營利教育目的』，應以著作權法第1條所規定之立法精神解析其使用目的，而非單純二分為商業及非營利（或教育目的），以符合著作權之立法宗旨。申言之，如果使用者之使用目的及性質係有助於調和社會公共利益或國家文化發展，則即使其使用目的非屬於教育目的，亦應予以正面之評價；反之，若其使用目的及性質，對於社會公益或國家文化發展毫無助益，即使使用者並未以之作為營利之手段，亦因該重製行為並未有利於其他更重要之利益，以致於必須犧牲著作財產權人之利益去容許該重製行為，而應給予負面之評價。」

2. 智慧財產法院98年度民著訴字第8號民事判決：「有關合理使用之判斷，不宜單取一項判斷基準，應以人類智識文化資產之公共利益為核心，以利用著作之類型為判斷標的，綜合判斷著作利用之型態與內容。易言之，於判斷合理使用之際，理應將所有著作利用之相關情狀整體納入考量，且應將該條項所定之四項基準均一併審酌。其中著作權法第65條第2項第2、3款判斷基準亦輔助第4款判斷基準之認定，此三項判斷基準係屬客觀因素之衡量。而第1款判斷基準則強調利用著作之人之主觀利用目的及利用著作之客觀性質，且有關利用著作性質之判斷，應審究

著作權人原始創作目的或是否明示或默示允許他人逕自利用其著作。此外，並應審酌利用結果對於人類智識文化資產之整體影響，以及其他情狀，綜合各判斷基準及主觀因素與客觀因素之衡量。」

（三）依伯恩公約第10條第1項及日本著作權法第32條第1項、南韓著作權法第28條規定[29]，「引用」核心要件，爲社會之「公正慣行」。引用係將他人著作供自己的著作作爲參證或註釋之用，以促使人類文明更進一步發展。學術著作或學校教科書，即最顯著之例。然而即使學術著作或學校教科書，依社會慣例，亦通常作營利販賣，故營利與否，不得作爲阻礙引用之理由。

（四）依日本著作權法第32條第1項規定：「已公開發表之著作，得以引用之方法利用之。但其引用應屬公正慣行，並在報導、批評、研究或其他引用目的上正當之範圍內爲之。」本項規定採取「得以引用方式利用之」（引用して利用することができる）文句用語，而非採行「得引用之」（引用することできる）用語之理由，係爲區分下列二種行爲：於自己著作內引用他人著作之行爲（引用行爲本身），以及因利用特定著作而伴隨產生引用其著作效果之行爲。其中，印刷、演奏或播送等行爲即屬後者情形。本項規定之引用行爲，即法律意義上之引用行爲，其不僅包含前者「引用行爲本身」，尚包括「因利用特定著作而附隨引用該著作內容之情形」在內，而就二種引用行爲均予適法化[30]。

　我國著作權法立法文字雖未如日本著作權法精確，然而日本著作權法之立法及解釋，可證著作權法之引用法理，其引用行爲本身合法，則進一步後續之利用行爲，不管營利與否，應同時適法化[31]。營利與否僅爲判斷

29　日本及南韓著作權法規定，參見前揭註4及註5。

30　參見加戶守行，前揭書，頁243。

31　此爲經濟部智慧財產局函釋之通說，參見經濟部智慧財產局107年2月13日電子郵件1070213b函釋、109年3月27日電子郵件109327c號函釋。其餘有數十個類似函釋，不再贅舉。

合理範圍之基準，而非判斷目的是否正當或其他引用要件之基準。

伍、結論

　　大陸法系國家往往立法簡潔，在立法背後須仰賴龐大司法判決、行政函釋、國際公約、外國立法及學說加以補充，以解決其疑難問題。由我國司法上眾多有關「引用」之判決及更多的經濟部智慧財產局行政函釋，足見在社會上引用他人著作之情形極多，合法與否界限有待釐清，以使民眾有所遵循。

　　由我國及日本學說及實務通說來看，著作權法第52條「引用」之要件，除法條表面上之「為報導、評論、教學、研究或其他正當目的之必要」、「在合理範圍內」、「引用已公開發表之著作」及「應註明出處」外，在法理上，尚有兩個隱藏之要件，即須：「自己著作與被引用著作有可區辨性」、「以自己創作為主，被引用之著作為輔」。又「合理範圍」除須斟酌第65條第2項四款合理使用要素外，實務上認為尚應判斷其引用是否有必要性或必然性，過剩之引用，不符引用之要件。

　　此外，針對引用之爭議性問題，未註明出處之法律效果如何？本文認為，如果符合引用之其他要件（包含可區辨性之要件），單純未註明出處，僅係著作權法第64條之違反問題，尚無侵害著作財產權。然而如果同時違反「自己著作與他人著作之可區辨性」原則，則不成立引用，而成立侵害著作財產權。至於侵害著作人格權（姓名表示權）之有無，應獨立判斷，不受是否侵害著作財產權因素之影響。

　　再者，引用得否以摘要或濃縮形式為之，抑或須原文引用？本文採肯定見解，認為引用得以摘要或濃縮形式為之，以應實務需要。又本文亦認為，即使為營利目的，亦可能成立引用。然而為使此一法理更明確起見，建議我國著作權法第52條立法，仿日本著作權法第32條第1項，將「得引用已公開發表之著作」，改為：「得以引用之方式利用已公開發表之著

作」，俾便引用他人著作本身及其後續之利用，一併適法化[32]。

（本文原載全國律師月刊，第24卷第8期，2020年8月，頁17-29）

---

[32] 依經濟部智慧財產局於2020年5月5日公布之著作權法修正草案第52條已修正爲：
「爲報導、評論、教學、研究或其他正當目的，在必要範圍內，得以引用之方式
利用已公開發表之著作。」

第十四章
立法院審議中著作權法修正
草案若干問題之檢討

壹、前言

行政院於2021年4月8日以行政院3573號會議通過「著作權法修正草案」，送立法院審議。此法案較原著作權法增加九條，修正37條，號稱是近20年來最大幅度的調整[1]。

依行政院新聞稿，此次草案之修正重點在：一、整併及修正著作財產權之無形權能規定；二、檢討著作人歸屬規定之合理性；三、修正著作人格權規定；四、釐清散布權及出租權相關規定；五、調整表演人及錄音著作保護；六、修正著作財產權限制規定；七、增訂著作財產權人不明強制授權及著作財產權設質登記規定；八、修正法定賠償規定；九、修訂邊境管制措施：十、檢討修正不合時宜之刑事責任規定等[2]。

事實上，早在2010年5月，經濟部智慧財產局（以下簡稱「智慧局」）就組織著作權法專家組成著作權法修法諮詢委員會，開會討論著作權法全面修法之議題[3]。其間經過至少70餘次之修法會議[4]，其後完成全

---

1 參見經濟部網站：https://www.moea.gov.tw/MNS/populace/news/News.aspx?kind=1&menu_id=40&news_id=93817（最後瀏覽日：2021/5/25）。

2 詳細修正說明及修正全文對照，參見行政院網站：https://www.ey.gov.tw/Page/9277F759E41CCD91/18967328-8ff3-4017-bd51-b61f07a32410（最後瀏覽日：2021/5/25）。

3 著作權整體法制檢討與修法規劃表，參見經濟部智慧財產局網站：https://topic.tipo.gov.tw/copyright-tw/lp-877-301-5-20.html（最後瀏覽日：2021/5/25）。

4 其中有公告紀錄者有47次，尚有至少20餘次會議未公告紀錄。有紀錄者參見著作

面著作權法修正草案，全文共145條，由行政院於2017年11月2日函送立法院[5]。

惟立法院因該法案修改過多，審議困難，且與選票無關，至2020年該會期結束，均未審議。依立法院職權行使法第13條規定，每屆立法委員任期屆滿時，除預（決）算案及人民請願案外，尚未議決之議案，下屆不予繼續審議。因此，該法案在2020年撤回重送。智慧局因為擔心全面修正，重蹈2017年的覆轍，只好重作一個修正幅度比較少的版本，再送行政院。然而，這已經是20年來著作權法最大幅度的修正了。

著作權法與傳播科技攸關，係變動十分快速之法律，與民刑法不同。近十多年來，世界各國著作權法，修正十分頻繁。日本著作權法甚至每一、兩年就作一次修正[6]。我國現行著作權法，係1992年參考日本著作權法而來，此次行政院通過的著作權法修正草案，固有許多優點，其草案說明，已有詳述。本文僅就該草案若干不足及爭議部分，提出檢討，俾供立法院修法及學界探討理論之參考。

貳、有關整併及修正著作財產權之無形權能規定

一、有關公開口述與公開演出權利之合併

現行著作權法第3條第1項第6款規定：「公開口述：指以言詞或其他方法向公眾傳達著作內容。」第9款規定：「公開演出：指以演技、舞

權法修法專區，經濟部智慧財產局網站：https://topic.tipo.gov.tw/copyright-tw/lp-877-301-1-20.html（最後瀏覽日：2021/5/25）。

5 參見立法院議案關係文書政府提案16161號，此詳細修正條文對照表並附於蕭雄淋，著作權法實務問題研析（二），頁141-267，五南圖書，2018年6月。

6 日本自從1970年（昭和45年）著作權法全面修正迄今，總共修正52次。參見社團法人日本著作權情報センター，https://www.cric.or.jp/db/domestic/a1_index.html（最後瀏覽日：2021/5/31）。

蹈、歌唱、彈奏樂器或其他方法向現場之公眾傳達著作內容。以擴音器或其他器材，將原播送之聲音或影像向公眾傳達者，亦屬之。」著作權法第23條規定：「著作人專有公開口述其語文著作之權利。」第26條第1項規定：「著作人除本法另有規定外，專有公開演出其語文、音樂或戲劇、舞蹈著作之權利。」修正草案將現行法第3條第1項第6款及第23條刪除，修改公開演出之定義，將現行法「公開口述」權能，完全併入「公開演出」之內容中。

查伯恩公約第11條之3規定，著作人專有「公開口述權」（public recitation）。此一權利，有若干國家直接歸入公演權（public performance），將公開口述當作是一種表演。然而公約國亦有不少訂定「公開口述權」之國家，則將尚不足構成公演的公開朗讀，定為公開口述權的對象[7]。公開口述與公開演出之區別在於，公開口述是限於朗讀，無「演技」成分，而公開演出，是進一步有「演技」成分。

單純口述因其無演技成分，不能成為表演，本有其獨立區分意義。例如在電子書製作上，甲為文字著作，乙口述，丙製作成錄音著作。此時甲之文字為語文著作，乙之口述，係甲之衍生著作，亦為語文著作，而非表演。此與甲之曲子，乙將其演唱，丙製作成錄音著作，其中乙之演唱為表演，表演與語文著作地位，在現行法有所不同。因此，在現行法，公開口述與公開演出之不同認定而有不同效果。

有公開口述權之國家，如日本著作權法第24條、德國著作權法第19條，迄今均未變動。而公開口述權自我國1985年著作權法修法，即有此權利，迄今在實務運作上亦無扞格窒礙之處，且其係伯恩公約獨立之權利，似無修正刪除之必要。

二、有關編輯權之存廢問題

現行著作權法第28條規定：「著作人專有將其著作改作成衍生著作或

7　WIPO, *Guide to the Rome Convention and to the Phonograms Convention*, p. 74 (1978).

編輯成編輯著作之權利。但表演不適用之。」此處規定，著作人專有改作權及編輯權。著作人擁有改作權，此為各國著作權法共同之法理，各國著作權法亦均有規定。然而規定著作人擁有編輯權，似屬多餘。

2017年行政院送立法院審議之草案第32條即將著作人專有編輯成編輯著作之規定刪除。其理由為：「現行所定編輯成編輯著作之用語，係指著作人就其著作，享有整理、增刪、組合或編排產生著作之編輯權。惟編輯他人著作，即同時涉及重製原著作人之著作，著作人得以重製權主張權利，無另行賦予著作人編輯權之實益，另參考德國、日本及南韓等之立法例亦均未有編輯權之規定，爰予刪除[8]。」

我國著作權法「編輯權」訂定於1985年著作權法第4條第2項規定。依同法第4條第1項第24款有關「編輯權」之定義，係指：「著作人就其本人著作，享有整理、增刪、組合或編排產生著作之權。」而1992年著作權法沿續此權利。事實上，上述定義之編輯行為，均已一部重製原著作人之著作。侵害重製權之刑度，依現行著作權法第91條規定，較侵害第92條編輯權之刑度為重。歷年來被害人著作被不法編輯，均以著作被擅自一部重製加以主張。外國立法亦鮮有著作人專有編輯權之立法例[9]，故此編輯權當應刪除。此次修正草案不依2017年之修正草案刪除編輯權，反而刪除不必要刪除之公開口述權，似有檢討之餘地。

---

8 參見蕭雄淋，前揭書，頁168-177。

9 中國2020年之著作權法第10條第1項第16款規定：「彙編權，即將作品或者作品的片段通過選擇或者編排，彙集成新作品的權利。」而此彙編權，係著作人權利之一種。依此定義，彙編權即被一部重製所涵攝。

參、有關檢討錄音著作與視聽著作著作財產權歸屬之合理性

　　2017年行政院送立法院審議之著作權法修正草案第15條規定：「視聽或錄音著作依前條第一項規定以受聘人為著作人者，其著作財產權歸出資人享有。但契約另有約定者，從其約定。」易言之，依2017年之著作權法修正草案，對職務著作中之視聽著作及錄音著作，即使非僱傭，而係委任或承攬關係，除契約另有規定，否則著作財產權為出資人。其理由為[10]：

一、實務上視聽著作通常係由出資人出資聘請多人參與並完成創作，亦即視聽著作具有多人參與創作之特性，依有關職務著作之規定，出資聘請他人完成視聽著作，出資人固得與受聘人約定以出資人為著作人，並享有著作財產權。然而一旦未完整地與全部創作人就完成之著作權利歸屬進行約定，視聽著作之著作財產權人將形成共有，造成該視聽著作之後續利用及授權產生困難。例如：某公司委託他人拍攝影片，因編劇、導演、副導、助導、燈光師、攝影師等工作人員眾多，如委託人漏與其中數名工作人員約定著作權利之歸屬，將導致影片無法重製為播放帶或DVD等在戲院、電視、網路播放。

二、國際上多數立法例為解決上述問題，均針對視聽著作予以特別規定，將視聽著作之著作財產權集中予一人享有或行使，以促進視聽著作之流通與利用。例如：日本著作權法第29條規定，將電影著作之著作財產權歸屬該電影著作之製作人享有；南韓著作權法第101條規定，電影著作製作人自電影之其他著作人受讓對電影著作之必要利用權。另國際立法例就電影著作之著作財產權多明定歸屬於出資之電影製作人享有，乃因電影製作人係電影著作之製作主體，即投入資金成本製作電影並負擔責任及風險之人，此相應於國內，即屬實際出資之電影製

10　參見2017年行政院送立法院著作權法修正草案第15條之立法說明，並見蕭雄淋，前揭書，頁164-167。

片公司（即出資人），因此，爲避免爭議，在無另行約定下，該視聽著作之著作財產權應歸屬於視聽著作之出資人享有。

三、錄音著作同樣具有多人參與創作之特性，如混音師、錄音師，如未約定著作權利之歸屬，依現行條文第8條規定，錄音著作係爲共同著作，須全體著作財產權人之同意始得行使權利，致增加錄音著作流通之困難，且易產生錄音著作之著作權利歸屬不明之爭議。國內實務上即出現將著作權歸屬於錄音師之判決。惟國際公約及各國著作權法對於錄音保護之主體，多爲規劃投資並承擔責任及風險之人，如世界智慧財產權組織表演及錄音物條約（WPPT）第2條第d項、南韓著作權法第2條第1項第6款及英國著作權法第9條第2項第aa款等，爲與國際立法例接軌，並讓錄音著作之流通更爲便利，乃明定錄音著作之著作財產權，由出資人享有。

上述2017年著作權法修正草案第15條規定，係筆者極力主張所形成的草案[11]。我國著作權法就錄音著作之著作財產權歸屬於「著作人」，而非「製作人」，係國際立法例所罕見。錄音著作並不在伯恩公約第2條第1項例示著作之範圍。錄音保護之國際公約，最主要爲1961年成立的「表演家、發音片製作人及傳播機關保護之國際公約」（Rome Convention）及1996年成立的「世界智慧財產權組織表演及錄音物條約」。此二公約均明定錄音物之權利歸屬爲錄音物之「製作人」[12]。就視聽著作而言，美國、日本、南韓、中國均採權利法定移轉制，著作財產權均歸屬製作人，而非全體創作者共有，以免產生在職務著作下，除非另有約定，否則授權他人

---

11 參見經濟部智慧財產局著作權修法諮詢小組102年第37次及第39次會議紀錄之發言，經濟部智慧財產局網站：https://topic.tipo.gov.tw/copyright-tw/lp-877-301-2-20.html（最後瀏覽日：2021/6/9）；另參見蕭雄淋，著作權法職務著作之研究，頁155-160，五南圖書，2015年6月。

12 參見羅馬公約第10條：「錄音物製作人就其錄音物直接或間接享有授權複製或禁止重製之權利。」WPPT第3條第1項：「締約各方應將依本條約規定的保護給予其他締約方國民的表演人及錄音物製作人。」

利用，必須全體創作人同意的不合理現象[13]。實務上發生極多機關權利盤點，機關與廠商約定著作財產權歸機關，事實上廠商雖是錄音或視聽著作之製作人，卻未與其出資下共同完成之其他創作者有權利之約定，導致機關未能取得著作財產權，因此無法將錄音著作或視聽著作授權他人利用之怪現象。

2021年之著作權法修正草案，爲了擔心修正過多，而使著作權修法無法完成，重蹈2017年法案之覆轍，導致2017年著作權法修正草案第15條規定，在2021年的草案卻未列入，誠屬立法之缺憾。

肆、有關錄音著作之著作人格權部分

依現行法及2021年修正草案，錄音著作有完整的著作人格權。即錄音著作之著作人，有公開發表權（第15條）、姓名表示權（第16條）及禁止不當變更權（第17條）。其實錄音著作並非伯恩公約第2條第1項受保護著作之項目。世界各國保護錄音之公約，主要是1961年成立的「羅馬公約」及1996年成立的「世界智慧財產權組織表演及錄音物條約」，已如前述。而此二公約，均不保護錄音之著作人格權。

就法系而言，目前世界各國著作權法，主要分成兩個法系，一爲「作者權傳統」（author's right tradition），一爲「版權傳統」（copyright tradition）。前者盛行於歐洲、拉丁美洲和大陸法系（civil law）國家，後者盛行於英國、美國和其他普通法系（common law）國家。「作者權傳統」強調著作人的自然權利，故重視著作人之著作人格權，有著作鄰接權制度；「版權傳統」則重視財產之利益，著作人格權原則上以普通法

---

13 參見著作權法第40條之1第1項：「共有之著作財產權，非經著作財產權人全體同意，不得行使之；各著作財產權人非經其他共有著作財產權人之同意，不得以其應有部分讓與他人或爲他人設定質權。各著作財產權人，無正當理由者，不得拒絕同意。」

保護，且無著作鄰接權制度[14]。我國為大陸法系國家，本應承繼作者權傳統，有著作鄰接權制度，錄音以著作鄰接權保護，錄音物之保護，不包含著作人格權。然而由於1989年的臺美著作權談判，在美方的強大壓力及國內唱片業的遊說下，1992年全面修正之著作權法，錄音仍以著作權保護，且有著作人格權，實乃立法之錯誤[15]。德國著作權法自1965年、日本著作權法自1970年、南韓著作權法自1987年、中國著作權法自1990年，其著作權法有關錄音皆以著作鄰接權保護，錄音物之保護不包含著作人格權。我國著作權法雖不以著作鄰接權形式保護錄音，然而在實質內容上，似不宜與國際公約及各國立法例相逕庭，即不應保護錄音著作之著作人格權[16]。

伍、有關著作財產權限制部分

現行著作權法第61條規定：「揭載於新聞紙、雜誌或網路上有關政治、經濟或社會上時事問題之論述，得由其他新聞紙、雜誌轉載或由廣播或電視公開播送，或於網路上公開傳輸。但經註明不許轉載、公開播送或公開傳輸者，不在此限。」草案改為：「於新聞紙、雜誌或網路上評論有關政治、經濟或社會上時事問題之文字、圖片或視聽影像及其所附帶利用之著作，除經註明不許利用者外，得以下列方式利用之：一、由其他新聞紙、雜誌轉載或散布。二、公開播送、公開傳輸或再公開傳達（第1項）。」「前項規定於期刊之學術論文，不適用之（第2項）。」「依第一項規定利用他人著作者，得翻譯該著作（第3項）。」上述修正理由，

14　Paul Goldstein, *Copyright*, Ⅱ, pp. 685-686 (1989).

15　參見蕭雄淋，「著作權與著作鄰接權」一文，原載1990年7月9日自立晚報16版，上載於：http://blog.udn.com/2010hsiao/11853761（最後瀏覽日：2021/6/13）。

16　2021年之著作權法修正草案第15條第1項第2款，針對表演著作之著作人格權，已不包含表演人之公開發表權。此係受1961年成立的「羅馬公約」及1996年成立的「世界智慧財產權組織表演及錄音物條約」之影響，惟錄音無法依公約標準，此係因唱片界遊說力量大之緣故。

主要是認為現今社會現況，網路時事新聞轉載者已不限於語文著作，尚包含圖片、影音，且該等圖片、影音亦有可能附帶利用到他人著作。若仍嚴格限於語文著作始能適用，將對資訊流通形成過度限制，與現今社會發展所需不符[17]。

　　然而行政院上開草案可得檢討者有二：

一、著作權法第61條之規定，原於1992年全面修法時，參考日本著作權法第39條而來。斯時限於「揭載於新聞紙、雜誌有關政治、經濟或社會上時事問題之評論（有學術性質者除外）[18]」。日本著作權法第39條規定得轉載之範圍，限於報紙或雜誌代表媒體立場，不具名的社論，或如聯合報「黑白集」與自由時報「自由談」之類。凡學者或政論者具名的政論文章，都不包含在內[19]。

　　然而我國著作權法於2003年修正，另加「網路」上之論述，亦包含在內。其範圍究係如何，是否包含所有在網路部落格或臉書寫政論或評論時事議題之文章，已有爭議。2003年之著作權法修法，已逾越國際著作權法立法例的範圍，是否違反世界貿易組織（WTO）的「與貿易有關之智慧財產權協定」（Agreement on Trade-Related Aspects of Intellectual Property Rights，簡稱TRIPS）的「三步測試原則」[20]，頗

17　參見該條行政院草案說明。日本著作權法第39條規定：「對於刊載於已發行之報紙或雜誌上的有關政治、經濟或社會時事之評論（具學術性質之評論除外），得予轉載於其他報紙或雜誌、放送或有線放送，或為於接受該放送之同時專為放送對象地區之接受訊息目的而予自動公眾送信（包括送信可能化中之輸入資訊於供公眾使用且與電信線路連接的自動公眾送信裝置）。但有表示禁止利用意旨者，不在此限（第1項）。」「依前項規定而被放送、有線放送或自動公眾送信中之評論，得藉由受信裝置向公眾傳達（第2項）。」

18　日本著作權法第39條規定，前揭註17。

19　參見加戶守行，著作權法逐條講義，頁224，著作權情報センター，平成6年改訂版。

20　「與貿易有關之智慧財產權協定」第13條規定：「會員就專屬權所為限制或例外之規定，應以不違反著作之正常利用，且不至於不合理損害著作權人之合法權益之特定特殊情形為限。」

有爭議。然而如今修法更擴及所有「於新聞紙、雜誌或網路上評論有關政治、經濟或社會上時事問題之文字、圖片或視聽影像及其所附帶利用之著作」。國際已無此種立法例，很難通過TRIPS「三步測試原則」的檢驗。

二、或謂如果媒體或網路之文章、圖片或視聽影像不欲他人利用，只要有「禁止轉載」記載即可。然而依日本學者就日本著作權法第39條之解釋，禁止轉載之記載，必須逐一為之，不能於媒體報頭或片頭概括為之[21]。況利用他人著作，須得同意或授權，乃國際著作權法基本法理。時事問題論述之範圍極廣，且轉載乃全部利用，而非部分利用。時事問題之文字、圖片或視聽影像等，依本條竟然可全部自由利用，乃不可思議之法律。

依此規定，只要未註明禁止轉載，凡政論節目、時事照片，均得全部轉載。過去聯合報與蘋果日報為了吳育昇緋聞及邱毅之假髮照片，進行兩個曠世著作權訴訟，均上訴第三審[22]，甚至發回更審。以日本學者及實務註明不許轉載須逐一為之的解釋，未來珍貴照片及新聞畫面，均得依第61條自由轉載，恐怕辛苦拍照及錄影之大媒體，均將有所不平。新聞照片或畫面擷取，應依著作權法第49條及第52條之要件為之，此亦係上述吳育昇緋聞及邱毅之假髮照片爭議案件之法理爭執重點，單純修改第61條，恐怕於法理有誤。目前臺灣已有不少媒體為取得國際時事圖片影像，付費與國外媒體簽約授權，購買其圖片及影像。如果此案通過，恐怕無須再購買，而引起國際媒體的關注及抗議，亦有未妥。

21　參見加戶守行，前揭書，頁225-226。

22　參見最高法院101年度台上字第5250號刑事判決、最高法院103年台上字第1352號及106年台上字第775號民事判決。

陸、有關公共財產視聽著作之利用

依現行法第30條規定，一般著作之著作財產權保護期間爲著作人終身及其死亡後50年。然而依著作權法第34條規定，視聽著作之著作財產權存續至著作公開發表後50年。著作在創作完成時起算50年內未公開發表者，其著作財產權存續至創作完成時起50年。

視聽著作一般有甚多係由小說、劇本內容改編，或其中利用到其他原來既存著作，例如美術著作等。此既存著作往往在視聽著作保護期間屆滿時，其著作財產權尚在保護期間內而未屆滿。依著作權法第6條衍生著作之法理，利用已經成爲公共財產之視聽著作，尚須得既存著作之著作財產權人同意，使視聽著作提早成爲公共財產之本意落空。

日本著作權法爲解決此一問題，於著作權法第54條規定：「電影著作之著作權，存續於其著作經公表後五十年（如著作未於其創作後五十年內公表者，自創作後五十年）（第1項）。」「電影著作之著作權，其存續期間屆滿而消滅者，關於該電影著作之利用上，該電影著作之原著作之著作權視爲消滅（第2項）。」易言之，依日本著作權法第54條第2項規定，日本之電影著作在已經形成公共財產後，其附於電影上之既存著作，不得因電影著作之利用，而主張權利。此方使已經成爲公共財產之電影著作，眞正得自由利用。

目前文化部正在整理我國的重要公共財產著作，其重要項目包含視聽著作。然而基於衍生著作之法理，我國已經成爲公共財產之視聽著作之利用，尚須得尚未成爲公共財產之其中既存著作，包含被改編的小說、劇本，或被利用的美術等之著作財產權人之同意，使視聽著作提早成爲公共財產之良法美意落空。我國著作權法修正，亦應有類似日本著作權法第54條第2項之立法。

柒、結論

　　著作權法與傳播科技之快速發展相關，係十分專業複雜而又變動快速之法律。世界各國著作權法，均因傳播科技之需要而與時俱進。我國自1992年及1998年兩度著作權法較大幅度修正後，這20年來著作權法之修正幅度，均十分微小。在數位化時代網路科技盛行，甚至新冠肺炎國際流行蔓延下，我國著作權法有關遠距教學之法定例外尚未立法完成修正，圖書館及教科書之著作財產權限制規定，尚留在紙本時代。在國際著作權法均在檢討人工智慧產業之合理使用、鏈結是否侵害著作權及為因應新冠肺炎疫情而允許圖書館對絕版著作遠距利用時，我國著作權法尚在為基本之著作權法修正奮戰不已[23]，誠屬立法之怠惰，立法機關應深自檢討。

　　此次行政院向立法院提出之著作權法修正草案，雖對著作權法之改善有長足進步，然而仍有部分值得檢討或補充之處，已如前述。期待此次著作權法修正，立法院快速展開協商審議，通過立法，勿再蹈2017年法案之拖延之覆轍。如果可能，針對本文所述之不足或應檢討之點，亦一併斟酌，俾使著作權法修正更臻完美。

（本文原載全國律師月刊，第25卷第7期，2021年7月，頁12-19）

23　參見蕭雄淋，「石器時代著作權法，立委別再拖」一文，自由時報自由廣場，2021年6月10日，自由時報：https://talk.ltn.com.tw/article/paper/1442172（最後瀏覽日：2021/6/15）。

第二部分
著作權法實務案例

第十五章
高陽著作權官司攻防戰

三杯下腹筆如神，廿載耘耕著等身。
深悔糊塗簽賣契，無端身後亦纏人。

壹、前言

　　高陽本名許晏駢，是臺灣極著名的歷史小說家，其所寫的歷史小說不僅在報紙連載，更出版數十種單行本，享譽海內外。由於高陽本人豪放不羈，經濟情況並不十分寬裕，其一生與古龍頗為相似，留下的遺作，產生不少著作權糾紛。其中高陽之女兒許議今與聯經公司之著作權官司，前後延續三年，高潮起伏，是一個極富啟示性的著作權案例。

　　每個出版社也都可能發生類似的官司，防不勝防。由於代理高陽之女兒許議今出面主張著作權，及代理聯經公司進行相關的法律爭議和訴訟的律師，都是對著作權法素有經驗專攻的律師，雙方攻擊防禦的主張理由頗富趣味性，因此筆者乃整理該案卷宗，詳細敘述前因後果，以饗讀者。

　　臺灣有史以來最著名、與出版有關的著作權官司，有下列四個：

一、呂自揚告林炎成有關「歷代詩詞名句析賞控源」被抄襲案。這個案子的爭議時間最久，共達十餘年，經過的民事、刑事的審級也最多，民庭光最高法院發回更審，就達三、四次之多。

二、美商大英百科全書公司告臺灣丹青圖書公司侵害著作權案。該官司訴訟標的最大，相關爭執點最多，當事人雙方在民事確認著作權不存在訴訟最後一審，光雙方律師所寫訴訟文字，就達16萬字之多。

三、遠流出版公司所出版《金庸作品集》被翻印案。該案起訴被告共19

人，書籍盜版連封面、版權頁，完全一模一樣，盜版數量更高達36冊，是盜版數量最多、起訴被告最多、主嫌犯判刑最重的案子（主嫌犯第一審各被判三年六個月有期徒刑，第二審改判二年六個月有期徒刑，第三審維持原判確定）。

四、聯經公司與高陽之女許議今的著作權官司。這項官司情節頗為離奇，防不勝防，值得出版界注意。

貳、撤銷著作權與假處分

一、內政部著作權撤銷與假處分

　　民國83年5月16日，曉園出版有限公司（以下簡稱曉園公司），委託律師寫函給聯經出版事業股份有限公司（以下簡稱聯經公司），律師函中說：曉園公司於83年3月31日已經與高陽之女許議今就高陽作品《胡雪巖》等33部簽訂出版契約，曉園公司擁有該33部書獨家全球中文之出版權。因此，聯經公司應立即停止出版銷售，並收回市面還在販賣的高陽書籍。聯經公司收到上開律師函以後，十分訝異，連忙委託律師到內政部去查閱著作權登記的詳細狀況。果然，高陽的女兒於民國81年8月至9月間，陸續將高陽之著作登記自己為著作財產權人，其登記原因為：「著作人生前贈與」，原因發生日期為：民國70年10月1日。

　　此外，聯經公司在內政部也同時看到一份民國70年10月1日由臺灣臺北地方法院公證處認證的高陽與其妻郝天俠離婚的認證書，認證書上附有高陽與郝天俠於70年9月27日所簽的兩願離婚書。依照兩願離婚書第8條規定：「許晏駢（即高陽）之著作權（包含將來取得者在內）全部贈與許議今，以許議今登記為著作權人，但目前著作權所得，除前列第4條外，於許晏駢生存期間，均由許晏駢受益使用。」高陽之女許議今將高陽之著作登記為自己所有，是依照高陽與郝天俠之兩願離婚書第8條規定。

　　聯經公司看到這份兩願離婚書及著作權登記，於83年7月1日，乃向內

政部申請撤銷許議今的著作權登記，其理由是高陽著作之著作權早在70年起就已經陸續讓與聯經公司，委由聯經公司申請登記著作權，聯經公司並提出高陽與聯經公司所簽的著作權讓與契約書，而認為許議今的登記有虛偽不實情事。聯經公司主張，依據民國81年6月修正發布的著作權法施行細則第11條第2項規定：「著作財產權讓與登記申請應檢具著作財產權讓與之證明文件。」而著作財產權讓與文件即是著作財產權讓與契約或贈與契約。而許議今所提出的離婚協議書是高陽與其前妻的離婚協議書，許議今並不是該協議書的當事人，因此該協議書並不是讓與契約或贈與契約，依法不能登記。雖然該離婚協議書中曾提到高陽將其著作財產權贈與許議今，但僅泛指著作而並沒有明白列舉何類、何項及何種著作，更無著作之名稱，也沒有具體的內容和標的，而且僅是高陽與前妻離婚協議書中之離婚條件，而不是高陽贈與許議今之贈與契約。因此內政部受理許議今登記著作權有其瑕疵，應予撤銷。

此外，聯經公司擔心許議今將著作權轉讓給第三人，使著作權撤銷落空，因此在83年9月9日，也向臺北地方法院民庭聲請假處分，禁止許議今將高陽之著作之著作權轉讓、專屬授權或設定質權等處分。針對聯經公司聲請假處分，臺灣臺北地方法院於83年9月10日即以83年度全字第3392號裁定：「聯經公司應提供新臺幣332萬元或等值之臺灣銀行發行定期存款單供擔保後，即得為假處分。」

針對聯經公司向內政部申請撤銷著作權的主張，許議今依據81年6月發布的「著作權登記申請須知」「著作財產權讓與登記欄」第2項規定：「著作財產權讓與登記應繳著作財產權讓與之證明文件正本、影本各一份。例如著作財產權讓與契約或讓與證明書。」因此主張兩願離婚書雖然不是著作財產權讓與契約，但是卻是讓與證明書，因此該登記為合法。

針對許議今之反駁，聯經公司又主張民法第269條第1項規定：「以契約訂定向第三人為給付者，要約人得請求債務人向第三人為給付，其第三人對於債務人亦有直接請求給付之權。」民國81年6月修正發布的著作權法施行細則第11條第2項所稱「著作財產權讓與之證明文件」應指足以證明有讓與著作財產權之準物權行為之文件。兩願離婚書具有第三人利益契

約的性質，只不過是民法第269條第1項許議今擁有向高陽請求讓與著作權的請求權而已，不能認定是著作財產權讓與之證明文件。依據民法第94條及第95條規定，並無任何文件可以證明許議今曾經向高陽請求為著作權贈與的意思表示。因此，許議今不得登記為著作財產權人。

然而內政部針對兩造間撤銷著作權登記的爭議，於83年12月6日，以台（83）內著字第8385494號函，認為聯經公司檢舉不成立，其理由為：「著作權法施行細則第11條第2項明定：『申請著作財產權讓與登記應檢具著作權讓與之證明文件』而此證明文件應指凡得證明著作財產權人讓與其著作財產權意思表示之書面文件即屬之。其文件之名稱、形式為何不拘。因此，高陽與郝天俠的離婚協議書第8條所約定，即著作人高陽有讓與其著作財產權予許議今之表示，此即為著作財產權讓與之證明文件。至於離婚協議書是否具有民法第269條第1項之第三人利益契約之性質？是否僅具有債權效力，未發生準物權效果？及最高法院判決之解釋問題均涉及實體法之適用，屬於司法機關的權責，應由有管轄權之民事法院於受理訴訟後始得認定，本部無權認定。」

二、訴願、再訴願程序

針對內政部檢舉不成立的通知，聯經公司於83年12月29日向內政部提起訴願，請求內政部撤銷處分，而另作適當的處分。結果，內政部於84年3月2日以台（84）內訴字第8305837號訴願決定書，決定訴願駁回。其理由大抵是抄襲內政部的原處分書，了無新意。84年3月27日，聯經公司向行政院提出再訴願，請求將訴願決定及原處分均撤銷，由原處分機關另為適當處分。聯經公司的再訴願書共寫了一萬多字，檢具28個證物。結果，84年8月22日，行政院以台（84）訴字第38051號決定書認為，內政部原函聯經公司表示檢舉不成立，只是屬於意思通知，而不是訴願法的行政處分，不能對其提起訴願再訴願，因此撤銷內政部原來的訴願決定，由內政部另為適法的決定。因此，84年11月29日，內政部以台（84）內訴字第8404697號訴願決定書決定，聯經公司再訴願駁回。其駁回的理由是認

為，舊著作權法第78條規定：「有左列情形之一者，主管機關應撤銷其登記：一、登記後發現有前條各款情形之一者。二、原申請人申請撤銷者。」別無利害關係人或第三人得請求撤銷著作權登記之規定，對於已經註冊之著作權是否應予撤銷之情事，應由內政部依法本於職權調查認定之。因此，聯經公司對於內政部依職權調查虛偽登記情事，無權提起訴願。

　　這是極具戲劇性的發展，到此為止，聯經公司在內政部著作權登記的爭執，可說全部失敗。聯經公司難以理解的是：每個機關都會有處分上的疏忽，而這個疏忽如果處分機關有意掩蓋而不能勇於承認錯誤，利害關係人竟然連訴願的權利都沒有，令人十分納悶。

參、民事第一審確認訴訟

一、由於聯經公司在對許議今撤銷著作權登記的行政救濟過程受到挫折，因此乃在83年11月4日，對許議今提起第一審民事確認訴訟。確認內容主要有兩項：

（一）確認許議今就高陽所著《胡雪巖》等二十種語文著作之著作權不存在。

（二）確認聯經公司就高陽所著《胡雪巖》等二十種語文著作之著作權存在。

　　　起訴的理由為：高陽所著《胡雪巖》等二十種語文著作之著作財產權早在高陽生前就已經相繼讓與給聯經公司，並且委託聯經公司向內政部作著作權讓與登記。而高陽與聯經公司之契約書第1條、第2條都記載：「於契約簽訂後著作物之著作財產權及其他一切權利，永為讓受人（即為聯經公司）所有。」因此，聯經公司對於該著作有著作財產權，許議今就該著作無著作財產權。

二、針對原告（即聯經公司）之主張，被告（即許議今）答辯如下：

（一）被告許議今根據其父高陽與其母郝天俠，經70年10月1日臺北地院

公證處認證之離婚協議書第8條約定，而受贈高陽之著作權（包含將來取得者在內），並且登記爲著作權人。依民法第269條第1項規定：「以契約訂定向第三人爲給付者，要約人得請求債務人向第三人爲給付，其第三人對於債務人，亦有直接請求給付之權。」許議今之取得高陽之著作之著作權，是根據父母之間之離婚協議約定，也就是基於「第三人利益契約」。

（二）依民法第269條第2項規定：「第三人對於前項契約，未表示享受其利益之意思前，當事人得變更其契約或撤銷之。」所謂「表示受益之意思」無論明示或默示均可。受益的表示可向契約當事人之一方以意思表示爲之，第三人如果已經爲受益的表示的時候，則第三人取得之權利即因而確定。因爲許議今於父母兩願離婚時爲限制行爲能力人，而此第三人利益契約對被告而言，是一種純獲法律利益的一方，依民法第77條之規定，無須得法定代理人之允許。何況許議今於父母離婚後，依離婚協議書第2條，其監護權歸母親郝天俠，而郝天俠依法爲許議今之法定代理人，而許議今向郝天俠表示享受利益的意思，則許議今之取得高陽之著作財產權就因此確定了。

（三）依離婚協議書第8條規定，高陽生前僅能就贈與被告著作權之著作爲使用受益。既僅能爲使用受益，自不可處分已贈與而屬於被告之著作權。因此，高陽事後自70年10月23日起陸續將著作財產權讓與給聯經公司，是屬於民法第118條之無權處分行爲。既然許議今不承認高陽的無權處分行爲，則高陽與聯經公司之讓與著作權行爲是一項無效行爲，聯經公司自然沒有著作權可以主張。

（四）依舊著作權法第75條規定，著作財產權之讓與，非經登記，不得對抗第三人。這項規定的立法意旨是在規定著作權雙重受讓之情況下，以先登記著作權受讓者爲優先；先登記著作權之受讓者，得對抗未登記之受讓者。許議今既然擁有著作財產權之讓與登記，聯經公司並未登記，則許議今自可對抗聯經公司。

三、針對許議今的答辯，聯經公司又主張：

（一）民法第269條第1項規定：「以契約訂定向第三人爲給付者，要約人

得請求債務人向第三人爲給付，其第三人對於債務人，亦有直接請求給付之權。」因此，第三人依據該契約僅取得向債務人「請求給付」之權利，亦即僅生債權、債務關係，給付標的之權利並不因而移轉於第三人，必須債務人另外有一移轉給付標的之權利之物權行爲（或準物權行爲），始能發生物權（或準物權）變動之效果。著作財產權之轉讓是著作財產權主體變更的準物權契約。因此，離婚協議書充其量只能證明許議今對高陽曾享有請求讓與著作權之權利，無法證明著作權確已移轉於許議今。

（二）民法第269條第2項規定：「第三人對於前項契約，未表示享受其利益之意思前，當事人得變更其契約或撤銷之。」依民法第269條之立法意旨所示，尚須以該第三人以表示享受利益之意思爲要件，則許議今首先應證明已經向高陽或郝天俠有表示享受利益之意思，但許議今對此並未作任何的舉證。

（三）依舊著作權法第75條登記對抗效力的規定，雖係指在著作權有雙重轉讓之情況下，先登記著作權之受讓者，得對抗未登記之受讓者，但必須以該先登記者之登記，確爲眞實爲前提要件。由於目前內政部著作權委員會就受理著作權登記事件，皆依申請人的申報並未作實質審查，申請人所申報之事項是否眞實，內政部無法明查，此可觀內政部著作權登記簿謄本下方均註明：「本項登記悉依申請人之申報，如有權利爭執，應自負舉證責任。」即可得知。因此，如果先登記者登記顯有不實，自然無對抗效力可言。本件許議今所爲的著作權登記，顯然是不實的登記，只是內政部著委會未作實質審查而已，並不發生著作權法第75條登記對抗效力之問題。

（四）依許議今就所有系爭著作的著作權，受贈及讓與的時間均申報爲70年10月1日。但本件系爭二十種著作中，有十一種著作於高陽贈與當時並不存在，亦即高陽各該著作生前贈與之日期竟早於著作完成首次出版之日期，而且時間差距甚至有達十年以上者。依民國74年前之著作權法係採註冊主義，未註冊無著作權；而74年後採創作主義，需該著作完成時始享有著作權。因此，著作未依法註冊或完成

前，著作權之標的根本不存在，如何能為著作財產權之贈與或讓與？

四、針對聯經公司之補充理由，許議今反駁如下：

（一）高陽於民國70年10月1日所簽之離婚協議書第8條，既已贈與其現在及將來取得之著作權利予許議今，於無任何其他法定要件程序須踐行之情形下，自然直接發生與物權行為相同之效果。因此在法律上，此種贈與行為不但具有債權效力，亦具有物權效力。

（二）許議今於父母離婚後，依該協議書第2條，其監護權歸母親郝天俠。郝天俠依法為法定代理人，因此許議今向郝天俠或高陽表示享受其高陽贈與之著作權之意思，則許議今之受讓取得高陽之著作財產權即已確定。聯經公司有何證據證明許議今未曾向郝天俠或高陽有所表示願接受高陽之贈與？

（三）聯經公司主張，民國70年訂定協議離婚書時，系爭著作尚未註冊，有部分也尚未完成，因此贈與契約不能有效存在，這是沒有道理的。正如父母贈與子女預售屋，贈與之時該預售屋雖然尚未興建而不存在，亦不影響贈與契約有效成立。另依民國24年司法院院字第1366號解釋，尚未註冊之著作亦可能轉讓。足見許議今於民國70年之受讓，乃屬著作權有效的轉讓行為。

五、由於許議今一再主張於70年10月已受讓系爭高陽著作，因此在84年2月13日，聯經公司乃聲請法院命許議今提出高陽或許議今曾經依法申報繳納著作權贈與之贈與稅的相關證明文件，而且補充主張如下：

（一）郝天俠在70年10月與高陽離婚之時，既然知道辦理離婚協議書之法院認證，顯然具有相當之法律知識。則倘若高陽真有履行其贈與債務之行為，高陽本人或者許議今理應依法申報或繳納贈與稅。因此，許議今如果未曾舉證，顯然高陽並未履行其贈與債務。而系爭著作之著作財產權尚未讓與許議今。

（二）高陽於70年10月1日與郝天俠辦理離婚協議書之認證後，於70年10月23日開始陸續與聯經公司簽訂著作權讓與契約，將系爭著作之著作權及其他權利永久讓與聯經公司所有，顯然高陽並無履行與郝天

俠之離婚協議書中第8條約定及讓與著作權予許議今之意思。

（三）在高陽病逝（81年6月6日）之前一年，高陽即與聯經、皇冠及風雲時代三家當時分別擁有高陽著作之著作財產權之出版公司計畫，重新匯集其已出版之書，出版《高陽作品集》，以供讀者珍藏。當時聯經、皇冠及風雲時代三家出版公司基於愛才，並同意將出售上開作品集之所得全數贈與高陽，以助其療養復原。然而，上開作品集未及出版，高陽即已病逝。包括聯經等三家擁有高陽版權之出版公司，因念及高陽之女尚未成年，仍需教育經費，故決定將《高陽作品集》以購贈方式，所得全數贈與許議今作為教育基金，以助其完成學業。此有高陽病逝前親自為該作品集所撰之序言，聯合報81年7月16日聯合副刊上所刊之啟事，以及郝天俠簽收贈款之單據可證。而在聯合報所刊登之啟事中有謂：「高陽生前所念念不忘之事，乃為出版其全集。然而限於版權等因素，遂由三家所屬版權之出版機構聯經、皇冠、風雲時代⋯⋯。」其中所稱「版權」即為「著作權」，此為學者和實務上的通說。由此可見，聯經公司確為系爭著作之著作權人。許議今在接受上開贈款時，對於聯經公司以著作權人之地位出版發行高陽之作品集，均無任何異議。顯然許議今不僅並未至高陽處受讓著作權，且許議今亦明知高陽之著作之著作權均已賣斷予聯經公司。

（四）許議今所以在高陽去世後之81年8月開始辦理著作權登記，且又辦理限定繼承，其真正用意在於一方面高陽已經無法證實，他方面則使聯經公司對高陽所付出之數百萬元價金損失，無法獲得任何賠償，而陷高陽於不義。反觀聯經公司就系爭著作，大多早已出版十餘年，且當初由於高陽生計困難，聯經公司基於照顧疼惜作家之心理，有多本著作均係在高陽未動手寫作之前，即已陸續預支款項。如今就系爭著作已付出數百萬元之價金，倘其經由與高陽簽訂之著作權讓與契約所取得之著作財產權，在出版十餘年後之今日突然消失了，且又得不到任何賠償，此對善意之聯經公司豈非至為不公平？又社會交易安全如何才能獲得保障？

六、針對聯經公司上述理由，許議今又反駁道：

（一）未依法繳納贈與稅和有無贈與之事實係兩回事，因爲公務員貪污之所得從無公務員依法申報繳納所得稅，吾人是否即可據以推論其無貪污行爲？另外，營利事業漏報、短報交易所得之營利事業所得稅，是否可推論無交易行爲？因此許議今拒絕提出任何文件，是因爲此文件與本件之訴訟結果毫無關係。

（二）高陽雖學富才高，性情豪放，但在法學上未聞有何研究或了解。聯經公司趁高陽離婚後生計困難之際，假借幫助之名，誘使高陽簽下數紙讓與著作權之契約，實則聯經公司僅爲其出版系爭著作。因此，合理之推論應爲高陽自認其就系爭著作有使用受益之權，故以授權聯經公司出版之意思而簽約，只因不懂著作權法，在聯經公司之安排下被誘簽下超過出版契約目的之著作權讓與契約，絕非如聯經公司所述高陽拒絕履行對許議今之贈與行爲。

（三）至於許議今之接受聯經、皇冠及風雲時代公司之贈款，乃出於認爲高陽生前授予該等公司出版其著作，該等公司藉由高陽也賺了不少錢，基於人情回饋而爲，從未具體表示承認聯經等公司爲著作權人。聯經公司以許議今未表示異議，而認爲許議今承認其擁有著作權，未免太過武斷。又姑且不論「版權」是否即爲「著作權」，系爭著作之著作權斷非聯經公司單純地於其關係企業之報章上刊登，聲稱其爲版權所屬之出版機構之一，即當然歸屬於聯經公司。否則，任何人只要背於權利人之意思，而任意在媒體上稱自己爲眞正權利人，事後即可以此作爲其爲權利人之證據，天下豈不大亂？

（四）許議今受讓系爭著作之著作權在先，且先於聯經公司登記爲著作權人，自應認爲許議今爲系爭著作之合法著作權人，且著作權法就著作權之讓與所以採登記對抗效力，其立法目的原在維持交易安全，要求先受讓者應先辦理登記。否則，後受讓者如先登記即可對抗先受讓人，使先受讓人反而喪失其原可取得之著作權。本件聯經公司受讓後既遲遲不辦著作權登記，導致先受讓的許議今先辦登記，依法許議今即享有系爭著作之著作權，聯經公司即確定喪失權利。

七、針對許議今之反駁，聯經公司又提出新的主張：

（一）民法第72條規定：「法律行為，有背於公共秩序或善良風俗者，無效。」本件系爭著作之著作人高陽雖於與其妻郝天俠之離婚協議書中約定將其將來取得之著作權全部贈與許議今，但此種約定並不具備社會之妥當性。因為如此對將來不確定取得之著作權以簽訂夫妻間離婚協議書之方式全數概括地贈與子女之約定，假設可以任意為之，而且都在簽訂該協議書之時即生效力，則任何一位作家、畫家都可以如法炮製，亦即先行私下簽署一書面，將其未來因創作還未發生之著作權全數概括地贈與其子女，而在其生存期間卻不斷地將其著作權賣予他人換得價金，以供養家人生活，直至其死後再辦理限定繼承（或拋棄繼承），子女才忽然持該私下簽署之贈與書面向各個善意不知情之著作權受讓人主張子女始為著作權之真正權利人，使得各該善意受讓人求訴無門。此種穩賺不賠之生意誰不敢做？因此此種行為應該被認為違反誠信原則、禁止權利濫用原則，以及違背公共秩序善良風俗之行為，依法應該認為無效。

（二）民法第768條規定：「以所有之意思，五年間和平公然占有他人之動產者，取得其所有權。」第772條規定：「前四條之規定，於所有權以外財產權之取得，準用之。」此即「時效取得」之規定。由於著作財產權屬於所有權以外之其他財產權，因此毫無疑問地，著作財產權當然也可以依「取得時效」的規定而取得，此非但是日本著作權法學者的通說，而且國內著作權法及民法學者也有這種看法。本件聯經公司早在高陽生前之民國70年10月起就已經陸續與高陽本人簽訂著作權讓與契約，將系爭著作之著作財產權永久買斷（聯經公司與高陽間確為價金一次給付買斷著作權之關係，而不是抽版稅的出版關係）。至今十餘年來聯經公司都以著作權人的地位及意思繼續地在市面上進行銷售。雖然就系爭著作而言，事實上賣得好的也只有其中兩三本，但是基於對文化事業的堅持以及對一位老朋友的景仰與追思，聯經公司仍願將中國最後一位舊式文人——高陽的文采繼續傳承下去，以宴饗支持醉心歷史小說故事的讀者。

反觀許議今，其長久以來都隱藏該離婚協議書的約定，而未行使過著作財產權，在高陽生存期間，明知高陽已將著作財產權賣斷給聯經公司，且由聯經公司行使著作財產權之權利已經十餘年，從無異議，卻故意延到高陽去世後才前往內政部辦理著作權登記，再向聯經公司主張她才是真正權利人。因此，退萬步言之，縱然高陽當初確實曾經履行其離婚協議書上的給付義務，而將系爭著作的著作權轉讓給許議今，但許議今長久以來消極不行使權利，聯經公司卻積極行使權利且對社會文化發展貢獻良多，聯經公司顯然才是法律所應保護的對象。因此，聯經公司依民法第772條準用第768條規定，以高陽著作之著作權人行使著作財產權的意思，五年間和平、公然地繼續行使著作財產權，至今早已因時效完成而取得高陽著作之著作財產權，甚為明顯。

八、針對聯經公司所提的新的主張，許議今反駁道：

（一）高陽過世時，許議今仍未成年（僅18歲），而許議今受贈時才不過7歲，如何能獨立行使權利？因此，聯經公司所指責許議今長久以來均隱藏該離婚協議書之約定而未行使過著作財產權云云，實在不合情理，也於法不合。

（二）聯經公司認為：「如此對將來不確定取得之著作權，以簽訂夫妻間離婚協議書之方式，全數概括地贈與子女之約定，假設可以任意為之，……則任何一位作家、畫家均可如法炮製。」此種假設其實是侮辱天下的讀書人或藝術家。因為即使真可能透過此種法律規定而達到穩賺不賠的生意目的，也不是人人敢做，更不是人人願做。聯經公司以一個假設的例子來論斷公序良俗，何能採為論斷的依據呢？

（三）智慧財產權的取得時效制度，只有少數學者承認，而不是多數學者的通說。假設甲學者因深研著作權法之書而遊學國外，其中某一篇文章僅在國內報刊雜誌刊登過一次，乙學者著書時擅自印行其書並剽竊為己有，五、六年後甲學者歸國，乙學者主張係基於自己行使著作財產權之意思而行使，業已時效取得其文的著作權，甲學者必

然跳腳。此外，著作權是採一國一權主義，一個著作在甲國有甲國之著作權，在乙國有乙國之著作權，如果學者在甲國出版，在乙國沒有出版，如果乙國有人擅自翻譯而主張取得時效，則甲國的原來著作權人將作何感想？因此，著作權是絕對沒有可能基於時效而取得的。

九、針對聯經公司與許議今間洋洋灑灑的、你來我往的攻擊防禦，臺灣臺北地方法院於84年5月8日以83年度訴字第3404號民事判決聯經公司除《蘇州格格》該書外，其餘高陽《胡雪巖》等19種著作均屬聯經公司所有。許議今就上開19種著作，著作財產權不存在。臺北地方法院法官劉祥墩針對此案的攻擊防禦，判決書共寫了4萬3,000字，除了把雙方的攻擊防禦全部列進外，另外茲分述如下：

（一）有關離婚協議書是否違反公序良俗部分，判決書中說：「民法第72條所謂法律行為有背公共秩序或善良風俗者無效，乃指法律行為本身違反國家社會一般利益及一般道德觀念而言，最高法院69年台上字第2603號著有判例。經查，系爭之離婚協議書第8條固記載：『高陽之著作權（包括將來取得者在內）全部贈與許議今（即被告），以許議今登記著作權人，但目前著作權所得，除前列第4條外，於高陽生存期間，均由高陽收益使用。』就此文義觀之，此顯然是附有負擔的贈與，著作權人高陽雖將其現有或將來取得之著作權全部概括贈與被告，此對於高陽之經濟活動之自由或有所限制，惟該約定於高陽生存期間仍有使用收益之權利，此自由之限制尚合情理，是該約定究與國家社會一般利益無關，亦與一般道德觀念無涉，自不生是否違背公共秩序善良風俗問題。」

（二）有關第三人利益契約問題，判決書中說：「法律行為依其效力之不同，分為負擔行為及處分行為，負擔行為者，以發生債權債務為其內容之法律行為，其主要特徵在於因負擔行為之作成，債務人負有給付之義務，債權人有請求給付之權利，一般債權債務行為如買賣、租賃、贈與等契約均為負擔行為。處分行為者，直接使權利發生變動之法律行為，其主要特徵，在於因處分行為之作成，直接發

生權利得、喪、變更之效果。處分行為包括物權行為及準物權行為，物權行為係直接發生物權法上效果之行為，如：動產或不動產所有權之拋棄、讓與、抵押權之設定等；準物權行為則指以物權以外之權利為標的之處分行為，如：債權讓與、債務免除，以及無體財產權（商標權、專利權、著作權）之讓與、設質等。被告雖抗辯其父母所簽訂公證之離婚協議書為第三人利益契約，惟依民法第269條第1項之規定第三人利益契約之第三人，依據該契約僅取得向債務人請求給付之權利，亦即僅生債權債務關係，給付標的之權利並不因而移轉第三人；必須債務人另外為一移轉給付標的之權利之物權或準物權行為，始能發生物權或準物權變動之效果；惟著作財產權之轉讓，係著作財產權主體變更的準物權契約係為處分行為之一種，著作權讓與契約，應與其原因行為之債權契約相區別。是以，縱令如被告所稱該離婚協議書為利益第三人契約之性質，亦不過使被告取得讓與系爭著作權之請求權而已，尚不發生著作權讓與之準物權效果，不能使著作權直接移轉予被告。則此離婚協議書僅能證明被告對高陽享有請求讓與著作權之權利，無法證明著作權確已移轉予被告。……依前述被告據其抗辯為第三人利益契約之離婚協議書，既僅取得請求高陽讓與著作權之權利，而被告又無法提出任何證據證明高陽在70年10月1日之後確有履行其對於被告之給付義務，以準物權行為將著作權移轉予被告，則系爭著作之著作權一直仍屬高陽所有，未曾移轉予被告。高陽嗣後將系爭著作之著作權逐一讓與原告，自屬有權處分；著作權既由原告受讓取得，高陽自不能再履行對於被告之給付義務，高陽之處分行為或可認係違背對於被告之給付義務，惟此僅為高陽依該第三人利益契約是否應對於郝天俠或被告負債務不履行責任之問題，並不影響原告依與高陽間之著作權讓與契約所取得之著作財產權。」

（三）有關著作權登記對抗效力問題，判決書中說：「著作權法第75條登記對抗效力之規定，係指在著作權有雙重轉讓之情況下，先登記著作權之受讓者，得對抗未登記之受讓者，惟必須以該先登記者之登

記確爲眞實爲前提要件。因內政部著作權委員會就受理著作權登記事件，係依申請人之申報，其並未爲實質審理，申請人所申報之事項是否眞實，內政部無法查明，此可觀之目前內政部著作權登記簿謄本下方均註明：『本項登記悉依申請人之申報，如有權利爭執，應自負舉證責任。』是以，先登記者，若其登記顯有不實，亦無對抗效力可言。」

肆、民事第二審及第三審確認訴訟

一、自從第一審判決許議今敗訴後，許議今在84年6月22日提出上訴。綜觀其上訴理由，有下列六點：

（一）許議今向當事人之一方高陽及郝天俠表示享受利益之意思，依經驗法則，乃屬當然；要求書面，乃強人所難。郝天俠亦可作證許議今確曾向其表示享受利益之意思。

（二）著作權乃無體財產權，其移轉以當事人間就移轉達成合意之際即生移轉之效力，因此高陽簽署離婚協議書時，已完成或所有之著作權，即生移轉效力歸許議今所有，其後陸續完成或取得之著作於完成或取得之同時，溯及於簽訂離婚協議書之時，其著作權即生讓與許議今之效果。

（三）著作權之讓與非以著作已完成爲必要，就民國81年舊著作權法第11條及第12條明定，關於出資聘人或僱傭關係，雙方當事人得於創作前預先約定著作權之歸屬。

（四）郝天俠確曾以第三人利益契約之要約人身分向債務人高陽要求給付著作權，亦同時以許議今法定代理人之身分與高陽就著作權之讓與達成協議，系爭著作權自應於其時即移轉爲許議今所有。

（五）郝天俠既於離婚協議書上簽字同意並經法院認證，因此，郝天俠一方面爲自己與高陽就離婚協議書第8條以外之約定訂定契約，同時亦以許議今法定代理人之身分，代理許議今就離婚協議書第8條之

贈與著作權及讓與著作權為同意之意思表示，而與高陽就全部協議內容達成合意，縱然郝天俠未寫明代理許議今字樣，但其依協議為許議今之法定代理人，且為高陽所明知，其行使法定代理權所為之意思表示，合意效力自應歸於許議今本人，因此許議今與高陽就系爭著作權之贈與合意或讓與合意確實有效存在。許議今最遲於其父母完成離婚協議書簽訂之時，亦即著作權贈與意思表示合致時，即已受讓系爭著作權而為系爭著作權之著作權人，高陽無權再為任何處分著作權之行為。

（六）系爭離婚協議書第8條規定為贈與契約，亦為第三人利益契約，此二種性質並存，郝天俠一方面為離婚協議契約之當事人，一方面代許議今與高陽訂定有效成立之著作權贈與契約，且依隱名代理，於離婚協議書上簽字。

二、聯經公司針對許議今以上之上訴理由，答辯如下：

（一）著作權讓與契約為準物權契約，為處分行為之一種，許議今既然不是高陽與郝天俠離婚協議書之當事人，則該離婚協議書根本不能發生高陽與許議今間著作權讓與意思表示和準物權契約效力。

（二）系爭離婚協議書充其量僅能證明許議今對高陽曾經享有請求讓與著作權之權利，無法證明著作權確已移轉於許議今，許議今對於高陽是否曾經另為轉讓著作權之處分行為應另行舉證。

（三）民國70年10月23日起至79年11月19日間，著作權人高陽本人陸續將系爭著作權轉讓給聯經公司，而高陽與聯經公司間之著作權讓與契約，非但有債權之效力，亦使著作財產權有一併移轉之物權效力。

（四）民國81年舊著作權法第75條第1款所謂「著作財產權之讓與」，應指直接發生著作財產權移轉效果之準物權行為，而非指僅得請求移轉著作財產權之債權債務行為。

（五）郝天俠於民國70年10月1日與高陽離婚後，郝天俠即為許議今之法定代理人，其利害關係及地位與許議今完全相同，郝天俠之證詞已偏向許議今，縱然郝天俠所述屬實，其證言可證明高陽當時已將系爭著作權先行讓與聯經公司，而拒絕對許議今履行給付債務。

（六）系爭離婚協議書第8條以將來所有高陽創作著作爲贈與標的之約定，不僅標的不確定、抑制個人未來之創作欲望，並且將高陽藉以維持生活之財產予以剝奪，而且將破壞未來著作權買賣之交易秩序，誠屬違反公序良俗，如果予以承認，恐將造成智慧產業秩序的重大障礙。

（七）系爭離婚協議書爲第三人利益契約而非贈與契約。

（八）證人郝天俠於庭訊時證稱其在70年10月1日離婚後一個月左右（即70年11月間）曾經向高陽請求過，但「當時因高陽債務很多，他就稱等他處理好債務，過一陣子再說」。依此可推知以下三點結論：

1. 高陽在簽訂離婚協議書時，並無即時讓與、移轉系爭著作著作權之合意及行爲，否則郝天俠爲何在離婚後還請求？此外，高陽爲何在郝天俠向其請求之時尚說「過一陣子再說」？

2. 在郝天俠向高陽請求之時（即70年11月間），高陽本身已陷於給付不能，因高陽在70年10月23日已將已完成之系爭著作之著作權永久讓與並即時移轉予聯經公司，則著作權既改爲聯經公司所擁有，郝天俠事後於70年11月間向高陽請求之時，高陽本身已陷於給付不能，無法再對許議今履行給付債務。

3. 即使在郝天俠向高陽請求之時，高陽仍然行使民法第418條之窮困抗辯，因而未移轉著作權給許議今。

（九）本件離婚協議書第8條如解釋爲贈與有效，則將使高陽生存所需匱乏，失去再婚養家育子之能力，更且剝奪未來可能之再婚配偶、子女喪失繼承權利及機會，誠屬重大違反人倫及限制個人自由過甚之行爲。此外，如離婚協議書第8條解釋爲有效，則高陽一生創作賣斷給善意之出版公司，該出版公司之權利無保障，如許議今再辦理限定或拋棄繼承，則善意第三人將不易從高陽之移轉中受償，無形中將破壞社會之正當交易秩序，正當出版公司被犧牲，此亦屬於重大違反正義觀念之行爲，因此本件中離婚協議書第8條約定宜解釋爲違反公序良俗之行爲，方能一勞永逸，避免流弊。

（十）郝天俠在離婚協議書簽訂之時並未表示代理的意旨，代理許議今向

高陽請求著作權之贈與。許議今主張郝天俠之代理乃隱名代理，然而該隱名代理之主張假設可以成立，而使系爭著作之著作權在民國70年時即歸許議今所有；同理，民國75年郝天俠再婚，依離婚協議書第2條規定，郝天俠再婚時，許議今即歸高陽監護。高陽於民國75年以後爲許議今之法定代理人，其於民國75年以後亦得隱名代理將系爭著作之著作權出售移轉給聯經公司。而於民國75年以前之處分行爲，在民國75年以後亦隱名代理許議今承認處分行爲爲有效（民法第118條），則系爭著作之著作權仍屬於聯經公司所有。

三、針對雙方的攻擊和防禦，84年11月14日臺灣高等法院以84年上字第741號民事判決，駁回上訴人許議今的上訴，其理由主要如下：

（一）認爲離婚協議書第8條規定並非違反公共秩序善良風俗，判決書中說：「民法第72條所謂法律行爲有背公共秩序或善良風俗者無效，乃指法律行爲本身違反國家社會一般利益及一般道德觀念而言。而我國民法學者認爲違反公序良俗之案例類型，如違反人倫之行爲，違反正義觀念之行爲，剝奪個人自由或限制個人自由過甚等行爲均是。系爭之離婚協議書第8條之約定，高陽雖將其現有或將來取得之著作權全部概括贈與許議今，此對於高陽之經濟活動之自由或有所限制，惟於高陽生存期間仍有使用收益之權利，此自由之限制尙難謂爲過甚，因此該約定究與國家社會一般利益無關，亦與一般道德觀念無涉，自不生是否違背公序良俗問題。」

（二）離婚協議書第8條規定乃第三人利益契約，而非贈與契約，判決書中說：「第三人利益契約依民法第269條第1項之規定，乃當事人之一方，約定使他方向當事人以外之第三人給付之契約。而贈與契約依同法第406條之規定，係當事人一方將財產無償給與他方，經他方允受而生效之契約。因此，第三人利益契約與贈與契約除二者皆爲債權契約外，其性質及契約當事人均有不同。因爲在第三人利益契約，受財產給付者爲契約以外之第三人，而在贈與契約受財產給付者則爲契約當事人。而本件系爭離婚協議書之當事人爲高陽與郝天俠，許議今並非當事人，許議今與高陽自無贈與之合意。雖然協

議書第8條約定贈與著作權予許議今，然而就整個協議書而言，純係就當事人間有關離婚事項作約定，第8條之約定，僅是離婚當事人約定一方向當事人以外之第三人為財產之給付，而該第三人之許議今既非契約當事人，郝天俠又未特別載明代理締約或代理收受贈與之意旨，許議今主張系爭離婚協議書第8條之約定為贈與契約，即非可採。」

（三）郝天俠並無隱名代理之行為，判決書中說：「自離婚協議書之內容觀之，郝天俠係以離婚當事人之身分於離婚協議書簽字，並無任何情形可認知郝天俠有隱名代理許議今為受贈之意思表示。因此，許議今主張郝天俠有隱名代理，並不足取。」

（四）第三人利益契約，郝天俠並未表示享受利益之意思，判決書中說：「離婚協議書第8條之約定應為第三人利益契約，依民法第269條第1項之規定，第三人利益契約之第三人，依據該契約僅取得向債務人『請求』給付之權利，亦即第三人與債務人間僅生債權債務關係，給付標的之權利並不因而移轉予第三人；必須債務人另外為一移轉給付標的之權利之物權或準物權行為，始能發生物權或準物權變動之效果。此外，民法第269條第2項規定，第三人對於第三人利益契約，未表示享受其利益之意思前，當事人得變更其契約或撤銷之。因此，第三人依第三人利益契約僅取得債權，所取得請求給付之債權，尚須以第三人已表示享受利益之意思為要件。」本件並無證據證明許議今已向高陽表示欲享受其利益。此外，「許議今縱使已表示享受其利益，但其依第三人利益契約所能取得者，僅為請求債務人給付之權利。因此，許議今依系爭離婚協議書，最多僅能取得請求高陽讓與著作權之權利。而著作財產權之轉讓，係著作財產權主體變更的準物權行為，為處分行為之一種，著作權讓與契約，應與其原因行為之債權契約相區別。許議今因未能提出任何證據證明高陽在70年10月1日之後確有履行其對於許議今之給付義務，以準物權行為將著作權移轉予許議今，則許議今主張取得系爭著作權，並非可採。」

（五）聯經公司因著作權轉讓契約而取得著作權，判決書中說：「聯經公司主張自70年10月23日起至79年11月19日止陸續受讓自高陽著作財產權，並提出許議今所不爭執眞正之著作權讓與契約十八件，每份契約均在第1條載明：『本契約簽訂後，本著作物之著作權及其他一切權利永爲讓受人所有』，第2條載明：『本契約簽訂後，讓與人對於本著作物得自由處置』，足證著作權因契約之簽訂而移轉與受讓人，受讓人即聯經公司因訂約而即時取得著作權。」

（六）內政部之著作權登記無推定效力，判決書中說：「內政部著作人或著作財產權人登記僅係行政管理之規定，並無推定效力，此觀許議今提出之內政部著作權登記簿謄本下方均註明：『本項登記悉依申請人之申報，如有權利爭執，應自負擧證責任。』即可證明。因此，許議今雖在81年8月將高陽著作向內政部著作權委員會申請爲著作財產權人之登記，亦應負擧證責任。因此，許議今依離婚協議書第8條之約定，最多僅能取得請求其父高陽讓與之債權，而不生著作權法第75條第1款對抗效力之問題。」

伍、民事第三審確認訴訟

　　許議今於第二審被臺灣高等法院判決敗訴後，在85年1月8日又向最高法院提出第三審上訴。在許議今提出第三審上訴後，86年4月3日最高法院以86年度台上字第1039號民事判決駁回許議今之上訴，本案因此而確定。第三審的判決理由與第二審判決理由大致相同，茲不復贅。

陸、有關高陽著作中國著作權之爭執

一、自從最高法院判決確定後，本案本來已經判決確定，不再有爭執。但86年6月2日，許議今又向聯經公司起訴，起訴之聲明爲：

（一）請求確認聯經公司就高陽著作《高陽說曹雪芹》之語文著作在臺灣以外地區或國家之著作權不存在。

（二）請求確認原告許議今就高陽所著之《高陽說曹雪芹》之語文著作在臺灣以外地區或國家之著作權存在。

二、許議今提出上開訴訟理由主要如下：

（一）著作權是採屬地主義，美國有美國之著作權，臺灣有臺灣之著作權，中國有中國之著作權。聯經公司就上開系爭語文著作，僅在臺灣地區有著作財產權之權利，在中國或其他國家之著作財產權仍應屬於許議今所有。

（二）高陽在其生存期間亦曾就其著作，授予他人翻譯成日文版本及在國外地區出版發行，並且就其著作在中國地區授權之事宜，分別於1988年、1992年與許以祺簽訂委託書及中華版權代理總公司簽訂作者權利的委託合同，足證聯經公司之權利僅限於臺灣地區而已。

（三）聯經公司就上開著作與高陽所簽訂之著作權讓與合約及價金，僅新臺幣4萬元。高陽為一代文人，性情豪放，但不了解著作權法，探究契約之真意，應僅限於臺灣地區之授權。

三、針對許議今的起訴理由，聯經公司作如下的反駁：

（一）民事訴訟法第400條第1項規定：「訴訟標的於確定之終局判決中經裁判者，除法律別有規定外，當事人不得就該法律關係更行起訴。」本件既然就系爭著作著作權的歸屬已經有判斷，且其三審的民事確定判決並未限定地區，可見包含全世界地區在內。許議今就已經具有「既判力」的事件更行起訴，違反一事不再理原則。

（二）許議今所提出的高陽的授權合約，聯經公司於閱卷後才知道有該合約之存在，由於該合約並沒有載明著作之名稱，足見並非高陽當時轉讓給聯經公司之19種著作之一。何況，縱使高陽在中國授權的合約包含已經轉讓給聯經公司的19種著作，則因為聯經公司事先並不知情，聯經公司可以對高陽請求違約之損害賠償或主張著作權之侵害，因此不能以疑似高陽違約之情事，倒推聯經公司對海外地區無權利。

（三）聯經公司在高陽生前亦曾經以著作權人之地位，將《胡雪巖》一書
　　　授權給香港之華漢文化事業公司在香港地區出版，且此授權出版合
　　　約並經高陽本人簽署見證，足見高陽轉讓給聯經公司之著作權均包
　　　含海外地區在內。

四、上述訴訟在86年8月1日，許議今的代理律師向法院自動撤回，使本案
　　未經判決而結束。

柒、著作權登記撤銷程序

　　有關許議今與聯經公司的訴訟，在第三審判決確定後，聯經公司在86
年4月29日即委託律師，向內政部申請撤銷許議今的著作權登記。86年5月
19日，內政部即以台內著字第8606761號函，將許議今所申請《胡雪巖》
等19種著作的著作權登記均予撤銷。其撤銷理由主要是引最高法院86年度
台上字第1039號民事判決，而認為許議今的著作權登記違反舊著作權法第
77條第5款規定，申請登記之事項有虛偽，因此依舊著作權法第78條第1款
規定撤銷其著作權登記。

捌、本案的感想

一、本案訴訟期間達二、三年，雙方律師均感到壓力極大，由於聯經公司
　　上開高陽書籍已經出書十幾年，許議今驟然要求聯經公司收回，聯經
　　公司顏面何在？此外，許議今又將系爭著作之臺灣出版權授權給曉園
　　公司，且又對中國若干出版公司作授權，如果敗訴，對已授權的出版
　　公司又作何交待？最使聯經公司感到壓力的是如果聯經公司敗訴，公
　　司的負責人尚背負著刑事責任的壓力；而且聯經公司花數百萬元提存
　　在法院提存所作為假處分的擔保金，聯經公司若敗訴，該數百萬元也
　　可能拿不回來，許議今會要求損害賠償。其實類似這種訴訟，如果雙

方能夠靜下來判斷其中的法律關係，以協議來解決，似乎較佳。

二、本件聯經公司幸運的是，高陽將著作財產權約定轉讓給許議今，是在離婚協議書記載。如果高陽當時是直接寫一個著作財產權轉讓書給許議今，而且在法院認證、公證，事後高陽陸續將所寫的書籍轉讓給聯經公司及其他出版公司，這件案子究竟會如何判決，實在很難講。但是，未來類似這種案子實在防不勝防。

三、這件案子判決確定後，某大報以顯著版面刊登：「高陽身後著作權判歸聯經，纏訟五年塵埃落定，大師後代敗訴，律師語多感慨。」並且說：「作家是時代環境的弱勢者，歷年來又有多少作家因此被出版社坑了。」在民國75年以前，著作權賣斷給出版社的作家比比皆是，可是今天很多作家的後代卻還出面向出版社主張著作權，如果主張敗訴，大都認為出版社坑作家，實在沒有道理。著作權買斷和抽版稅，價格有顯然的不同，身為記者，針對著作權官司應該要詳細看雙方的判決理由及訴訟經過，以免報導有偏頗。

（本文原載出版界雜誌，第55期，1998年8月，頁29-39）

第十六章
大英百科全書官司攻防戰（一）
——經過大要及主要爭執點

壹、前言

　　筆者常把學習法律分爲四個階段，第一個階段是學習基本法律概念、了解現行法的構成要件；第二個階段是學習方法論、法理學，閱讀專題研究及專論；第三個階段是閱讀判例、解釋及其他實務見解，拿實例問題練習分析、解答；第四個階段是眞正辦理訴訟，實際攻擊防禦。

　　上述四個階段，拿武俠小說的學習武功來比喻，第一個階段是學習打坐、入門內功，練習蹲馬步及其他基本武功招式；第二個階段是學習獨門心法和特殊整套劍招、刀術；第三個階段是觀摩打鬥和互相喂招；第四個階段是行俠江湖，實際施展武功與人對招比鬥。

　　嗜武如命的江湖人，最喜歡觀摩千百年武林難得一見的高手過招打鬥。在那奇幻詭譎、精彩絕倫如長江大河的綿綿招式中，往往在武功心法上，會有許多體悟。千載難逢的武林高手過招，往往一場比鬥下來，天下武學盡在於此，所有的武功精粹，都在這一場比鬥中發揮得淋漓盡致。

　　美商大英百科全書公司與臺北丹青圖書公司有關《簡明不列顚百科全書》中文版的訴訟，無疑是臺灣有史以來最曲折複雜的著作權官司。這個官司光在民事第二審（最後一審）中雙方的攻擊防禦文字就達10、20萬字，證物、附件近百種，全部過程牽涉到的法律爭點多達幾十個。這個官司正可以說如「千百年武林難得一見的高手過招打鬥一樣，奇幻詭譎、精彩絕倫」。筆者有幸睹閱全部卷宗，見獵心喜，筆難自己。爰特別記下這

一段「武林戰史」，以饗同道。一方面也希望能夠拋磚引玉，使律師界能多為學術界留下一些「戰史」。

貳、大英百科全書官司的經過大要

民國77年2月27日，中國時報第12版報導：「大英百科全書公司、中華書局、臺灣英文雜誌社，前天向我地檢處提出告訴，控告丹青圖書公司侵害其大陸版『簡明不列顛百科全書中文版』著作權，地檢處檢察官依刑事訴訟法程序，於昨天上午發出搜索票，司法警察下午持票前往丹青公司、其門市部，及中和景安街協德裝訂廠，搜出千餘冊已印好的丹青版『大不列顛百科全書』及尚未裝訂的封面，以及帳冊、訂貨單，予以查封。」大英百科全書官司在77年2月25日開始進入司法程序。77年5月30日，丹青公司及其董事長張玉屏、董事張玉珍、總經理杜潔祥一起被臺北地檢署檢察官起訴。77年9月20日，臺北地方法院判處丹青公司2萬元罰金、杜潔祥及張玉屏各一年有期徒刑、張玉珍無罪。丹青公司等提出上訴，77年10月20日，大英公司、中華書局及臺英社在刑事第二審中提起刑事附帶民事訴訟，請求丹青公司等賠償損害、禁止銷售《簡明不列顛百科全書》，並將判決書登載新聞紙。其後丹青公司等以自己銷售《大不列顛百科全書》在私法上的地位有受侵害的危險，乃在臺北地方法院起訴，請求確認大英公司就中文版《簡明不列顛百科全書》第一冊至第十冊著作權不存在，中華書局就上開著作重製權不存在，並聲請刑事第二審在民事訴訟未判決確定前，停止審判。78年2月4日臺灣高等法院裁定，在民事確認著作權不存在事件訴訟程序終結前，刑事停止審判，於是整個官司急轉直下，重心在民事確認著作權不存在訴訟。

丹青公司起訴確認大英公司就中文版《簡明不列顛百科全書》著作權不存在，78年5月22日，臺北地方法院判決大英公司等敗訴——大英公司就上開書籍著作權不存在、中華書局重製權不存在，理由主要是大英公司就自己擁有著作權舉證不足。這項判決結果，引起美方的憤怒，大英公司

於是提出上訴。78年9月13日，臺灣高等法院判決大英公司勝訴，理由主要是丹青公司等提起消極確認之訴無訴訟利益。丹青公司等上訴第三審，79年4月13日，最高法院判決丹青公司勝訴，案件發回高等法院，理由是丹青公司提起消極確認之訴有訴訟利益。80年2月1日，臺灣高等法院終於廢棄第一審大英公司敗訴之判決，而駁回丹青公司確認上述書籍著作權不存在的請求。80年3月2日，臺灣高等法院刑庭也判決杜潔祥有期徒刑一年兩個月、張家衛（張玉屏後來改名爲張家衛）有期徒刑一年、張玉珍有期徒刑六個月（得易科罰金），丹青公司則罰金2萬元。這個結果美方十分滿意，只是嫌「遲來的正義」而已。

丹青公司的民事確認訴訟可以上訴第三審，也曾上訴第三審，後來因故又自動撤回。至於刑事訴訟，因爲此違反著作權法案件，是屬於刑法第61條的案件，不得上訴第三審，因此全案也就確定了。

在確定的刑事第二審部分，張家衛在80年4月29日曾經聲請最高法院檢察署檢察長提起非常上訴，結果80年6月6日最高法院檢察署回函表示：「於法不合、礙難辦理」。

另外大英公司、中華書局、臺英社在刑事第二審提起的刑事附帶民事訴訟，80年3月2日臺灣高等法院以裁定移送民庭，現正在民庭審理中。

依出版法第33條規定：「出版品對於尚在偵查或審判中之訴訟事件，或承辦該事件之司法人員，或與該事件有關之訴訟關係人，不得評論，並不得登載禁止公開訴訟事件之辯論。」大英百科全書官司除刑事附帶民事訴訟尚在民庭第二審審理外，其他如違反著作權刑事訴訟，確認大英公司著作權不存在之民事訴訟，全案都已經確定，所有事實及法律觀點都可以加以敘述、評論。

參、美方對大英百科全書官司的關切

美商大英百科全書公司在美國是極有財勢和影響力的公司。在這個官司的前後過程中，大英公司頻頻運用其影響力，使美方對這個案件的進行

表示關切。大英百科全書官司有關違反著作權法刑事訴訟及民事確認著作權不存在訴訟，筆者雖不是辯護人或代理人，不過卻有多次美方關切的體驗和見聞。舉例如下：

一、民國76年底，美國在臺協會經濟科科長蔡彼德（Peter H. Chase）約筆者在仁愛路福華飯店餐敘，主要在談大英公司對丹青公司進行訴訟的勝算可能性和若干衍生的法律問題。

二、民國77年7月8日中國時報文化版報導：「本案在調查期間，大英公司副總裁、美國在臺協會、美國伊利諾州的兩位參議員Paul Simon及Alan J. Dixon都曾致函我外交部門，表示關切之意，並催促法律部門儘速採取行動。外交部則透過法務部、高檢處，將美方來函及大意轉知地檢處。北美司駐美代表處並且曾經發函回教育部，再轉會法務部的信函，並希望檢察官對此案採強硬手段，以免激起美國政府及民意的反映，致對我採取貿易報復等等。」

三、丹青公司對大英公司的民事確認著作權不存在訴訟，第一審判決大英公司敗訴後不久，美國在臺協會蘇余玲小姐曾打電話問筆者對這個官司是不是清楚？爲什麼大英公司會敗訴？大英公司爲了第一審敗訴，曾發函給美國所有政要，每人一份，抗議臺灣法院不公正。

四、在這兩、三年內的中美著作權談判，美方好幾次把這個官司排入談判議程，成爲談判的議題之一。79年6月，筆者以內政部顧問身分赴華盛頓參加三天談判。其中有二小時是一位美國國務院女官員特別談這個官司，希望我方行政部門能夠以「法庭之友」身分，協助大英公司打這場官司。

五、中美著作權談判美方一再要求我方要對違反著作權法罪由告訴乃論改爲非告訴乃論（至少提了七、八次以上），主要還是因爲大英百科全書官司的緣故。

這只是筆者親身體驗和在報紙上所看的報導而已，其餘還有不少從他處聽來的消息，倒不便在此敘述了，不過這個官司眞的是影響相當深遠的官司，其中的法律關係，實在有深入探究的必要。

肆、大英百科全書官司的主要爭執點

　　大英百科全書官司有不少爭執問題，簡單列舉若干主要的爭論點：

一、系爭中文版《簡易不列顛百科全書》，是由中國500多個學者專家翻譯，由中國大百科全書出版社及美國大英百科全書公司組成聯合編審委員會。系爭書籍著作權的歸屬，應依美國、中國抑或我國法律？大英公司主張系爭著作是「出資聘人完成著作」（work made for hire），成立聘僱著作之要件美國、中國、我國著作權法各不相同，應以何種法律爲準？

二、系爭中文版《簡易不列顛百科全書》原文爲簡體字，且有許多違反國家法令政策的條目，是否在臺灣可以享有著作權？

三、系爭著作中國與美國是否眞有受聘關係？中國「中國大百科全書出版社」社長兼總編輯梅益的事後聲明，是否可以證明雙方的受聘關係？又中國方面的出版社聲明文件須經如何認證才具有形式的證據力？

四、美國著作權執照的效力如何？在我國未註冊，但在美國著作權局有註冊，在美國著作權局註冊的內容，在我國法院是否具有推定的效力？

五、單純翻印他人書籍，能否對主張有著作權之人，提起消極確認之訴？換言之，丹青公司對大英公司訴請確認著作權不存在，有無訴訟利益？在程序上有無瑕疵？又刑庭能否因民事的消極確認訴訟而停止刑事審判？

六、依我國著作權法第17條第1項規定，外國人的著作採註冊主義，系爭中文版《簡易不列顛百科全書》在我國內政部未註冊，其所以能擁有著作權，完全依據中美友好通商航海條約第9條規定，然而：

（一）中美友好通商航海條約迄今是否是有效的條約？中美斷交後，美國依「臺灣關係法」延續中美友好通商航海條約的效力，臺灣關係法是美國的國內法，我國在法律基礎上依何法律關係延續中美友好通商航海條約之效力？

（二）中美友好通商航海條約第9條規定是否是「自動履行（self executing）

　　　條款」？是否可以爲法院所直接援用？

（三）中美友好通商航海條約在民國35年簽訂，著作權法第17條是民國74
　　　年修正。中美友好通商航海條約有無排除著作權法第17條的效力？

（四）如果中美友好通商航海條約解釋爲「自動履行條款」，法院可以直
　　　接引用，這種解釋對我國未來的中美談判及現行法律體系，有無重
　　　大不利影響？

　　這個官司由於牽涉到複雜的攻擊防禦主張，所以應該從偵查庭關始，
一審一審談起。

（本文原載律師通訊，第143期，1991年8月，頁11-13，文字未修正）

第十七章
大英百科全書官司攻防戰（二）
——偵查階段

壹、告訴人提供的證據和主張

　　本案告訴人大英公司、中華書局及臺灣英文雜誌社（因大英公司是主要告訴人，所以以下逕稱「大英公司」），主要的主張是證明自己是系爭中文版《簡明不列顛百科全書》的著作權人，因為丹青公司及丹青公司的董事長張玉屏、總經理杜潔祥及董事張玉珍對丹青公司出版《大不列顛百科全書》一書及《大不列顛百科全書》一書是從中國「中國大百科全書出版社」所出版的《簡明不列顛百科全書》簡體字改成繁體字一事，並不否認。丹青公司等主要主張是否認美國大英公司是中國版的《簡明不列顛百科全書》的著作權人。

　　針對丹青公司的否認，大英公司提出三項證據及主張：

一、中國「中國大百科全書出版社」所出版《簡明不列顛百科全書》之英文版權頁上記載：「Copyright Under International Copyright Unior. All rights reversed under Par American and Universal Copyright Convertions by Encyclopedia Britannica. Inc.」其譯文為：「國際著作權聯盟下著作權，所有權利由大英百科全書公司依據泛美及世界著作權公約保有。」至於該英文版權頁下頁的中文部分，僅表明《簡明不列顛百科全書》之編審委員、出版商、印刷廠及發行人，並未提及著作權歸屬之問題。因此依據中國版《簡明不列顛百科全書》的版權頁，中文版《簡明不列顛百科全書》之著作權，應該屬於大英公司所有。

二、經我國外交部認證之《簡明不列顛百科全書》之美國著作權執照影本及其譯本。大英公司主張該執照上記載大英公司是《簡明不列顛百科全書》之唯一著作權人，「中國大百科全書出版社」僅受聘於大英公司從事翻譯及編輯工作，依我國著作權法第10條規定，著作權應屬於大英公司專有。

三、中國大百科全書出版社社長兼總編輯梅益先生所簽署的一份中、英文聲明。聲明內容如下：

（一）中國大百科全書出版社通過和不列顛百科全書公司合作並根據不列顛占有美國版權並為其所有的英文參考資料，翻譯出版中文版《簡明不列顛百科全書》。

（二）中國大百科全書出版社進行的這些活動是為不列顛百科全書公司的「受聘之作」。

（三）不列顛百科全書公司是由中國大百科全書出版社出版的中文版《簡明不列顛百科全書》的美國版權的真正以及合法和唯一的所有者。

　　由上述聲明，可以證明大英公司是系爭著作中文版《簡明不列顛百科全書》的著作權人。

貳、被告的抗辯

　　由於告訴人有關中英文版權頁的主張，只在告訴狀上提出，訊問提都沒有提到，所以被告並不知道告訴人曾主張版權頁上的權利，因而被告針對版權頁之事，在偵查庭並沒有作任何抗辯。至於有關美國著作權執照及中國大百科全書出版社社長兼總編輯梅益的聲明部分，被告則有較多的抗辯：

一、美國著作權執照部分

　　被告針對告訴人所提美國著作權執照部分，抗辯如下：

（一）依照美國著作權法第410條第(a)項規定，美國著作權局對於著作權註冊之申請，僅須符合法律及形式之要件（legal and formal requirement），即應給予執照，無須審查內容及證件之真實性。而且申請著作權登記之登記表格，有關僱傭著作（work made for hire），僅須附有申請人之陳述書（a statement to this effert）即可，無須其他證明文件（美國著作權法第409條第4款）。因此，美國著作權執照之證據力，美國法院有裁量權（美國著作權法第410條第(c)款）。由此可見，美國著作權執照即使在美國也沒有堅強的證據力，更何況在中國？如果僅憑告訴人一紙美國著作權執照，就查扣被告的書籍，不僅人民的權利無法保障，而且內政部的外國人註冊制度，將形同虛設。

（二）美國著作權法第201條第(b)項規定：「僱傭著作，使其作成著作之僱用人或其他之人，在本法之適用上視為著作人，且除非當事人在簽名之證書上明示同意，否則上開僱用人或其他之人擁有著作權所包含之一切權利。」反面言之，即使是僱傭著作，著作權亦未必屬於僱用人，還須視契約有無明示規定，美國法院並不因僱傭著作而當然判定著作權屬於僱用人，仍須視當事人之契約如何規定。本案告訴人僅主張系爭著作是「僱傭著作」，但告訴人與中國的原始契約都無法提出，怎能證明自己擁有著作權？更何況告訴人大英公司還接受中國的「諮詢費」，中國又出資「印書」，依合理的推測，恐怕中國的中國大百科全書出版社才是僱傭著作的「僱用人」，大英公司僅是提供英文資料而收取「諮詢費」而已，沒有任何地位可言。

二、有關梅益聲明部分

被告針對告訴人所提及中國大百科出版社社長兼總編輯梅益聲明部分，抗辯如下：

（一）梅益的聲明是在77年3月28日簽署，簽署的時間在該書完成之後。

中國大百科全書出版社與大英公司之間的關係，早在雙方訂約編輯時，就已確定，事後的聲明不影響雙方當初的著作權關係。如大英公司對著作權之歸屬在舉證方面有誠意，何不提當初大英公司與中國「中國大百科全書出版社」之契約，反而提出一份「事後聲明」以證明有僱傭關係？

（二）依照民國76年9月22日自立晚報第10版美國之音中文部記者的訪問，大英公司編輯部副編裁吉布尼（Frank B. Gibney）說，《簡明不列顛百科全書》中文版之著作權是中國「中國大百科全書出版社」與大英公司共有，為什麼在訴訟的時候，大英公司又說是單獨所有？此外，在該訪問中，吉布尼又說：「出書方面主要由中國付，中國付給美方諮詢費。」既然梅益先生認該書是「受聘之作」，則受聘之作，無論印刷發行的費用都由「僱用人」負擔，哪有「受僱人」付給「僱用人」諮詢費而印刷費尚且是由「受僱人」負擔的道理？

（三）中國版《簡明不列顛百科全書》中文本之編譯者，包含中國「中國科學院」、「中國社會科學院」、「中央編譯局」、「新華社」、「天津市政協編譯委員會」、「各大專院校」、「各科研究機構」等500位專家學者、翻譯者參與，這些人都不是「中國大百科全書出版社」的成員，梅益先生並沒有權限代表他們聲明。而且這些學者、專家分屬於中國各行各業，既然各有所司，又怎能與大英公司成立「僱傭關係」？如果是大英公司聘請他們完成工作，那麼大英公司支付「工資」的證據在哪裡？又怎樣能證明所給付的不是「版稅」而是「工資」？

（四）刑事訴訟法第159條規定：「證人於審判外之陳述，除法律有規定者外，不得作為證據。」最高法院19年上字第1710號判例謂：「法院採用證言，應以言詞訊問為原則，即有不得已情形，亦須就其所在或於其所在地之法院訊問，若證人僅以書面代當庭之陳述，不得採為認定事實之根據。」如今梅益先生的聲明，既不是當事人之間的契約，充其量僅是證人的「書面證言」而已。證人沒有在法院作

證，當事人及辯護人沒有機會詰問，該聲明顯然不能作爲證據以證明本案系爭的關鍵問題。

（五）大英公司所提梅益的聲明書，在法律上應不能證明是梅益所親自寫的。因爲中共是一個叛亂團體，中共官方的認證，到目前爲止，依中華民國法律，應不能承認，否則豈不是認爲中共官方的「認證」有效，則在同一邏輯推演上，中共的「法律」、中共的「憲法」當然也是有效。如此不斷推演，後遺症是很大的。

被告除了對告訴人所提的美國著作權執照及梅益的聲明部分提出質疑外，另外並提出兩項抗辯：

（一）**美國人的著作，應採註冊主義**：1.憲法第80條規定：「法官須超出黨派以外，依據法律獨立審判，不受任何干涉。」法院之審判須依據「法律」爲之，而不是依據「條約」。現行著作權法第17條第1項規定：「外國人之著作合於左列各款情形之一者，得依本法申請著作權註冊。」可見外國人之著作權依據「法律」是採註冊主義，未經註冊，應無著作權。本案系爭《簡明不列顛百科全書》中文版在我國內政部並無註冊，未有著作權，大英公司何以能提出告訴？2.中美友好通商航海條約依學者通說屬於「非自動履行條款」，法院無援用義務。又該條約在民國35年訂立，著作權法在民國74年修訂，依「後法優於前法」之原則，中美友好通商航海條約並無排除著作權法第17條之權利。

（二）**簡體字著作無著作權**：現行著作權法第4條第1項規定：「左列著作，除本法另有規定外，其著作人著作完成時享有著作權。」此處所謂「本法另有規定」，依據民國74年著作權法修正草案行政院原草案說明，是指「著作權法第5條及第6條所定之情形」。可見依立法原意，有著作權法第5條及第6條情形之著作並無著作權。而著作權法第6條第1項規定：「第四條第一項所定之著作，得申請著作權註冊。但有左列情事之一者，不適用之：一、不合本法規定者；二、依法應受審查而未經該管機關審查核准者；三、經依法禁止出售或散布者。」本案《簡明不列顛百科全書》中文本是以簡體字發

行的「中國出版品」，依法應經行政院新聞局「審查」核准才能進口。而且簡體字版的中國出版品，在中華民國臺灣應屬不能出售或散布。現在大英公司主張擁有著作權的是《簡明不列顛百科全書》中文本的簡體字版，而且該原書中有許多宣揚中國共產主義的文章。依上述著作權法第4條及第6條規定，該書在臺灣根本無法擁有著作權。

參、告訴人的補充理由

針對被告的抗辯，告訴人只有針對美國之音記者對吉布尼的採訪作說明，其餘被告的抗辯，告訴人並未補充理由。告訴人針對美國之音記者對吉布尼的採訪，主張：

一、美國之音是電臺播音，輾轉相傳難免有錯誤。

二、該篇自立晚報報導刊載於76年9月，卻自稱取材自1986年（民國75年）5月的美國之音，前後相差一年半，可信度令人懷疑。

三、縱然系爭書籍的著作權，是大英公司與中國大百科出版社共有，告訴人基於共有人之一的立場，仍然可以提出告訴。

肆、地檢署的起訴書

77年5月30日，臺北地方法院檢察署以77年偵字第2641號、第2710號提起公訴。起訴書的起訴理由，主要採用告訴人的美國著作權執照、梅益的聲明及原書版權頁的記載。

一、版權頁記載部分

起訴書說：「依簡明不列顛百科全書版權頁英文部分載明：所有權利

是依據泛美及世界著作權公約由大英百科全書公司保留。於次頁中文部分及前言（三）載明：中國與美方簽訂協議書出版中文版簡明不列顛百科全書，係協議由美方提供大英百科全書第15版之最新修訂稿及圖片，中國擔任翻譯、編輯、印刷、出版等工作，並成立聯合編審委員會負責編審，此有被告所提出購自香港據以改編成之簡明不列顛百科全書可證，被告於策劃編輯出版時應已詳為翻閱，依該資料雖未載明中國與美國大英公司間聘僱關係，但已表明著作權由美方保留，至少於中文部分亦顯示該書係中國與美國大英公司合作之著作，著作權應歸各著作人共同享有，此情應為被告所明知。被告當時如未能確信，衡情於策劃出版前亦應洽詢雙方著作權之歸屬，竟貿然出版，亦難辭不確定之故意。」

二、美國著作權執照及梅益的聲明部分

起訴書說：「至該書著作權係美國大英公司所享有，此除前述版權記載外，並有經外交部簽證，該書之美國著作權登記載照影本可資佐證，而美國大英公司與中共中國大百科全書出版社間關係，亦有經美國駐北平之領事館所認證之前述權益聲明原本及該領事館之認證書可據，所辯無非卸責之詞。」

伍、評論

一、比起一般的違反著作權法案件，告訴人提供美國著作權執照、梅益的聲明及書籍版權頁的記載，舉證已經很多。不過由於這個案子比較複雜，官司打到最後，這三項證據幾乎沒有什麼用，這也是本案曲折的地方。這三項證據何以到後來沒什麼用，後面會詳細談到。

二、偵查階段和審判階段不同。偵查階段只要被告有犯罪嫌疑，就可以提起公訴（刑事訴訟法第251條）；在審判階段，必須被告犯罪已經證明，才能為科刑的判決（刑事訴訟法第299條第1項）。所以本案起

訴，在結論上並沒有錯，只是起訴理由中有若干值得斟酌之處：

（一）《簡明不列顛百科全書》版權頁英文部分載明：所有權利是依據泛美及世界著作權公約由大英百科全書公司保留。中國和臺灣都未加入該二公約，該文字僅英文部分記載，中文部分未記載。該大英百科全書英文版及中文版各有獨立的著作權。該記載究竟指英文版的權利保留，還是中文版的權利保留，實有疑問。這一點在後來民事確認大英公司著作權不存在訴訟，雙方爭執得很厲害。

（二）本案起訴的時間在民國77年5月，當時動員戡亂時期還沒有終止，起訴書以美國駐北平領事館認證的認證書作為憑據，是個頗富爭議的先例。

（三）現行著作權法第17條對外國人的著作採註冊主義，非經註冊沒有著作權。本案系爭《簡明不列顛百科全書》中文版在內政部未註冊，經當事人抗辯，檢察官起訴書至少應引中美友好通商航海條約第9條及法務部75年2月5日法（75）檢字第1375號函作為依據，較為周延。

（本文原載律師通訊，第144期，1991年9月，頁8-11，未修正，條文不同處，請參照當時法律）

第十八章
大英百科全書官司攻防戰（三）
——刑事第一審階段

壹、被告對起訴書的答辯

　　本案地檢署所以認定大英公司對系爭《簡明不列顛百科全書》中文版有著作權，不外是依據：一、系爭書籍版權頁的記載；二、美國著作權執照；三、梅益的聲明。針對這三點，在第一審被告答辯如下：

一、版權頁記載部分

　　刑法第11條規定：「本法總則於其他法令有刑罰之規定者，亦適用之。但其他法令有特別規定者，不在此限。」違反著作權法之罪有「刑罰」之規定（著作權法第38條及第39條），自應適用刑法總則。依刑法第3條、第4條規定，本案應適用我國現行著作權法或我國其他法律之規定，而不得適用美國、中國法令或公約規定。本案起訴中記載：「本依簡明不列顛百科全書版權頁英文部分載明：所有權利是依據泛美及世界著作權公約由大英百科全書公司保留。」我國並未加入泛美公約及世界著作權公約，該二公約的著作權標示對我國法院並不適用，因此起訴書引用該二公約而認定大英公司有著作權，顯然適用法則不當。

二、美國著作權執照部分

　　大抵沿用在地檢署時的答辯理由。另外再補充說，大英公司只提供美

國著作權局註冊資料就對被告提出告訴，並不合法。如果說美國著作權執照，就能證明美國大英公司在臺灣有著作權，如此將置我國著作權註冊制度於何地？我國內政部又何須每日受理無數美國人著作權註冊？美國著作權局之註冊執照在我國並不視為「公文書」，怎麼推定真正？

三、有關梅益聲明部分

　　大抵沿用在地檢署時的答辯理由。另外再補充說，梅益的聲明書中第1點及第3點，提及版權均特別強調「美國著作權」（U.S. Copyright），可見告訴人大英公司僅擁有「美國著作權」，並未擁有「全世界著作權」或「中國著作權」。而美國著作權執照充其量也僅能代表大英公司在美國享有著作權，美國以外的著作權仍然屬於中國方面所有，此由香港版本的《大不列顛百科全書》中文本由中國出售，即可證明。既然連殖民地的香港都不在所謂「美國著作權」的範圍，則在「中國只有一個」的前提下，美國大英公司又有何依據在中華民國臺灣主張著作權？

　　另外，被告也一樣援用在地檢署時的答辯理由，主張「美國人的著作，應採註冊主義」、「簡體字著作無著作權」。

貳、告訴人的反駁

　　針對被告的答辯，告訴人有所反駁：

一、有關美國著作權執照部分

　　美國著作權執照證明兩點事實：一為大英公司與中國大百科全書出版社間為出資聘人著作之關係；二為大英公司為唯一合法著作權人。我國法院審理案件確應依我國法律規定，美國著作權執照上可證明上述事實是依據中華民國法律及中美友好通商航海條約規定，而不是依據美國法律。易

言之，依中華民國法律，在美國著作權執照上可以確認大英公司對該書享有著作權之事實。

二、有關梅益的聲明部分

梅益的聲明雖未在我國駐外單位簽證，但依法務部76年11月25日法（76）律字第13666號致內政部函示意旨，梅益的聲明仍然可以當作「私文書」，具有書證的能力，不能因其未經簽證，就加以否認，並無刑事訴訟法第159條的適用。

三、有關美國人著作應採註冊主義部分

依司法院75年2月25日（75）院台廳一字第01986號函各級法院，我國已依據1946年中美友好通商航海條約，給予美國著作權人以同等之國民待遇，依著作權法第4條規定，除該法另有規定外，美國人之著作於著作完成時享有著作權，排除著作權法第17條外國人註冊主義之適用。

參、被告的補充答辯

針對告訴人前述理由，被告以書面聲請調查證據，要求告訴人提出其與中國大百科全書出版社之間的契約，以證明雙方的權益關係。並補充下列理由：

一、證據就性質而言，可分為人證和物證。所謂人證，是以人的特別學識經驗或其所經歷的事實所為的陳述，以作為證據的資料；所謂物證，是以物的狀態及其內容作為證據的資料，如凶器、贓物等，文書雖然也是證據的一種，但此種文書是以文書的本身存在作為犯罪的證據，例如偽造的買賣契約、變造的國民身分證，應該以此存在的契約、身

分證作為證據[1]。梅益的書面聲明，並非具有「以文書之本身存在作為犯罪之證據」的性質，因而並非證物，依最高法院70年度台上字第3864號判決：「證人未親自到庭，僅提出書面，以代陳述者，顯與刑事訴訟法係採直接審理主義及言詞審理主義之本質有違，依該法第159條規定，自不採為認定事實之證據。」因而梅益的書面聲明無證據能力。

二、大英公司所提的美國著作權執照，只能證明大英公司依美國法律享有美國的著作權，並不能以此證明大英公司在我國也享有著作權。因為縱然依照中美友好通商航海條約暨司法院75年2月25日（75）院台廳一字第01986號函之函示意旨，也只表明「依據1946年中美友好通商航海條約，給與美國著作權人以同等之國民待遇」，並不是意味在美國享有美國著作權者，在我國就當然享有我國著作權。換句話說，依該條約及函示意旨，是指美國國民於中華民國著作權法下，關於中華民國著作權的取得及保護，享有與中華民國國民同等待遇，並非意指美國之著作權即等於中華民國之著作權。因此大英公司就系爭著作是否享有著作權，自應依我國著作權法取決，而不是憑大英公司所執的著作權執照。

肆、地方法院的刑事判決

民國77年9月20日臺灣臺北地方法院以77年易字第2574號判決，對丹青公司的董事長及董事，各處一年有期徒刑。判決理由有關認定大英公司擁有著作權部分，除未提梅益聲明外，大抵抄襲檢察官的起訴書。另外，判決書對美國人著作是否採創作主義部分，也有交待。判決書理由要點如下：

1　參見褚劍鴻，刑事訴訟法論，上冊，頁195。

一、有關承認大英公司就系爭書籍擁有著作權部分

判決理由說：「依簡明不列顛百科全書版權頁英文部分載明：所有權利是依據泛美及世界著作權公約由大英百科全書公司保留，於次頁中文部分及前言（三）裁明：中國與美方簽訂協議書出版中文簡明不列顛百科全書，係協議由美方提供大英百科全書第15版之最新修訂稿及圖片，中國擔任翻譯、編輯、印刷、出版等工作，並成立聯合編審委員會負責編審，此有被告杜潔祥等所提出購自香港據以改編成簡體字之簡明不列顛百科全書可證，依該資料雖未載明中國與美國大英公司間聘僱關係，但已表明著作權由美方保留，至少於中文部分亦顯示該書係中國與美國大英公司合作之著作，著作權應歸各著作人共同享有，而該書之著作權係美國大英公司所擁有，除前述版權記載外，並有經外交部簽證，該書之美國著作權登記執照影本附卷可證，本此，關於美國大英公司與中共中國大百科全書出版社之契約規定，內容如何，揆諸前述說明，已無關重要。」

二、有關美國人著作是否採創作主義部分

判決理由說：「依中美雙方於1946年訂定之中美友好通商航海條約第9條規定賦予締約此方之國民法人及團體在締約彼方領土內享有關於著作權之一切權利及優利，依法務部75年2月5日法律（75）檢字第1375號函，引自內政部75年1月31日（75）台內著字第368451號函謂『美國著作權人既享有與我國國民同等之國民待遇，則其著作依著作權法第4條之規定，除該法另有規定外，其著作人於著作完成時享有著作權，排除同法第17條外國人註冊主義之適用』、司法院75年2月25日（75）院台廳一字第01986號函示表明『依據1946年中美友好通商航海條約，給與美國著作權人以同等之國民待遇』，易言之，在我國國民對於著作權之取得採創作主義，同時國民亦享有同等之待遇，本此，被告張玉屏、杜潔祥利用前後擔任丹青公司代表人期間，將大英公司與中國大百科全書出版社共同合作編譯之簡明大不列顛百科全書中文簡體字版本，除有關中國政治意識部分及各國地

圖經改寫重繪外，其餘內容、圖片均與簡明不列顛百科全書相同，僅簡體字轉換成繁體字，並製作出版，顯係仿製他人之著作無疑，此種將中文簡體字改變成繁體字，事實上為一對一之機械化轉換過程，毫無創意之成分，與英文譯為中文各人所譯必有不同有異，自不能視為新的翻譯著作，亦與美國大英公司之著作，是否擁有翻譯權無關，至於簡體字之簡明不列顛百科全書容因國情不同，在我國無法辦理著作權登記，然登記與否係屬行政手續，依前述意旨以觀，並不能認大英公司對上開中文版百科全書擁有著作權，並享受與我國國民同等之待遇，是被告杜潔祥、張玉屏所辯大英公司之簡明不列顛百科全書未經註冊不得提出告訴或無著作權各節無非卸責之詞不足採信，罪證明確，犯行洵堪認定。」

伍、對刑事第一審判決的評論

一、本案第一審刑事程序顯然調查不夠詳細，判決書也寫得不怎麼好，這可能也是刑事第二審裁定停止訴訟，不敢逕行判決，要等民事確認著作權不存在訴訟有結果，才要進行刑事審判程序的原因之一。

二、該判決書認為：「將中文簡體字改變成繁體字，事實上為一對一的機械化轉換過程，毫無創意之成分，與英文譯為中文各人所譯必有不同有異，自不能視為新的翻譯著作，亦與美國大英公司之著作，是否擁有翻譯權無關」，基本上值得肯定。但被告抗辯簡體字之著作是禁止散布之著作，依著作權法第6條及第4條規定及民國74年著作權法修正草案行政院立法意旨，應屬無著作權之著作，此點判決理由未加以論列，有判決不備理由之嫌。另外判決書也有多處被告抗辯而判決書未予斟酌的地方，詳細於被告的上訴理由再詳談。

三、判決書有多處邏輯推理不通的地方，例如判決書說：「……依該資料雖未載明中國與美國大英公司間聘僱關係，但已表明著作權由美方保留，至少於中文部分亦顯示該書係中國與美國大英公司合作之著作，著作權應歸各著作人共同享有，而該書之著作權依美國大英公司所擁

有。」上述文字，至少有兩個問題：

（一）「著作權應歸各著作人共同享有」，是指著作權由不同人準共有，各著作各有應有部分。「著作權係美國大英公司所有」，是指著作權全部歸屬於大英公司，中國方面完全沒有著作權，二者互相排斥，完全沒有相互因果或推理的必然關係，竟然在前後文上出現，十分可議。

（二）版權頁上著作權由美方保留的文字，是用英文記載的，而且記載從1911年到1984年都由美方保留。中文版的《簡明不列顛百科全書》在1985年才出版，而且中國沒有加入世界著作權公約及泛美公約，因而版權頁上記載「依據泛美公約及世界著作權公約，著作權由美國大英公司保留」的文字，法院就應依職權主義深入調查，了解著作權由美國大英公司保留，究竟是保留中文版還是英文版，如果只有保留英文版而沒有保留中文版，大英公司的告訴就有問題。第一審證據調查顯然不夠仔細。

四、既然被告及告訴人對美國著作權執照是否可採信有不同的意見，判決書採用美國著作權執照，自應說明採用的理由，判決書對此完全不加說明，也是一個小缺憾。

五、判決書對美國人著作何以採創作主義，只提及司法院及法務部函示，對於被告所主張中美友好通商航海條約為「非自動履行條款」及著作權法第17條規定（後法）優於中美友好通商航海條約（前法）並未斟酌，也導致後來在此部分的法理爭執，訴訟拖延很久。綜觀第一審判決書，頗有「速審速決」、「政策配合」的感覺。

（本文原載律師通訊，第145期，1991年10月，頁30-33，本文未加修正，條文與現行法不同處，請參照當時法律）

第十九章
大英百科全書官司攻防戰（四）
—— 從刑事程序到民事確認訴訟

壹、丹青公司上訴高院的上訴理由

本案臺北地方法院刑事第一審判決後，被告丹青公司等（下稱丹青公司）即提出上訴。上訴理由主要分二述之：

一、判決所載理由矛盾部分

丹青公司援引最高法院46年台上字第307號、62年台上字第4700號及64年台上字第893號判例指摘第一審判決書其判決所載理由矛盾。丹青公司指摘矛盾之處如下：

（一）第一審判決書事實欄既稱「簡明不列顛百科全書著作權應屬於出資之美國大英公司」，理由欄又稱「至少於中文部分亦顯示該書係中國與美國大英百科全書公司合作之著作，著作權應歸各著作人共同享有」。一為大英公司單獨所有，一為共有，其事實與理由顯有矛盾。

（二）原判決事實欄既稱被告「明知」該書係美國大英公司出資聘請中國大百科全書出版社與美方人員組成聯合編審委員會編譯出版，理由欄又謂「簡明不列顛百科全書第一冊前言並未記載中國與美國大英公司間之聘僱關係」。原判決在事實欄中認為被告「明知」大英公司之「出資關係」，理由欄中又承認簡體字之簡明不列顛百科全書並未載明大英公司之「出資關係」，此事實與理由顯然有所矛盾。

易言之，理由欄中的證據，不足以證明事實欄中的待證事實之「明知」。

（三）原判決事實欄中認為簡體字簡明不列顛百科全書中文版著作權屬於大英公司所有，在理由欄中所述的證據有三：

1. 簡明不列顛百科全書版權頁上英文部分載明：所有權利依據泛美及世界著作權公約由大英公司保留。

2. 版權頁中文部分載明：由美方提供資料，中國擔任編印、印刷，並成立聯合編輯委員會。

3. 美國之著作權執照。

但以上三項證據，都不足以證明「美國大英公司擁有著作權」這一項待證事實。因為：

1. 版權頁的英文部分，是依據泛美及世界著作權公約由美國大英公司保留，我國未加入以上二公約，此二公約在我國並無效力，不足以為美國著作權的證明。況且此項載明，是針對英文版的大英百科全書而言，與本件待證事實中系爭中文版簡明不列顛百科全書一書無關。因該版權頁上的記載是1786年迄1984年的權利所有者（1985年後未記載），而中文版簡明不列顛百科全書是在1985年以後才完成出版，1984年以前既然沒有中文版，大英公司怎麼會有權利保留？

2. 版權頁中文部分載明美方提供資料及與中國合組編輯委員會，依著作權法及經驗法則，並不能認定著作權歸美國大英公司所有，也有可能為中國方面單獨所有或共有。

3. 美國著作權執照即使依美國著作權法第410條第(c)款都不足以證明大英公司就系爭著作在美國享有著作權（詳被告第一審答辯理由），更何況中華民國？

二、原判決不備理由部分

丹青公司援引最高法院54年台上字第1980號及63年台上字第3220號判例認為原審判決書其判決不備理由。丹青公司指摘不備理由處如下：

（一）原判決事實欄內認定被告「明知」美國大英公司「出資聘請」中國
　　　大百科全書出版社出版中文版《簡明不列顛百科全書》，其著作權
　　　應屬「出資」之美國大英公司所有，但理由欄內有關被告「明知」
　　　出資及著作權歸屬美國之證據及說明，則隻字未提。

（二）丹青公司在第一審的答辯中，屢陳美國著作權執照依美國著作權法
　　　尚不得採為證據，判決書以美國著作權執照為認定美國大英公司有
　　　著作權之證據，但對被告之辯解，並未斟酌，也未說明何以不採的
　　　理由。

（三）被告在第一審答辯狀中一再提及中華書局及臺英社無告訴權，第一
　　　審判決書中未予論及。

（四）被告於第一審答辯狀，一再陳述：1.簡體字著作無著作權；2.簡明
　　　不列顛百科全書中文版中國與美國大英公司並無受聘關係，並聲請
　　　調查大英公司與中國大百科全書出版社間的契約，原審未予調查，
　　　亦未斟酌。

貳、丹青公司提民事確認訴訟

　　丹青公司在刑事上訴高院後，又於77年10月20日在臺北地院民庭提起
確認著作權不存在訴訟。其訴之聲明有三：

一、請求確認被告美商大英公司就中文版《簡明不列顛百科全書》第一冊
　　至第十冊之著作權不存在。

二、請求確認被告中華書局就中文版《簡明不列顛百科全書》之第一冊至
　　第十冊重製權不存在。

三、訴訟費用由被告連帶負擔。

　　丹青公司提起民事確認訴訟，除引刑事第一審的答辯狀及刑事第二審
上訴理由外，並認為大英公司、中華書局聯名具狀提出刑事告訴，非僅使
原告等有受刑事訴追的危險，抑且如認大英公司等所主張對系爭書籍確有
著作權，勢將使丹青公司不能發售所作的繁體字《大不列顛百科全書》並

對大英公司等負有民事損害賠償債務之危險，導致丹青公司私法上地位不安，因而提起本件確認之訴，以除去其不安。

參、大英公司提起刑事附帶民事訴訟

77年11月21日，大英公司等向丹青公司等提起刑事附帶民事訴訟。訴之聲明如下：

一、被告等應連帶給付大英公司新臺幣（下同）7,545萬元及利息。

二、被告等應連帶給付中華書局及臺英社各2,500萬元及利息。

三、被告等應連帶負擔費用於民刑事判決確定後，將判決書全文刊登新聞紙，並連帶負擔費用刊登道歉啓事於新聞紙。

四、被告等不得翻印、仿製原告享有著作權及重製，經銷權之《簡明不列顛百科全書》，並不得銷售或刊登廣告促銷此著作之盜印、仿製版。

五、損害賠償部分（第一、二部分），原告等願供擔保，請准宣告假執行。

由此項刑事附帶民事訴訟，現在還在訴訟繫屬中，而且原告的請求和主張，有重大變更，茲不深敘。

肆、丹青公司聲請高院刑庭停止審判

77年12月13日，丹青公司具狀向高院刑庭聲請停止審判。丹青公司主張，違反著作權法之罪，原則上是告訴乃論（著作權法第47條），須著作權人才能提出告訴。大英公司、中華書局及臺英社就系爭著作，均無著作權。刑事訴訟法第297條規定：「犯罪是否成立或刑罰是否免除，以民事法律關係爲斷，而民事已經起訴者，得於其程序終結前停止審判。」丹青公司既已向大英公司請求確認著作權不存在，經臺北地院受理，爲避免民刑訴訟判決互異，刑庭自宜停止審判。

伍、高院刑庭裁定停止審判

78年2月4日高院刑庭裁定，在臺灣臺北地方法院77年度訴字第7089號確認著作權不存在事件訴訟程序終結前，本案停止審判。理由如下：

一、按犯罪是否成立或刑罰應否免除，以民事法律關係為斷，而民事已經起訴者，得於其程序終結前停止審判，刑事訴訟法第297條定有明文。

二、本件聲請意旨略稱聲請人等被訴違反著作權法第39條罪責，為高院77年度上易字第5151號案件審理中，因告訴人美商大英百科全書公司主張之取得著作權，臺灣中華書局股份有限公司及臺灣雜誌社（按：應為臺灣英文雜誌社）主張之取得出版經銷權，頗多爭議，業經聲請人於77年10月間向原審法院民庭提起確認著作權不存在之訴，尚在該法院審理中，為免結果發生歧異，請在該民事訴訟終結確定之前停止本案之審判云云，提出民事起訴書繕本及原審民庭77年度訴字第7089號開庭通知影本各一件為憑。

三、經核本件聲請停止審判，並無不合，爰依上開規定裁定如主文。

於是本案刑庭暫告一個段落，開始進入民庭的確認著作權不存在訴訟程序中。

陸、大英公司在程序上之質疑

本案高院刑庭裁定停止審判，出乎大英公司意料之外，大英公司除不斷要求檢察官聲請法院繼續審判外，又在地院民庭提出程序上之質疑，重點如下：

一、**大英公司已盡舉證責任**：大英公司未再提出新的證據，認為在刑庭提出之證據已盡舉證責任，刑事第一審判決被告有罪，在法律上並無違誤。

二、**丹青公司應就大英公司無著作權負舉證責任**：民事訴訟法第277條規定：「當事人主張有利於己之事實者，就其事實有舉證之責任。」大英公司既已提出充分證據證明其有著作權，丹青公司欲否認應提出合理之反證，丹青公司另外提起民事確認訴訟，顯然企圖拖延刑事訴訟，以達繼續銷售盜印書籍的不法目的。

三、**丹青公司提起確認訴訟無訴訟利益**：刑事訴訟法第247條規定：「確認法律關係成立或不成立之訴，非原告有即受確認判決之法律上利益者，不得提起之。」本案丹青公司在私法上並未擁有任何權利，其「合法上之地位」，並沒有「不安」狀態，自然沒有以確認判決除去其不安的可能，因而丹青公司提起消極確認之訴，顯然在法律上為無理由，應依民事訴訟法第249條第2項以判決駁回之。

四、**民事程序應以裁定停止訴訟**：刑事訴訟法第183條規定：「訴訟中有犯罪嫌疑牽涉其裁判者，法院得在刑事訴訟終結前，以裁定停止訴訟程序。」本件丹青公司純粹在延滯刑事訴訟程序，故應裁定停止民事訴訟程序，避免裁判矛盾及社會大眾混淆視聽。

柒、丹青公司在程序上之答辯

針對大英公司的質疑，丹青公司除引用在刑事程序上所提出的理由，來說明大英公司不足以證明其為著作權人外，在程序上亦有三項反駁：

一、舉證責任方面

丹青公司引最高法院30年穗上字第87號判例，認為刑事訴訟所調查之證據，及刑事訴訟判決所認定之事實，非當然有拘束民事訴訟判決之效力。因此在確認著作權不存在之訴，大英公司應另行舉證，以證明其著作權存在。再者，本件確認著作權不存在之訴，是屬於「消極確認之訴」，依舉證責任分配之「待證事實分類說」，主張積極事實者，就其事實負舉

證責任；主張消極事實者，就其事實不負舉證責任。最高法院19年上字第385號、20年上字第709號及42年台上字第170號判例，都採取這項見解，因而本案民事消極確認之訴，大英公司對有著作權一事，應負舉證責任。

二、訴訟利益方面

（一）最高法院42年台上字第1031號判例謂：「民事訴訟法第247條所謂受確認判決之法律上利益，係指因法律關係之存否不明確，致原告在私法上之地位有受侵害之危險，而此項危險得以對於被告之確認判決除去之者而言，故確認法律關係成立或不成立之訴，苟具備前開要件，即得謂有即受確認判決之法律上利益，縱其所求確認者為他人間之法律關係，亦非不得提起。」既然他人間之法律關係，亦得提起消極確認之訴，因此丹青公司就本案是否主張自己有著作權，不影響丹青公司可以提起確認之訴。

（二）大英公司認為丹青公司「使用他人之著作」，並無私法上的地位受侵害的危險。然而丹青公司為一擁有合法出版及公司執照的公司，其印行之書籍，不論有無著作權，亦不問有無侵害他人之著作權，丹青公司印行之複製品，丹青公司享有書籍的「所有權」。因為該書籍的複製品是原告丹青公司購紙加工所得，自然享有複製品的所有權。丹青公司既享有複製品的所有權，依民法第765條規定，自得本於所有權之作用而為使用、收益、處分，並排除他人之干涉。除非該書籍之著作權人本於其著作權，才有限制丹青公司行使書籍複製品所有權之權限——本於著作權而禁止丹青公司書籍複製品之銷售。然而大英公司僭稱是系爭書籍的著作權人，在民事上依著作權法第33條請求附帶民事訴訟禁止丹青公司書籍的銷售，丹青公司既有書籍複製品的「所有權」，則大英公司基於該所有權自有民法第765條「處分」的權能，因此丹青公司有「私法上的地位」，與丹青公司此「私法上的地位」既因大英公司的行為而處於不安的狀態，自然有「受侵害的危險」。

三、民事停止訴訟程序方面

（一）最高法院43年台抗字第95號判例謂：「民事訴訟法第183條所謂訴訟中有犯罪嫌疑牽涉其裁判者，得命在刑事訴訟終結以前，中止訴訟程序，係指該犯罪嫌疑確有影響於民事訴訟之裁判，非俟刑事訴訟解決，其民事訴訟即無由或難於判斷者而言。故法院依該條規定命中止訴訟程序，須其訴訟上有上開情形時，始得為之。」而民事訴訟法之所謂訴訟中有犯罪嫌疑，是指「本件民事訴訟中生有犯罪嫌疑情事（例如當事人偽造證據、證人偽證）而言，不包括與該民事訴訟有關之刑事被告是否犯罪在內。」（最高法院59年台抗字第663號裁定）本案民事訴訟程序中，並未發現有偽造文書、證人偽證或鑑定人鑑定不實等情事，自然無「訴訟中有犯罪嫌疑情事」。

（二）依上開最高法院43年台抗字第95號判例意旨，依民事訴訟法第183條裁定停止訴訟程序須以犯罪嫌疑影響於民事訴訟之審判，非俟刑事訴訟解決，民事訴訟無由進行或判斷者為限。本案民事訴訟並不受大英公司對丹青公司有關違反著作權法的刑事訴訟影響，即可獨立進行或判斷，因而無依民事訴訟法第183條以裁定停止訴訟程序的必要。

捌、本案程序上的評論

一、刑事訴訟法第297條規定：「犯罪是否成立或刑罰應否免除，以民事法律關係為斷，而民事已經起訴者，得於其程序終結前停止審判。」刑事停止審判與否，法院有裁量權。一般違反著作權法案件，如果證據十分明確，即使被告在民事上另外提起民事確認著作權不存在之訴，刑庭應繼續審判，不宜拖延。本案刑庭所以裁定停止審判，可能原因為：第一審刑事判決書寫得不好，告訴人提出的證據有待斟酌者仍多，剛好民事又提起確認訴訟，所以刑庭就樂得輕鬆，不必傷腦

筋，裁定停止審判。如果本案大英公司能夠提出內政部的著作權執
照，或第一審刑事判決書寫得很好，刑庭可能不會停止審判，甚至丹
青公司可能不會提起民事確認著作權不存在之訴。至於民事確認訴訟
一打兩、三年，恐怕超出當初刑庭的預期。

二、完全沒有得到著作權人授權的人，有無權利對他人提起確認著作權不
　　存在之訴？亦即丹青公司在本案是否有訴訟利益？這是本案民事確認
　　訴訟在第二審及第三審最重要的爭執點。此點在民事訴訟法法理上的
　　爭執，俟後會談到，不過從著作權法運作的觀點上看，未得到著作權
　　人授權的人，如果實際上有從事著作利用的行為，能提起消極確認訴
　　訟，較有益於若干問題之解決。依我國著作權法第17條規定，日本人
　　之著作除非在我國首次發行，否則我國著作權法不加以保護。在實務
　　上有許多業者未經日本著作人同意，以日本人著作充作自己著作在內
　　政部登記註冊著作權，對其他業者進行取締請求損害賠償。內政部著
　　作權註冊容易撤銷難，而且又無傳訊當事人，斟酌證據之權限。如果
　　不賦予其他業者對僭稱著作權人提起消極確認訴訟的權限，對於我國
　　業者利用無著作權著作的環境，確實有不良影響，而且也會使許多冒
　　稱著作權人的不法業者，獲取暴利。本案民事確認訴訟在第二審及第
　　三審有關確認利益的爭執，確實有若干啟發之處。

（本文原載律師通訊，第146期，1991年11月，頁28-32，條文與現行法不
同處，請參照當時法律）

第二十章
大英百科全書官司攻防戰（五）
——第一審民事確認訴訟

壹、大英公司在實體上之舉證

　　民事第一審大英公司在實體上大抵沿用在地檢署及刑庭時所提出之證據，並未提出新的證據，僅補充理由如下：

一、有關著作權執照部分

（一）大英公司所提美國著作權執照影本業經我國外交部簽證，推定為真正之文書。

（二）依美國著作權法第410條第(c)款規定：「著作首次發行之五年內或之前，經註冊領有執照者，在任何決定訴訟程序中，其著作權之效力和執照上所具之事實，具有明顯證據之效力，但註冊執照上所表示之證據力，法院有裁量權。」本件系爭著作《簡明不列顛百科全書》中文版共分十冊，其第一次發行分別在1985年至1986年間，而其著作權註冊日均為1986年12月31日，符合美國著作權法第410條第(c)款前段規定。因而在任何司法程序中，其著作權執照均具有表面的證據力。針對此點，大英公司另外提出兩項依據：

1. 美國伊利諾州聯邦高等法院於1965年判決：「著作權人之著作權執照係其著作權效力之表面證據。涉嫌侵害其著作權者若欲推翻就該著作權效力所為之推定，須負舉證責任。」（Copyright holder's certificate of registration is prima facie evidence of validity of its copyright and alleged in-

fringer had burden of overcoming that presumption of validity.）（Flick-Reed Corp. v. Hydro-Line Mfg. Co., C.A.I 11. 1965, 351 F. 2d 546）此項判決其後為聯邦最高法院所維持。

2. 美國著作權法學者Melville B. Nimmer與David Nimmer合著之《*Nimmer on Copyright*》一書中謂，由於著作權執照擁有著作權的表面證據力，在違反著作權法案中，「原告通常不應被要求就支持其著作權效力之基礎事實負責舉證，除非被告有效地推翻此等事實而將舉證責任轉換至原告。」（The plaintiff should not ordinarily be forced in the first instance to prove all of the multitude of facts that underlie the validity of the copyright unless the defendant, by effectively challenging them, shifts the burden of doing so to the plaintiff.）

由上述大英公司所提美國著作權執照證據顯示，大英公司已盡舉證責任，大英公司為系爭著作之著作權人，丹青公司欲加以否認，須另外舉證。

二、梅益之聲明部分

大抵沿用地檢署及刑庭第一審之理由。

三、版權頁記載部分

（一）系爭書籍版權頁英文部分載明：「所有權利是依據泛美及世界著作權公約由大英百科全書公司保留。」丹青公司認為英文部分僅係針對英文版而言，是重大誤解。因為此版權頁所以附著於簡體字中文版中，即為表明該簡體字中文版之著作權由大英公司保留。至於上半部所標明之「©1911年至©1984年」，是在強調大英公司對各種版本之大英百科全書，都將如同其對簡明不列顛百科全書一般，保有著作權。

（二）在英文版權頁次頁的中文部分以及前言的（一）及（三）部分，均

記載中國「中國大百科全書出版社」與美國大英公司合作編譯出版《簡明不列顛百科全書》，約定由美方提供大英百科全書第15版之最新修訂稿及圖片，中國擔任翻譯、編輯、印刷、出版等工作，並成立聯合編審委員會負責編審。由此可以證明大英公司確知美國著作權執照所顯示，為著作人之一。而中國大百科全書出版社所擔任的工作是為大英公司的「受聘之作」，因此該書的著作權屬於大英公司所有。

貳、丹青公司在實體上之答辯

一、有關著作權執照部分

丹青公司除重複地檢署及刑庭之答辯外，另補充下列理由：

（一）依照梅益先生的聲明，大英公司僅擁有「美國著作權」，可見其並未擁有「全世界著作權」或「中國著作權」，而美國著作權執照充其量亦僅能代表大英公司在美國享有著作權，美國地區之著作權仍屬於中國方面所有，此由香港版本之《大不列顛百科全書》中文本由中國出售即可證明。既然連殖民地之香港亦都不在所謂「美國著作權」之範圍，則在「中國只有一個」之前提下，大英公司又有何依據於中華民國之臺灣宣稱擁有著作權？

（二）依中美友好通商航海條約第9條規定：「……締約此方之國民、法人及團體，在締約彼方全部領土內，其文學及藝術作品權利之享有，依照依法組成之官廳現在或將來所施行關於登記及其他手續之有關法律規章（倘有此項法律規章時），應予以有效之保護。無論如何，締約此方之國民、法人及團體，在締約彼方全部領土內，依照依法組成之官廳現在或將來所給予締約彼方之國民、法人及團體之條件下，應享有關於版權、專利權、商標及其他文學、藝術作品及工業所有權之任何性質之一切權利及優例……」依此規定，締約

此方之國民於締約彼方的領土內所得享有的相關權利，仍須依締約彼方法律的規定。因為若非如此，豈非意味美國籍人民於我國主張權利時，應適用美國法律決定其權利的有無，或我國人民於美國主張權利時，應適用我國法律決定其權利的有無？職是之故，大英公司就系爭著作是否享有著作權，仍應依我國著作權法的規定決定之，而大英公司所持之美國著作權執照亦僅能證明其於美國領土內依美國著作權法享有著作權而已。

（三）依我國著作權註冊實務，著作如係出資聘人完成者，應繳出資聘人證明書及其他足資證明之文件，如出資人及受聘人間之契約書或出資人與受聘人共同出具「出資聘人證明書」，此與美國著作權法規定僅須由申請人自行陳明係「僱傭著作」者，顯然不同。大英公司如果在我國就系爭著作申請註冊，應提出上述證明書或契約書，而不能僅提出其上載有大英公司片面陳述係「僱傭著作」之美國著作權執照為據，因此在民事訴訟確認著作權歸屬時，大英公司不能僅提美國著作權執照即證明其有著作權。

二、梅益之聲明部分

大抵沿用地檢署及刑庭的答辯理由。

三、版權頁記載部分

（一）系爭書籍版權頁有中文記載部分及英文記載部分。如果大英公司擁有中文版之著作權，何以未在中文記載部分用中文寫著「所有權利由大英百科全書公司保留」？

（二）在系爭書籍版權頁的英文記載部分，其出版年次最後年限僅到1984年為止，而系爭書籍的中文版在1985年才開始發行，可見版權頁英文記載部分僅針對英文版而言，與中文版之權利無關，否則何以在出版年次上僅至1984年而不包括1985年？1984年以前中文版既尚未

發行，又有何「權利由大英公司保留」可言？

（三）當時我國未參加任何著作權公約，版權頁英文記載部分是指依泛美
　　　公約及世界著作權公約所為權利之保留，對我國並無拘束力。更何
　　　況中國迄今亦未加入泛美公約及世界著作權公約，該二公約對中國
　　　亦無拘束力，由此益見版權頁英文部分，係針對英文版大英百科全
　　　書公司之權利而言。

四、美國人著作是否採創作主義部分

　　大英公司主張有著作權之系爭著作在我國並無註冊，依我國著作權
法第17條規定，外國人之註冊採「註冊主義」，未經註冊並無著作權，大
英公司所以主張有著作權，乃係引法務部75年2月5日法（75）檢字第1375
號函及司法院75年2月25日（75）院台廳字第01986號函為據，然該二函並
非以我國國內法為據，而係以中美友好通商航海條約為據，即直接適用條
約而排除國內法（著作權法第17條）之適用。惟大英公司此項主張是否可
採，應以下列三要件均成立為前提：

（一）中美友好通商航海條約係迄今仍為有效之條約。

（二）中美友好通商航海條約法院得直接援用（即自動履行條款）。

（三）中美友好通商航海條約效力高於國內法（我國著作權法）

　　茲就此三者加以說明如下。

（一）中美友好通商航海條約之有效性

　　查條約為兩國政府間訂立之公法上契約，此條約如在兩國斷交後，除
有法律承認其效力，否則於法理上條約即當然不再有效力。中美友好通商
航海條約係締結於民國35年，民國67年中美斷交，該條約即因而失效，美
國為使該條約延續其效力，故特於臺灣關係法第4條第(c)項規定：「為了
各種目的，包括在美國任何法院中進行訴訟在內，國會認可美國與在1979
年1月1日以前承認之中華民國所簽訂並迄至1978年12月31日仍屬有效之各
項條約，以及包括多邊協定在內之其他國際協定，繼續有效，除非以及直

至依照法律終止時為止。」因此，美國亦認中美友好通商航海條約因斷交而失效，該條約所以迄今有效，乃係臺灣關係法之故，臺灣關係法第4條第(c)項即無訂定之必要。但臺灣關係法是美國的「國內法」，而非條約或協定，亦非我國的國內法，對我國法院自不生效力。但我國至今尚未有任何「法律」延續中美友好通商航海條約之效力。因此，我國至今所以保護美國人的著作權，是依著作權法第17條第1項第2款規定，也就是依美國之法令慣例，我國人之著作，得在美國享有權利。因此我國乃給予美國人「互惠」保護，而非基於中美友好通商航海條約。因為中美友好通商航海條約僅美國有「法律」延續其效力，我國既未有「法律」延續其效力，故中美友好通商航海條約，在我國是無效的條約，我國法院無直接引用的義務。

（二）中美友好通商航海條約是否為「自動履行條款」？

所謂自動履行條款，即條約無需經國內特別立法程序，即得由法院直接引用。美國最高法院判決認為：「一條約之規定，除非為自動履行條約之條款，否則並不當然取代與其規定相左之國內法規[1]。」而如條約的條款內容僅原則性規定而不明確者，應為非自動履行條款。中美友好通商航海條約第9條有關雙方著作權保護之規定，依我國學者通說認為屬於「非自動履行條款」，法院不得直接引用，有關此學者見解如下：

1. 經建會法規小組，中美經貿談判有關法問題之研究，頁439。
2. 游啓忠，論中美兩國間條約協定於其國內法法令之地位及運作（五）上，法務通訊，第1334期，民國76年9月18日。
3. 楊崇森，「考慮翻譯權談判的交換籌碼」一文，民國76年11月17日民生報第3版。
4. 張靜，「『大英』著作權官司的法律疑點」一文，民國77年2月7日民生報第9版。

1　引自經建會法規小組，中美經貿談判有關法問題之研究，頁431。

5. 蕭雄淋，中美著作權談判專輯，三民書局經銷，頁140。

　　由此可見，縱然中美友好通商航海條約至今仍然有效，有關第9條部分，法院仍然不得逕行引用。

（三）中美友好通商航海條約，效力是否優於著作權法第17條有關條約的位階？

　　我國法律迄未有明文，司法院民國20年7月27日以訓字第45號訓示前司法行政部：「查原則上法律與條約牴觸，應以條約之效力為優。若條約批准在後或法律宣布之日相同，自無問題，若批准在頒布前，應將牴觸之點，隨時陳明候核。」中美友好通商航海條約締於民國35年，而該現行著作權法修正於民國74年，故條約與著作權法相較，應屬條約在前，著作權法在後，而後法與條約牴觸時，以何者為優？我國學者一致通說主張「後法優於前條約」，即著作權法可排除條約規定（參見上述學者著述文章）。因此，縱然解釋為中美友好通商航海條約迄今仍然有效，且為自動履行條款，亦無排除著作權法第17條之權利，亦即大英公司之著作非經註冊，即無著作權。

參、地方法院的民事判決

　　民國78年3月22日臺灣臺北地方法院以77年度訴字第7089號判決確認大英公司就《簡明不列顛百科全書》第一冊至第十冊之著作權不存在，中華書局就上述書籍之重製權不存在。由於理由十分精彩，本文分門別類全文引用如下：

一、程序部分

（一）有關管轄權問題

　　本件大英公司為美國籍公司，故本件為涉外民事事件。兩造雖未合意

本件訴訟由本國法院管轄，惟被告大英公司未抗辯本國法院有無管轄權而為本案之言詞辯論，及共同被告中華書局為本國法人，且訟爭標的係被告大英公司及中華書局在我國對中文版《簡明不列顛百科全書》有無著作權及重製權之問題，由本國法院管轄，亦符合當事人利益之原則，故本國法院應有管轄權。

（二）有關準據法問題

本件訟爭之標的係被告大英公司，中華書局對上開書籍於我國有無著作權及重製權，其性質應屬著作權、重製權是否存在之確認，而著作權為無體財產權之一種，係以權利為標的之物權，依涉外民事法律適用法第10條第2項之規定，其準據法為權利之成立地法，即我國法。

（三）有關停止訴訟問題

被告以原告非法仿製，銷售上開書籍，業據其提出刑事告訴，刻在臺灣高等法院審理中為由，聲請本院停止本件訴訟程序，以防裁判牴觸云云。經查民事訴訟法第183條規定訴訟中有犯罪嫌疑牽涉其裁判者，法院得在刑事訴訟終結前，以裁定停止訴訟程序，係指該犯罪嫌疑，確有影響於民事訴訟之裁判，非俟刑事訴訟解決，其民事訴訟即無由或難於判斷者而言（最高法院19年抗字第560號、43年台抗字第95號判例參照）。按本件原告訴請確認被告大英公司及中華書局對訟爭書籍之著作權及重製權不存在，固與上開被告告訴原告違反著作權法刑責部分之案件有關，惟被告大英公司有無著作權係被告中華書局能否取得訟爭書籍重製權及原告有無違反著作權法之前提要件，且屬民事爭執事項，本件訴訟自非須俟上開刑事訴訟確定後始能判斷。又刑事訴訟所調查之證據及刑事訴訟判決所認定之事實，非當然有拘束民事訴訟判決之效力（最高法院44年台上字第988號判例、69年台抗字第46號裁定參照），從而被告聲請停止本件訴訟程序，尚無必要，不予准許。

（四）有關訴訟利益問題

民事訴訟法第247條所謂即受確認判決之法律上利益，係指因法律關係之存否不明確，致原告在私法上之地位有受侵害之危險，而此項危險得以對於被告之確認判決除去者而言，故確認法律關係成立或不成立之訴，苟具備前開要件，即得謂有即受確認判決之法律上利益，縱其所求確認者為他人間之法律關係，亦非不得提起（最高法院42年台上字第1031號判例參照）。本件原告以被告大英公司及中華書局主張對訟爭書籍有著作權及重製權，致其受有刑事訴訟及負民事損害賠償責任之危險，使其私法上之地位不安，而提起本件訴訟，依上所述，並無不合。被告以原告無不安之地位可除去，欠缺即受確認判決之法律上利益，認原告之訴不符合民事訴訟法第247條確認之訴之要件，自屬誤會。

二、實體部分

（一）有關中美友好通商航海條約是否繼續有效問題

兩國斷交，未必使兩國在斷交前所訂之條約失效，此觀西元1969年維也納條約法公約第五編第二節有關條約失效之規定自明，另查中美友好通商航海條約係於35年11月4日在南京簽訂，同月9日經立法院審議通過，同月11日由國民政府主席批准，37年11月30日在南京互換批准書，並於同日生效。案經總統於37年12月11日以統（一）字第242號令公布，並刊登於同月17日之總統府公報。雖中美兩國於68年1月1日終止外交關係，但據雙方達成之協議，兩國間當然仍然有效之條約暨協定，除因典限屆滿或依法終止者外，仍繼續有效。此項協議已經美方訂入為臺灣關係法第4條第(c)項之內容。中美友好通商航海條約迄未經締約國依據該條約第30條第3款之規定，予以終止，自應繼續有效（最高法院73年台非字第69號判決參照）。本件原告主張中美兩國斷交，中美間所有條約包括中美友好通商航海條約均告失效，尚嫌臆測，不足採信。

（二）有關條約是否爲「自動履行條款」及後法律是否優先於前條約問題

條約在我國是否有內國法之效力，法無明文，惟由憲法第50條第2項，第63條、第57條第3款之規定觀之，其審查程序殆與內國一般法律相同，應認其具有國內法之同等效力，法院自應予以適用（最高法院72年台上字第1412條判決參照）。另依憲法第141條「尊重條約」之規定，條約之效力應優於內國一般法律（最高法院23年上字第1074號判例參照）而居於特別規定之地位，故條約與內國一般法律牴觸時，依特別法優於普通法之原則，自應優先適用條約之規定。又特別法優於普通法之原則，於特別法爲舊法（即前法）普通法爲新法（即後法）之情形亦然，此觀中央法規標準法第16條「法規對其他法規所規定之同一事項而爲特別之規定者，應優先適用之。其他法規修正後，仍應優先適用」之規定自明。是以本件原告主張中美友好通商航海條約係於35年簽訂，著作權法則於74年修正，依「後法優於前法」之原則，自應優先適用著作權法之規定，而認被告大英公司應該依該法第17條第1項規定，就訟爭書籍在我國申請著作權註冊，始能取得著作權云云，依據上述，即無可採。另按有關著作權之規定，關於一國文化與學術發展至鉅，依國際慣例，有關著作權之條約，均視爲「非自動履行條款」，須俟內國立法機關制度法律加以特別規定後，始對法院有拘束力，故中美友好通商航海條約第9條關於著作權，中美兩國人民互享有與其本國人民同等待遇之規定，應屬「非自動履行條款」對本院無拘束力，惟本院認依上揭憲法第141條尊重條約之精神，在基於兩國互惠原則下，仍有適用之必要。從而原告主張中美友好通商航海條約第9條爲非自動履行條款，雖非無據，但認被告大英公司不能援引該條，主張與我國人民就著作權享有創作主義之同等待遇，依據上述，亦不足採。

（三）有關舉證責任問題

當事人主張有利於己之事實者，就其事實有舉證之責任，民事訴訟法第277條定有明文。又主張積極事實者，就其事實應負舉證責任，主張

消極事實者，則不負舉證責任；即確認法律關係不成立或不存在之訴，原告如僅否認被告於訴訟前所主張法律關係成立或存在原因之事實，以求法律關係不成立或不存在之確認，應由被告就法律關係成立或存在原因之事實，負舉證之責（最高法院20年上字第709號判例參照）。本件原告起訴請求確認被告大英公司及中華書局對訟爭書籍之著作權及重製權不存在，為消極確認之訴，自應由被告大英公司及中華書局對訟爭書籍有著作權及重製權之事實負舉證之責。從而被告大英公司主張其對於訟爭書籍之著作權係聘僱中國「中國大百科全書出版社」編譯之「聘僱之作」，依著作權法第10條享有著作權，應就聘僱中國「中國大百科全書出版社」編譯訟爭書籍之事實，負舉證責任。

（四）有關美國著作權執照的效力問題

於美國有關「聘僱著作」著作權執照之取得，僅須附有申請人出具之僱傭聲明書即足，毋庸附其足資證明僱傭著作事實之文件（美國著作權法第409條參照），自難執此證明訟爭書籍為被告大英公司聘僱中國「中國大百科全書出版社」編譯之事實。又被告大英公司所舉上開美國著作權執照僅為其主張對訟爭書籍有著作權之證據方法，至其證據價值或證據力自應依我國民事訴訟法之規定判斷，美國法律尚難越俎代庖，被告大英公司抗辯依美國著作權法第410條第(c)款之規定，該項美國著作權執照有表面證據之效力，而認應轉由原告就大英公司無上開聘僱中國「中國大百科全書出版社」之事實負舉證責任，自有未合，委無可採。

（五）有關梅益聲明的證據力問題

本件被告大英公司是否聘僱中國「中國大百科全書出版社」編譯訟爭書籍之事實，僅須提出其與中國「中國大百科全書出版社」之合作契約即能有效證明，並為原告所要求，惟被告大英公司拒不提出，卻以上開出版社社長兼總編輯梅益之書面聲明及訟爭書籍版權頁之記載主張有上揭聘僱之事實。但查梅益之書面聲明固非不可為本院得心證之資料，然該書面聲明，僅屬私文書之性質，而依民事訴訟法第357條規定，私文書應由舉證

人證其眞正，本件原告否認該聲明之眞正，而被告並未能舉證證其眞正，且依該聲明書第2項雖敘明「中國大百科全書出版社進行的這些活動是爲不列顛百科全書公司（即被告大英公司）的受聘之作」，但其第3項則特別聲明「不列顛百科全書公司是由中國大百科全書出版社出版的中文版簡明不列顛百科全書的美國版權的眞正以及合法和唯一的所有者」等語觀之，則被告大英公司與中國「中國大百科全書出版社」就訟爭書籍著作權之約定，究僅指美國地區由大英公司享有，抑或包括其他國家地區（含我國）在內，仍難明瞭。則梅益之該項聲明，並無可採。

（六）有關書籍前言記載的認定問題

依訟爭書籍前言第3項之說明：「（西元）1980年8月12日，雙方簽訂合作編譯出版中文版簡明不列顛百科全書的協議書。該協議規定由美方向中方提供第15版的最新修訂稿及其自有的圖片，中方承擔翻譯、編輯、印刷、出版等任務，並負責撰寫純屬中國的條目（包括配圖）；成立中美聯合編審委員會負責編審工作並協商解決編譯中出現的問題。」暨中英文版權頁記載之內容，亦無從查知被告大英公司聘僱中國「中國大百科全書出版社」編譯訟爭書籍之事實（三）。綜合上述，被告大英公司之舉證尚有不足，無法證明其聘僱中國「中國大百科全書出版社」編譯訟爭書籍之事實。從而本件原告請求確認被告大英公司對訟爭書籍之著作權不存在，即無不合，應予准許。

肆、對民事第一審判決的評論

一、臺北地方法院77年度訴字第7089號民事判決，是一份相當具有內容的判決。不管這份判決的理由是否值得商榷，法官寫這份洋洋灑灑的判決書，顯然花了極多苦心。如果我們法院每個判決都能夠如此用心寫，不久我們的法律將類似美國成爲「法官之法」，而不是類似德國的「學者之法」。事實上我們的學術界實在十分需要有見解、理由豐

富的判決。本判決法官能夠以獨立的立場和判斷寫出如此詳細的理由，值得肯定與贊揚。

二、判決書引涉外民事法律適用法第10條第2項規定，關於以權利爲標的之物權，依權利之成立地法，認定著作權是以權利爲標的之物權，頗值得商榷。以權利爲標的之物權，是指權利抵押（民法第882條）及權利質權（民法第900條）等而言，本質上係以物權爲基礎，著作權一般均依「內國國民待遇原則」加以解釋，伯恩公約第5條第1項、世界著作權公約第2條第1項及中美友好通商航海條約均有規定，著作權恐怕不是「以權利爲標的之物權」，在涉外民事法律適用法上，可能要適用第30條，而不是適用第10條第2項。

三、中美友好通商航海條約是否迄今有效，不僅是一個國際法的問題，也是一個政治問題。法院基於臺灣在政治、外交、軍事、經貿甚至文化上對美國的依賴，當然不至於判決中美友好通商航海條約迄今已無效力，不過在法理上如何解釋，是一個問題。判決書中引維也納條約法公約，並未明確引據具體的條文。尤其判決書中說：「兩國斷交，『未必』使兩國在斷交前所訂之條約失效。」在邏輯上必須用其他的理由來支持中美友好通商航海條約繼續有效。此「其他理由」，判決書是用「據雙方達成之協議」文字，然而此「協議」的文件爲何又未說明，僅謂此協議經美方訂入臺灣關係法中，而仍未交待我國「協議」的法律基礎爲何。任何法官要清楚地釐清中美友好通商航海條約迄今有效的法律基礎，都會碰到相同的困難。參加若干次的中美著作權談判，筆者屢屢提出臺灣需要有相對於「臺灣關係法」的「美國關係法」。結果外交部人員卻一直認爲沒有訂定「美國關係法」解釋才有「彈性」，令習慣於法律邏輯推理的法律人，十分氣餒。

四、判決書一方面承認中美友好通商航海條約第9條規定應屬「非自動履行條款」，對法院無拘束力，一方面又引憲法第141條規定，認爲有適用必要，實在是判決理由矛盾。既然中美友好通商航海條約是「非自動履行條款」，法院就沒有直接引用義務，也沒有中美友好通商航海條約第9條是否優先於著作權法第17條的問題，怎麼會「仍有適用

的必要」？尤其「仍有適用的必要」的依據，竟然是憲法上基本國策章中外交方面的規定（憲法第141條），在法律邏輯上十分奇怪，這一點丹青公司在後面會有關係到統獨問題十分有趣的答辯。

五、判決書解釋中美友好通商航海條約第9條規定所以優於著作權法第17條規定的理由，是依據中央法規標準法第16條規定：「法規對於其他法規所規定之同一事項而為特別之規定者，應優先適用之。其他法規修正後，仍應優先適用。」依此規定，前特別法優先於後普通法。中美友好通商航海條約屬於前特別法。此項法律見解，有兩個值得斟酌之處：

（一）中央法規標準法的規定，是否適用條約？

（二）中美友好通商航海條約第9條規定，是否確為著作權法第17條的「特別規定」？

上述兩個問題，後面還會詳談。

六、判決書中說：「大英公司所舉上開美國著作權執照僅為其主張對訟爭書籍有著作權之證據方法，至其證據價值或證據力自應依我國民事訴訟法之規定判斷，美國法律尚難越俎代庖。」其本值得肯定。惟依我國法律判斷證據價值或證據力，美國著作權執照，仍應具有表面的證據力。因為若非如此解釋，將來著作權法修正通過，外國人的著作確定採創作主義，如何對外國人著作，確定其權利人，將成問題。本文認為，大英公司提出美國著作權執照，對執照上的記載，即應有表面的證據力，欲否認執照上的記載，應由丹青公司舉證。本件的關鍵問題，是在大英公司所提出的美國著作權執照，並未記載中國大百科全書出版社受聘於丹青公司。這一點丹青公司在第一審並未指出來。

七、第一審大英公司主要主張重點，在強調大英公司聘僱中國大百科全書出版社從事編譯工作，這項聘僱關係，在書籍版權頁、前言及著作權執照上都看不出來。如果大英公司主張的重點是強調系爭著作為編輯著作，大英公司是編輯人之一，擁有共有著作權，很容易在著作權執照及書籍版權頁、前言上找到證據，而可以獲得勝訴判決，所以可以

　　說第一審丹青公司是險勝，有些僥倖。

（本文原載律師通訊，第147期，1991年12月，頁45-52，條文與現行法不同處，請參照當時法律）

第二十一章
大英百科全書官司攻防戰（六）
——第二、三審有關確認利益的爭執

壹、第二審爭執的重點

本案第一審判決大英公司等敗訴，大英公司立即提出上訴，上訴理由極多，一共24頁；丹青公司的答辯理由也將近80頁。由於第二審判決僅就本案確認訴訟丹青公司有無確認利益之點審酌，所以雙方的攻擊防禦俟到最高法院發回更審時再談。本案第二審判決雖然純就雙方訴訟利益問題審酌，但在訴訟過程中，雙方就訴訟利益部分，大抵沿用第一審之理由，而未提出其他新的理由。

貳、高等法院的民事判決

民國78年9月13日臺灣高等法院以78年度上字第830號判決廢棄第一審的判決，駁回丹青公司在第一審之訴。理由全部重點在說明丹青公司提起確認訴訟有無確認利益，理由內容如下：
一、按原告提起確認之訴，請求確認被告某項權利不存在者，被告因係主張權利存在（成立）之人，原則上固應由被告就權利存在（權利發生）之事實，負舉證責任。惟原告提起此項消極確認之訴，必須其有即受確認判決之法律上利益，始得請求法院為利己之判決，故法院依原告之請求審究被告就某項權利是否不存在之前，應先行調查原告就

此項為訴訟標的之法律關係之請求有無即受確認判決之法律上利益，亦即有權利之存在，且有受保護之必要始可。譬如原告提起消極確認之訴，請求確認被告就某筆土地之繼承權不存在，原告如未證明其就該筆土地之繼承權存在，即無其繼承權有受被告侵害之危險可言，故原告提起上述消極確認之訴，仍應先行證明其繼承權存在，其得保護必要之要件，始無欠缺。又如被告主張某筆荒地為其所私有，縱屬不當，然原告請領該荒地，既未經有關機關核准而取得若何之權利，此外又無何等情事可認原告在私法上之地位，將因被告主張該荒地為其私有而有受侵害之危險，則原告請求確認被告之所有權不存在，亦非有即受確認判決之法律上利益，最高法院33年上字第6841號判例及同院75年台上字第1001號判決可資參照。由上開二例可知，欲提起消極確認之訴，請求確認他人之繼承權、所有權不存在，應先行證明其繼承權、所有權存在，否則其保護必要之要件，即有欠缺，其訴即難認為有理由。本件被上訴人提起消極確認之訴，請求確認為訴訟標的之法律關係為上訴人大英公司、中華書局分別就中文版《簡明不列顛百科全書》第一冊至第十冊之著作權、重製權不存在，依上揭說明，自應先證明其就該中文版《簡明不列顛百科全書》第一冊至第十冊之著作權或重製權存在，其保護必要之要件，始無欠缺，亦即其請求始有即受確認判決之法律上利益。查被上訴人自認對中文版《簡明不列顛百科全書》無著作權或重製權存在，即其請求確認上訴人等就系爭中文版《簡明不列顛百科全書》之著作權、重製權不存在，顯乏即受確認判決之法律上利益，其訴為無理由，已堪認定。

二、被上訴人丹青公司雖以其於76年間自香港購入中文版《簡明不列顛百科全書》乙套，經修正並譯成繁體中文版《大不列顛百科全書》，印行書籍之複製品，於臺灣地區銷售，其享有書籍之「所有權」，依民法第765條，自得本於所有權之作用而使用、收益、處分，並排除他人之干涉。茲上訴人大英公司僭稱係《簡明不列顛百科全書》中文版著作權人，不僅在刑事上查扣其書籍，在民事上並依著作權法第33條請求附帶民事訴訟及禁止被上訴人書籍之銷售，自因上訴人之行為而

處於不安之狀態，自有提起確認之訴除去該不安之必要云云。惟查民法第765條係規定所有人自由使用、收益、處分其所有物並排除他人之干涉，須在法令之限制範圍內為之，並非漫無限制。本件上訴人並不否認被上訴人丹青公司印製之《大不列顛百科全書》有所有權，而係以其所印製之該書籍無著作權，違反著作權法有關規定，依法追訴其刑事責任並提起附帶民事訴訟，禁止被上訴人書籍之銷售，被上訴人是否應受刑事追訴及負民事上損害賠償責任，自有待司法機關之裁判，以求解決，被上訴人殊難據此即謂其所印製書籍之所有權在私法上之地位有不安之狀態。況被上訴人所請求確認之訴訟標的法律關係，為上訴人等就中文版《簡明不列顛百科全書》之著作權、重製權存在與否，並非被上訴人就其印製之《大不列顛百科全書》所有權之存在與否，兩者訴訟標的不同，在訴訟上並無關聯，則被上訴人以上述理由，提起本件確認之訴，亦乏依據。

參、丹青公司的第三審上訴

　　第二審民事判決後，丹青公司向最高法院提出上訴，請求廢棄原判決，並確認大英公司就系爭著作著作權不存在，中華書局就系爭著作重製權不存在。由於最高法院廢棄第二審判決，所以丹青公司的理由值得重視，全文如下：

一、判決不備理由部分

（一）按民事訴訟法第469條規定：「有下列各款情形之一者，其判決當然為違背法令：一、判決法院之組織不法者。……六、判決不備理由或理由矛盾者。」最高法院29年上字第842號判例並謂：「判決書理由項下，應記載關於攻擊或防禦方法之意見，民事訴訟法第226條第3項定有明文，法院為原告敗訴之判決，而其關於攻擊方法

之意見有未記載於判決理由項下者，即為同法第469條第6款所謂判決不備理由。」本件丹青公司曾於原審78年8月9日答辯（一）狀中引最高法院32年上字第3165號及42年台上字第1031號判例，主張丹青公司提起本件確認之訴有訴訟利益。按最高法院32年上字第3165號判例謂：「確認法律關係成立或不成立之訴，如有即受確認判決之法律上利益，縱其所求確認者為他人間之法律關係，亦非不得提起。」最高法院42年台上字第1031號判例又謂：「民事訴訟法第247條所謂即受確認判決之法律上利益係指因法律關係之存否不明確，致原告在私法上之地位有受侵害之危險，而此項危險得以對於被告之確認判決除去之者而言。故確認法律成立或不成立之訴，苟具備前開要件，即得謂有即受確認判決之法律上之利益，縱其所求確認者為他人間之法律關係，亦非不得提起。」丹青公司為一擁有合法出版執照之公司，其印行之書籍，不問有無著作權，亦不問有無侵害他人之著作權，就丹青公司印行書籍之複製品，丹青公司應享有對該書籍之「所有權」。蓋該書籍之複製品係丹青公司購紙加工所得，其自得享有複製品之所有權，依民法第765條，自得本於所有權之作用而使用、收益、處分，並排除他人干涉，除非該書籍之著作權人本於其著作權，方有限制丹青公司行使處分書籍複製品所有權之權限，即本於著作權而禁止丹青公司書籍複製品之銷售。然而大英公司僭稱係《簡明大不列顛百科全書》中文版之著作權人，不僅在刑事訴訟程序中查扣丹青公司之書籍，在附帶民事訴訟中並依著作權法第33條請求損害賠償及禁止丹青公司就系爭書籍之銷售。惟丹青公司既有書籍製品之「所有權」，則丹青公司基於該所有權自有民法第765條「處分」之權能，其現因大英公司之行為而處於不安的狀態，丹青公司豈無「私法上之地位」及「受侵害之危險」？因之，丹青公司自有以確認之訴除去該不安之必要。丹青公司提起本件確認之訴，與最高法院上開二判例（即32年上字第3165號及42年台上字第1031號判例）之要件相符，於法並無不合，原審判決理由中並未說明丹青公司提起之確認訴訟何處不符合上開

二判例之要件，而遽為不利丹青公司之判決，依最高法院29年上字第842號判例，原審判決係判決不備理由，應予廢棄並發回更審。

（二）如依原審判決所示，確認他人著作權不存在，必先證明自己著作權之存在，則最高法院上開二判例（32年上字第3165號及42年台上字第1031號判例）所謂「他人間之法律關係」，亦可提起消極確認之訴，又係何所指？又焉有適用之可能？蓋依最高法院上開二判例，確認他人無著作權，並非必須以原告有著作權為前提，而僅須符合「因法律關係之存否不明確，致原告在私法上之地位有受侵害之危險，而此項危險得以對於被告之確認判決除去者而言」，即認為已有訴訟利益。基此，原審判決顯已牴觸上開二判例，係屬違法。

（三）依最高法院19年上字第385號判例謂：「消極確認之訴，應由被告負立證責任。」72年台上字第170號判例謂：「確認法律關係不存在之訴，如被告主張其法律關係存在時，應由被告負舉證責任。」可見消極確認之訴，舉證責任在被告而非原告。原審判決竟謂欲確認大英公司及中華書局無著作權，須先證明丹青公司有著作權及重製權，此項見解又已牴觸最高法院上開二判例，原審判決係屬違法，至為明顯。

二、判決理由矛盾部分

（一）民事訴訟法第469條第6款規定，判決理由矛盾者，其判決當然違背法令。依最高法院53年台上字第3571號判例，「判決理由前後牴觸」，為判決理由矛盾，足為發回更審之原因。本件原審判決一面承認丹青公司有系爭《簡明不列顛百科全書》中文版書籍之所有權，但大英公司得依著作權法第33條禁止上開書籍之銷售並提起附帶民事訴訟，一方面又認為上訴人丹青公司書籍之所有權在私法上並無不安之狀態，實屬理由前後矛盾，應予廢棄發回。

（二）原審判決理由謂：丹青公司是否應受刑事追訴及負民事上損害賠償責任，自有待司法機關之裁判，以求解決，丹青公司殊難據此即謂

其所印製書籍之所有權在私法上地位有不安之狀態云云。若採此理由，則凡得待司法機關之裁判，以求解決者，豈非均無私法上地位不安，而無從提起確認之訴之餘地？查確認之訴，其目的本即在除去私法上不安之狀態，故不待原告眞正受害，即得先行除去。此由下述理由可知：

1. 最高法院71年台上字第1973號判決（裁判選輯第3卷第2期，第163頁）謂：「按民事訴訟法第529條固規定債務人得聲請法院命債權人在一定期間內起訴，但債務人爲求確定債權人之請求是否存在，亦可自行提起消極確認之訴，以除去假處分裁定對其財產所爲之執行[1]。」按債務人之財產經假處分，債務人本得命債權人於一定期間內起訴，以待司法機關就債權之有無爲裁判，如債權人並無證據證明其有債權，判決確定後自得撤銷假處分，不待另行提起消極確認之訴，以除去私法之不安（假處分），今最高法院於上開判決承認於此情形得另行提起消極確認之訴，以除去假處分執行所造成之不安狀態，顯係認爲得待司法機關裁判之案件，亦得先提起確認之訴，以除去不安狀態。本件大英公司既已向丹青公司請求禁止書籍之銷售及附帶民事賠償，丹青公司訴請確認大英公司著作權不存在，以除去丹青公司在書籍所有權處分（書籍之銷售）上不安之狀態，情形正好相同，故原審判決顯有可議。

2. 確認之訴可分爲獨立確認之訴及中間確認之訴，中間確認之訴如爲原告提起者，爲訴之追加，不受民事訴訟法第255條第1項之限制（第256條第5款），如爲被告提起者，則爲反訴。既然確認之訴有「中間確認之訴」，不待本案裁判而事先提起[2]，可見原審判決所謂凡得待司法機關裁判解決者，均無私法之不安，不得提起確認之訴之理由，實與法不合。蓋如原審判決理由成立，則中間確認之訴即無適用之可能。

1　參見戴森雄，民事裁判要旨廣編，第七冊，頁1240。
2　參見吳明軒，中國民事訴訟法論，頁557。

三、其他判決違法部分

原審判決認為丹青公司提起確認之訴無訴訟利益，其主要論據有二：（一）提起消極確認之訴，欲證明他人權利不存在，必先證明自己權利存在，因此，丹青公司就系爭書籍無著作權，即不能確認大英公司無著作權；（二）丹青公司有系爭書籍之所有權，而無著作權，故能確認他人無書籍之所有權，而不能確認他人無書籍之著作權。

茲就原審判決理由之違法處，詳述如下：

（一）依最高法院42年台上字第1031號民事判決，房屋之承租人，亦得確認他人該房屋所有權不存在（中華民國裁判類編，第二冊，頁692）（此判決已著為判例），可見非所有權人亦得提起確認他人無所有權之訴。同理，丹青公司雖非系爭書籍的著作權人，但因大英公司妨礙丹青公司所有權之行使，使丹青公司私法上之地位陷於不安，故得對大英公司提起確認著作權不存在之訴。否則如經查明大英公司並無真正權利，則丹青公司書籍所有權不能行使，係因無權利人之主張權利所致，則又豈得事理之平？如此確認訴訟制度豈非形同虛設？

（二）有關確認訴訟的訴之利益，民事訴訟法學者石志泉舉例謂：「原告之私權，因被告冒稱權利人或有所爭執，致礙其處分之自由，即係其私法上之地位有受侵害之危險[3]。」今丹青公司就《簡明大不列顛百科全書》中文版書籍有所有權，惟因大英公司僭稱其有著作權，因而禁止丹青公司書籍之銷售，丹青公司書籍之所有權因之無處分自由，依石志泉先生上開見解，丹青公司對大英公司提起確認著作權不存在之訴，自屬有訴訟利益。

（三）原審判決所以認為欲提起消極確認之訴，請求確認他人之著作權、重製權必須證明自己有著作權、重製權存在，係引用最高法院33年上字第6841號判例。查該判例謂：「被上訴人主張訟爭荒地為其所

3　見石著，民事訴訟法釋論，頁280，三民書局，1982年10月增訂版。

私有，縱屬不當，然上訴人請領該荒地既未經陽春縣政府核准而取得若何之權利，此外又無何等情事可認為上訴人在私法上之地位，將因被上訴人主張該荒地其私有而受有侵害之危險，上訴人請求確認被上訴人之所有權不存在，自非有即受確認判決之法律上利益。」該判例特別強調「又無何等情事可認為上訴人在私法上之地位，將因被上訴人主張該荒地為其私有而有受侵害之危險」，顯見於該案例中上訴人並無其他確認利益存在，而與本件丹青公司有上述確認利益之情形，截然有異，然原審判決竟斷章取義而認為欲確認他人所有權不存在，須先證明自己所有權存在之論斷，率爾駁回丹青公司之請求，顯然違法。

（四）依最高法院63年台上字第1744號判決及63年8月27日第四次民庭推總會決議（一）票據執票人向發票人請求給付票款、發票人得提起票據債務不存在之訴。同理大英公司依著作權法向丹青公司請求損害賠償及禁止書籍銷售，丹青公司亦得提起確認大英公司著作權不存在之訴，以求除去私法上不安。如若丹青公司銷售自己有所有權之著作，任何第三人皆可對丹青公司主張有著作權，且丹青公司不能確認該第三人著作權不存在，則丹青公司豈非處於被動地位，使書籍所有權之處分權能，不能依法保障？更有甚者，如原審判決理由成立，則縱使丹青公司擁有著作權，而被他人禁止書籍之銷售時，丹青公司如欲確認他人著作權不存在，仍須先證明自己擁有著作權，如此豈非與消極確認之訴舉證責任在被告之原則相違？

肆、大英公司的答辯

針對丹青公司的上訴理由，大英公司答辯如下：

一、丹青公司的起訴違反民事訴訟法第247條

（一）所有權與著作權、重製權不同。丹青公司僅主張有書籍的「紙張所有權」，但書籍的紙張所有權，是就特定物的支配權利，與著作權並不相同。丹青公司購買紙張將書籍上的文章、圖片一一重製於其擁有所有權的紙張上，此紙張已經不是空白紙張，而不單純是空白紙張所有權所能支配的範圍，其適法與否，還須受著作權法的規定。

（二）丹青公司認爲只要是「購紙加工所得」書籍的「複製品」，就可以依民法第765條排除一切干涉，並享有「書籍的所有權」，這種主張並無法律依據。因爲購買空白紙張，當然擁有空白紙張的所有權，但如果上面印製任何文章、圖片，就不再是空白紙張，非當然擁有該文章、圖片的自由使用、處分的權利。本件紙張上既然印有大英公司擁有著作權的文章圖片，就屬於著作權法的範圍，不再是丹青公司所稱的「購紙加工所得書籍」的物的所有權範圍，丹青公司不能自由使用、處分、收益。況且空白紙張並沒有「複製品」的觀念，重複「複製」空白紙張，只是「造紙」而已，只有透過著作權的作用，才有重製、改作的概念。

二、丹青公司的「紙張所有權」並無受侵害的危險

（一）丹青公司主張對紙張有所有權，大英公司從未否認。丹青公司主張對紙張有所有權，儘可以將紙張丟棄、銷毀，事實上丹青公司的紙張所有權（單純的紙張，而非重製文字、圖畫的紙張），並無受侵害的危險。

（二）丹青公司如果主張紙張所有權有受侵害的危險，則應起訴請求確認
自己有該紙張所有權，或直接以給付之訴防止、排除對紙張所有權
的侵害。紙張所有權的侵害與本件確認大英公司著作權不存在之訴
無關。

（三）依最高法院29年上字第473號判例：「……原告在私法上之地位並
不因此而有受侵害之危險者，不得謂原告有即受確認判決之法律上
利益。」大英公司既然從未否認丹青公司有紙張所有權，丹青公司
提起本件確認訴訟，應無確認利益。

三、丹青公司無法以本訴除去其危險或不安

（一）丹青公司所引最高法院42年台上字第1031號判例：「所謂即受確認
判決之法律上利益，係指因法律關係之存否不明確，致原告在私法
上地位有受侵害之危險，而此項危險得以對於被告之確認判決除去
者而言。」依照最高法院27年上字第316號及52年台上字第1240號
判例，縱使經法院確認判決亦不能除其危險或不安狀態，即不能認
為有即受確認判決之法律上利益。本件丹青公司等經大英公司提出
刑事告訴，並經第一審刑事判決，此「公法上的問題」與丹青公司
的「私法上的地位」無關。丹青公司欲以本案確認判決除去者，並
非其「私法上」地位的不安，而是公法上被訴追、判刑的可能，此
與最高法院42年台上字第1031號判例不符。

（二）丹青公司是否違反著作權法，是刑事訴訟程序所欲確定之事項，在
該刑事案件中所附隨提起的附帶民事訴訟，是刑事訴訟程序的一部
分，以刑事訴訟審判的結果而定，不能由刑事被告另行起訴排除不
安。

（三）大英公司是否為系爭書籍著作的著作權人，是刑事案件中合法告訴
人資格是否具備的問題，也是刑事法院應依職權調查認定的事項，
不應由民事訴訟加以審認，以「拘束」刑事法院。

（四）在民事第一審確認判決前後，大英公司在刑事上仍依法查扣丹青公

司的盜版書籍，可見民事確認之訴對於丹青公司毫無「即受確認判決之法律上利益」。況且丹青公司在提起民事確認之訴時一再主張臺北地院的刑事判決對於民庭無拘束力，同一法院民庭得與刑庭作相反的主張。依此而推論，刑庭的判決不受民庭的拘束，故即使民庭判決丹青公司勝訴，刑庭也可以判決丹青公司有罪，丹青公司有何「即受確認判決之法律上利益」可言？

四、丹青公司所提確認之訴違反法律上一事不再理的基本原則

本件刑事上經臺北地院刑庭判決丹青公司有罪，刑庭已經認為大英公司有著作權，如大英公司無著作權，則告訴不合法，刑庭不會判決丹青公司有罪。既無刑事案件已經繫屬於高院，則地院刑庭判決是否允當，應由高院刑庭依法處理，怎可由地院民庭以判決否定地院刑庭所認定之事實？故丹青公司在民事第一審所提確認之訴，顯違「一事不再理」的基本原則，而且可能導致同一法院就同一爭點，作出互相矛盾的判決，此種司法程序非任何國家所能容許。如果丹青公司的主張成立，則任何罪犯，都可以於被判刑後，一面依法提起上訴，一面另向同一法院民庭提起確認之訴，以民事確認判決否定刑事判決已認定之事實，豈非十分荒謬？

（本文原載律師通訊，第148期，1992年1月，頁30-35，條文與現行法不同處，請參照當時法律）

第二十二章
大英百科全書官司攻防戰（七）

——最高法院發回後有關中美條約適用的爭執

壹、最高法院發回後第二審的爭執點

自從最高法院以79年度台上字第739號民事判決廢棄原來臺灣高等法院的判決，發回臺灣高等法院更審，在發回後第二審（臺灣高等法院）本案之爭執重點即不在民事上的確認利益的爭執，而轉回實質上的各種重點的爭執。在大英公司方面，一共提了八份上訴理由狀，每份均洋洋灑灑，精彩絕倫。其中補充上訴理由（二）及（四）狀，所寫狀紙均達70多頁，其他最少者也有十餘頁。而丹青公司也提了12份答辯狀，雙方光所寫的書狀文字（不含證物），估計在15萬字至20萬字間，法院的判決書也寫了18張，在法院各種民事訴訟中，雙方所寫的攻擊防禦文字，本案恐怕要破紀錄。

由於本審訴訟過程中爭執點頗多，如訴訟利益、準據法、美國法上的僱傭著作、中國文書的證據力、著作權的屬地主義、版權頁著作標示的效力、編輯著作的原創性等。其中尚有一項饒富有趣，而在法理上有相當爭議性的是中美友好通商航海條約第9條之解釋。本文完全針對中美友好通商航海條約第9條之解釋來敘述雙方的攻擊防禦。

貳、中美友好通商航海條約第9條的爭執點

本案系爭著作《簡明不列顛百科全書》在我國未註冊，依我國著作權法（即民國74年修正之著作權法，下同）第17條規定，外國人之著作係採註冊主義，未經註冊並無著作權。美國大英公司所以主張有著作權，係引法務部75年2月5日法（75）檢字第1375號函及司法院75年2月25日（75）院台廳字第01986號函爲據，然該二函並非以我國國內法爲據，而係以中美友好通商航海條約第9條爲據，即直接適用條約而排除國內法（舊著作權法第17條）。凡此本案在第一審時已經爭論過，本文前已提及[1]，惟本審有進一步發展。

按大英公司此項主張是否可採，應以下列三要件均成立爲前提：

一、中美友好通商航海條約係迄今仍爲有效之條約。

二、中美友好通商航海條約法院得直接援用（即自動履行條款）。

三、中美友好通商航海條約效力高於國內法（我國著作權法）。

茲先談第一項要件，即中美友好通商航海條約是否係迄今仍爲有效之條約？

參、中美友好通商航海條約是否繼續有效？

由於第一審法院引用維也納條約法公約第五編第二節、臺灣關係法第4條第(c)項、中美友好通商航海條約第30條第3款規定，認爲中美友好通商航海條約仍繼續有效[2]，而大英公司亦援引維也納條約法公約第63條、外交部67年12月21日、68年4月13日函示、最高法院73年台非字第69號判決

---

1 參見蕭雄淋，大英百科全書攻防戰（五）——第一審民事確認訴訟，律師通訊，第147期，1991年12月。

2 參見蕭雄淋，前揭文，頁49。

及美國聯邦地方法院判決，主張中美兩國雖然斷交，但中美友好通商航海條約仍然繼續有效。丹青公司在答辯上除援引第一審之理由外[3]，並針對第一審之法院判決理由，提出攻擊。

一、丹青公司之攻擊理由

　　丹青公司謂，本案更審前第一審判決（下同）認為中美友好通商航海條約迄今仍然有效，其理由不外為：

（一）依1969年維也納條約法公約第五編第二節有關條約失效之規定，兩國斷交，未必使兩國在斷交前所訂之條約失效。

（二）民國68年1月1日中美斷交後，據雙方達成之協議，兩國間「當然有效」之條約暨協定，除因期限屆滿或依法終止者外，仍繼續有效。此項協定已經美方訂入為臺灣關係法第4條第(c)項之內容。

（三）中美友好通商航海條約迄未經締約國依據該條約第30條第3款之規定予以終止，自應繼續有效[4]。

　　惟以上三項理由，實不足以支持中美友好通商航海條約迄今仍為有效。蓋以：

（一）依維也納條約法公約第63條規定：「條約當事國間斷絕外交或領事關係不影響彼此由條約確定之法律關係，但外交或領事關係之存在為適用條約所必不可少者，不在此限。」依此規定，兩國斷交，原則上斷交前已確定之法律關係不受影響。但斷交後之法律關係則俟雙方以協議繼續其關係，否則不發生法律關聯。良以兩國斷交，旨在中斷兩國之合法法律關係，否則斷交與未繼交又有何異？1972年日本與中國建交，我國與日本之中日和平條約失效，我國與日本間原有之著作權互惠關係，即因之中斷。我國對日本著作權即不再有

3　丹青公司第一審之理由，詳蕭雄淋，前揭文，頁45。

4　參見最高法院73年台非字第69號判決。

保護之義務[5]。我國現行對日本仍然有實質外交關係，「亞東關係協會」與「北美事務協調委員會」地位相當。中美、中日斷交前後之情形既屬相當，並無二致，何以對條約之有效性，卻作相異之判斷？本件更審前第一審對維也納條約法公約之解釋果能成立，則我國對日本之著作權保護義務並不消失，此非僅與事實不符，且其後果當不堪設想。

(二) 又中美斷交後，雙方並無有「法律」基礎之「協議」，以使兩國間之條約延續其效力，更審前第一審判決所稱「據雙方達成之協議」一語，並無所據，顯有「判決不適用法規」之嫌。又依臺灣關係法第4條第(c)項之內容，雖可使中美友好通商航海條約於美國延續其效力，但如前所述，臺灣關係法係美國之國內法，對我國無拘束力。原審判決援引臺灣關係法作為中美友好通商航海條約於我國繼續有效之法律基礎，亦屬「法規適用不當」。

(三) 中美友好通商航海條約第30條第3項之廢止條約，係以雙方有政府基礎之「官方」關係為前提。此可由條約之「締約雙方之政府」（the Government of either High Contract Party）一語足證。我國北美事務協議委員會僅能代表「臺灣」，並不能代表「中華民國」，焉能廢止雙方之條約關係？因此於我國未訂定相對於美國「臺灣關係法」之「美國關係法」之前，中美友好通商航海條約應視為在中美斷交時即當然失效。最高法院對鄧元貞一案之判決，使政府儘速訂定「臺灣地區與大陸地區人民關係條例」，以解決臺海兩岸之法律關係。同理，法院對本案如判決中美友好通商航海條約於民國68年以後失效，亦將促使政府儘速訂定「美國關係法」，以合於法理之方式解決中美間之法律關係（如智慧財產權、內陸運輸、漁業等），以彰顯司法精神而促法制之臻於完善。

5　參見判例百選，頁229，1987年；半田正夫、紋谷暢男編，著作權，頁315。

二、法院之判決理由

由於第一審本來就認定中美友好通商航海條約是繼續有效的條約，大英公司也篤定地認為法院不敢判決中美友好通商航海條約非繼續有效，所以丹青公司就此爭點之攻擊，大英公司的防禦理由不太多，不過第二審判決理由中的美國法院判決卻是大英公司提供的。第二審針對丹青公司之攻擊與質疑，臺灣高等法院以79年度上更（一）字第128號判決如下：

（一）「中美友好通商航海條約第9條規定：『締約此方之國、法人及團體，在締約彼方全部領土內，依照依法組成之官廳現在或將來所施行關於登記及其他手續之有關規章（倘有此項法律規章時），在不低於現在或將來所給與締約國彼方之國民、法人及團體之條件下，應享有關於版權、專利權……之一切權利及優例。』」

（二）「美國紐約州南區聯邦地方法院於78年3月8日作成之一項判決中，對於『中美友好通商航海條約』在司法上之實踐有極為明確之說明。該項判決第16頁第三段及第18頁第二段指出，系爭的電視節目依美國著作權法第104條(b)(1)規定，著作之作者為『與美國簽訂著作權條約之一外國』之國民或居民者，該著作即可享有著作權之保護。且根本不涉及這些著作是於臺灣或美國境內首次發行此一爭點。由此可知美國法院對中華民國著作人之著作權採創作保護主義，且不論在何國境內首次發行皆受保護。其次該判決於第21頁第二、三段及第22頁第三段亦指出，美國國務院將此一『中美友好通商航海條約』列為美國與中國（臺灣）之間之有效條約。基於各項理由，該判決認定依『中美友好通商航海條約』給予臺灣人民互惠的著作權保護是合於美國憲法的。更係符合該條約之本旨及國際義務之履行。由上述可知，美國法院就『中美友好通商航海條約』以立法、行政兩項權源加以檢驗，再依其司法權獨立判斷，確認美國應實踐條約。而其中包含之意義，絕非僅因美國國會曾制定『臺灣關係法』，所以才能適用該條約。而是經司法獨立分析判斷後，確認此一條約之有效，符合雙方人民之利益，符合立法之本旨，亦符

合國際社會之利益與慣例，始予適用該條約。」

（三）「按兩國斷交，未必使兩國在斷交前所訂之條約失效，此觀西元
1969年維也納條約法公約第五編第二節有關條約失效之規定自明，
另查中美友好通商航海條約係於35年11月4日在南京簽訂，同月9日
經立法院審議通過，同月11日由國民政府主席批准，37年11月30日
在南京互換批准書，並於同日生效。案經總統於37年12月11日以統
（一）字第242號令公布，並刊登於同月17日之總統府公報。雖中
美兩國於68年1月1日終止外交關係，但據雙方達成之協議，兩國間
當然仍然有效之條約暨協定，除因期限屆滿或依法終止者外，仍
繼續有效。此項協議已經美方訂入為臺灣關係法第4條第(c)項之內
容。中美友好通商航海條約迄未經締約國依據該條約第30條第3款
之規定，予以終止，自應繼續有效（參見最高法院73年台非字第69
號判決）。被上訴人主張中美兩國斷交，中美間所有條約包括中美
友好通商航海條約均告失效，尚嫌臆測，不足採信。」

三、對本項爭議之評論

（一）中美友好通商航海條約是否繼續有效？前已評論過（律師通訊，第
147期，第51頁）。在現實上，無論美國或臺灣，都應把它解釋為
有效，否則雙方的經貿和文化關係就會有無法承擔的後果，但用什
麼理論來詮釋，確實是一個問題。最好的方式，當然是由臺灣訂一
部相對於臺灣關係法的「美國關係法」，一方面能夠解決諸多的法
律解釋問題，一方面在臺美談判上，也有較清楚的法律依據。

（二）本審判決，法院用極多的篇幅和理由來解釋中美友好通商航海條約
的有效性，基本上極值得肯定。不過理由中的第三部分，完全抄襲
第一審的判決理由，此判決理由又是丹青公司詳細加以攻擊的。第
二審抄襲第一審的理由，又對丹青公司的攻擊不加以理會，恐怕是
「判決不備理由」，很難令丹青公司服氣。

（三）本審判決理由第二部分後段見解頗有新意，值得肯定。不過假設美

國未規定臺灣關係法，恐怕美國法院也不會判決中美友好通商航海條約繼續有效。在此基礎上，我國未訂定「美國關係法」，純依美國法院的判決來判斷我國法院對中美友好通商航海條約應作如何判決，恐怕邏輯推理上仍然有瑕疵。美國法院的判決，充其量只能作為舊著作權法第17條第1項第2款（即新著作權法第9條第2款）中美有著作權互惠關係之依據，而非中美友好通商航海條約在我國仍然有效的「法律」依據。本案如果聲請司法院大法官會議解釋，那是相當有意思的。

肆、中美友好通商航海條約是否為「自動履行條款」？

一、第一審時之爭論

　　本案在第一審中，丹青公司曾主張：所謂自動履行條款，即條約無需經國內特別立法程序，即由法院直接引用。美國最高法院判決認為：「依條約之規定，除非為自動履行條約之條款，否則並不當然取代與其規定相左之國內法規[6]。」而如條約的條款內容僅原則性規定而不明確者，應為非自動履行條款。中美友好通商航海條約第9條有關雙方著作權保護之規定，依我國學者通說認為屬於「非自動履行條款」，法院不得直接引用。

　　針對這個主張，第一審判決理由謂：「按有關著作權之規定，關於一國文化與學術發展至鉅，依國際慣例，有關著作權之條約，均視為『非自動履行條款』，須俟內國立法機關制定法律加以特別規定後，始對法院有拘束力，故中美友好通商航海條約第9條關於著作權，中美兩國人民互享有與其本國人民同等待遇之規定，應屬『非自動履行條款』對本院無拘束

6　引自經建會法規小組，中美經貿談判有關法問題之研究，頁431。

力，惟本院認依上揭憲法第141條尊重條約之精神，在基於兩國互惠原則下，仍有適用之必要。從而原告主張中美友好通商航海條約第9條為非自動履行條款，雖非無據，但認被告大英公司不能援引該條，主張與我國人民就著作權享有創作主義之同等待遇，依據上述，亦不足採。」

二、丹青公司之攻擊

　　針對第一審法院之判決，丹青公司除引第一審之理由外，並有冗長之補充攻擊：

（一）查中美友好通商航海條約第9條第二句規定：「締約此方之國民、法人及團體，在締約彼方全部領土內，其文學及藝術作品權利之享有，依照依法組成之官廳現在或將來所施行關於登記及其他手續之有關法律規章（倘有此項法律規章時）應予以有效之保護；上項文學及藝術作品未經許可之翻印、銷售、散布或使用，應予禁止，並以民事訴訟，予以有效救濟。」依此規定，如我國著作權法對美國人之著作之著作權採註冊主義，則美國人之著作，須履行「註冊」之要件，方得受保護。現系爭著作並未在我國「註冊」，依著作權法（舊）第17條規定，應無著作權。蓋中美友好通商航海條約雙方之締約目的及本意係謂應依國內法「註冊」之規定，至為明確，否則該條規定「關於登記及其他手續之有關法律規章」應作何解釋？此外，中美友好通商航海條約第9條第三句規定：「無論如何，締約此方之國民、法人及團體，在締約彼方全部領域內，依照依法組織之官廳現在或將來所施行關於登記及其他手續之有關法律規章（倘有此項法律規章時），在不低於現在或將來的給予締約彼方之國民法人及團體之條件下，應享有關於版權……及其他文學藝術作品……之任何性質之權利及優例……」此即著名之「內國國民待遇原則」。依此規定，美國人之著作，倘依我國法律須「註冊」時，當須踐行註冊程序，方能享受與我國國民相同程度之權利，故而中美友好通商航海條約實不得作為解釋美國人之著作在我國採創作主

義之依據。易言之，該條約第9條規定，已明確規定應依締約國有關登記及其他手續之法律規章，實非「自動履行條款」，而為「非自動履行條款」。

（二）如將中美友好通商航海條約第9條解釋為「自動履行條款」，法院得依「內國國民待遇原則」排除我國法律規定而直接適用條約，其後遺症之巨大，實難想像。如此，則法院將為美國人之利益而敞開我國門戶，國家主權亦必蕩然無存。蓋中美友好通商航海條約第9條如為「自動履行條款」，法院可以優先於我國國內法而逕行適用，則將產生下列後果：

1. 依內政部編「著作權註冊申請須知」（按：舊法時期）規定，中國人註冊程序及所繳證件與外國人不同。外國人註冊尚須繳簽證之宣誓書等，然依中美友好通商航海條約第9條「內國國民待遇原則」適用之結果，中美雙方人民在我國著作權註冊之程序將屬全然相同。

2. 依民法總則施行法第2條規定，外國人於法令限制內有權利能力。土地法第17條規定，農、林、漁、牧、狩獵等九種土地不得移轉、設定、負擔或租賃於外國人。然中美友好通商航海條約第2條第2項「內國國民待遇原則」直接適用之結果，美國人亦可在我國取得以上土地（包含農地及水源地），排除土地法第17條之適用。不僅如此，依照上開條約第2條適用之結果，美國人在我國並得聘請第三國之外籍勞工。

3. 公司法第375條規定：「外國公司經認許後，其法律上權利義務及主管機關之管轄，除法律另有規定外，與中國公司同。」又民法總則施行法第12條第1項規定：「經認許之外國法人，於法令限制內，與同種類之中國法人有同一之權利能力。」可見外國法人之權利能力須受我國法令之限制。依相關法令，外國公司不得在我國經營之營業有：浴室、餐廳、製造業、委託加工業、投資業、旅行業、貨櫃集散業、船務代理業、租賃業等[7]。然而依中美友好通商航海條約第3條第3項「內國國民

7　參見經濟部編印，最新公司法解釋彙編，頁431。

待遇原則」直接適用之結果，美國人亦得從事以上行業，排除我國有關法令規定。

　　以上三項，僅其例示而已，如將中美友好通商航海條約解釋為「自動履行條約」，可以排除我國國內法規定，則未來中美間即毋庸再為經貿談判，透過法院之解釋，美國人即可在我國販賣菸酒、開設保險公司及內陸運輸公司、大量傾銷農產品。故此例一開，將如決堤洪水，美商及洋幫辦將充斥街頭，十里洋場將見於臺北市，國家主權、民族自尊蕩然無存，如此豈可不慎乎！

（三）由此可見，縱然中美友好通商航海條約迄今仍然有效，有關第9條部分，法院仍然無遽行引用之餘地。故本件原審判決認為中美友好通商航海條約第9條，係屬「非自動履行條款」，對法院無拘束力，甚屬正確。惟原審一方面認為上開條約為「非自動履行條款」，一方面又加以適用，其適用之理由竟為援引憲法第141條尊重條約之規定，認為美國人之著作權，應依中美友好通商航海條約採創作主義加以保護，顯然不當。蓋以憲法第141條係關乎外交基本國策之規定，與司法無關，故不得為法院直接引用。蓋法院如得援引憲法第141條「尊重條約」之規定而為判決，同理法院亦有義務援引同條「尊重聯合國憲章」之規定而適用聯合國憲草判決。且依此類推，憲法第15條規定人民之工作權應予保障、第152條規定人民具有工作能力者，國家應予適當之工作機會，如若人民失業要求社會局安排職業未果，人民亦得要求社會局「賠償損害」？憲法第152條規定，國家應實施社會保險制度，如若作家要求「社會保險」未果，作家亦得要求社會局「賠償損害」？本件原審不適用憲法第七章「司法」專章第80條法官依據「法律」獨立審判之規定，反竟依據第十三章第二節有關「外交」之「尊重條約」之規定，實屬本末倒置，適用法則不當。

（四）以事實論之，美國亦未將中美友好通商航海條約視為自動履行條款，而可直接拘束人民及法院，茲舉數例如下：

1. 中美友好通商航海條約第2條第2項規定：「締約此方之國民，在締約彼

方領土全境內，應許其不受干涉，從事並經營依法組成官廳所施行之法律規章所不禁止之商務、製造、加工、科學、教育、宗教及慈善事業；從事於非專為所在國國民所保留之各種職業；為居住、商務、製造、加工、職業、科學、教育、宗教、慈善及喪葬之目的，而取得保有、建造或租賃及占用適當之房屋，並租賃適當之土地；選用代理人或員工，而不問其國籍；從事為享受任何此項權利及優例所偶需或必需之任何事項，並與該締約彼方國民，在同樣條件之下，依照依法組成之官廳現在或將來所施行之有關法律規章（倘有此項法律規章時），行使上述一切權利及優例。」第3項復規定：「締約雙方之國民，於享受本條第一款及第二款兩款所規定之權利及優例時，其所享受之待遇，無論如何，不得低於現在或將來所給予任何第三國國民之待遇。」依上述中美友好通商航海條約第2條第2項及第3項規定，我國國民在美國為從事商務活動之所必須，得與美國國民待遇相同而永久居留。然事實上，我國國民欲取得美國之永久居留權，有種種條件之限制，至為困難，移民亦有「配額」限制，此配額我國國民與他國國民名額尚且不同。依此足證，美國亦無將中美友好通商航海條約視為自動履行條款之意。況如將上述中美友好通商航海條約解釋為自動履行條款，則美國人亦得直接引上開條例第2條之規定排除土地法第17條規定之適用而在我國大量購買水源地、要塞軍備區域、鹽地等，亦得大量購買農地炒作土地而獲取暴利矣。

2. 按我國著作權法（民國74年）第13條第2項規定，我國國民擁有翻譯權，翻譯中國人之著作，須得著作權人同意。如將中美友好通商航海條約第9條解釋為自動履行條款，美國國民之待遇與我國國民相同，則美國人之著作亦應擁有翻譯權，翻譯美國人之著作，須得該美國人之同意。如此豈非目前市面上翻譯美國人著作之所有翻譯作品皆係違法？（按：舊法時期）中美間著作權談判美國人在我國應有翻譯權之議題，又豈能存在？蓋中美友好通商航海條約議定書第5項第(c)款規定：「締約此方之法律規章對其國民、法人或團體如給予禁止翻譯之保護時，則第9條第三句之規定不得解釋為締約此方對締約彼方之國民、法人或團體須給予翻譯之保護。」故我國著作權法對自己國民給予翻譯權之保

護，對美國人之著作不給予翻譯權保護，乃係因中美友好通商航海條約第9條為非自動履行條款所致，美方亦有此認知。蓋如中美友好通商航海條約第9條解釋為自動履行條款，則美國數年來何必與我著作權談判時，屢以三〇一條款壓迫我國開放翻譯權？美國僅援引中美友好通商航海條約第9條之規定訴諸法院主張美國人翻譯權應受保護即足，何須假手談判？如於翻譯權之場合，其認定若此，則何以於認定美國人之著作應採創作主義或註冊主義，對該條約之是否為自動履行條款又認定若彼？其誤謬至為顯然。

3. 依內政部所謂《各國著作權法令制度彙編》乙書，其中載有1988年美國伯恩公約執行法第2條規定：「國會謹宣告下列事項：(1) 1886年9月9日簽訂於瑞士伯恩之保護文學與工藝著作公約，暨全部文件、議定書及其歷次修正條文（本法以下通稱『伯恩公約』），依美國憲法與法律，不得即刻生效。(2)美國對伯恩公約，僅得依其有關之國內法規定，履行其公約義務。(3)本法所為之修正，及本法制定之日業已施行之法律，均已滿足美國加入伯恩公約所擔負之義務，無須為此項目的而承認或創設其他權利或利益。」依此規定美國於1981年參加伯恩公約，但伯恩公約條款對美國而言並非「自動履行條款」，故不得立即生效，而須依相關之國內法規定，履行應盡之義務。查伯恩公約各條款規定甚為明確詳細，然其尚且為非自動履行條款，遑論僅係原則性且規定不明確之中美友好通商航海條約第9條規定？美國1989年著作權法第411條第(a)項規定：「除伯恩公約國家國民（不屬於美國國民）之著作及第411條第(b)項之情形外，著作權之註冊為提起著作權訴訟之先決條件。」即證明伯恩公約為非自動履行條款，否則伯恩公約第5條非形式主義規定自動履行之結果，即無須有美國著作權法第411條第(a)項對伯恩公約國家特別排除之規定矣。中美友好通商航海條約第9條既非自動履行條款，法院即無直接援用之義務？大英公司所提最高法院73年度台非字第69號判決，係針對中美友好通商航海條約第6條第4款所為之判決，而非針對第9條之判決，與本件情形不同。況最高法院73年度台非字第69號判決僅係「判決」，於民國78年12月之最高法院判例要旨中，未經選為判例，對一般

案件並無拘束力。

三、大英公司之攻擊理由

針對丹青公司冗長的攻擊，大英公司亦有精彩之防禦理由：

（一）中美友好通商航海條約第9條規定：「……依照依法組成之官廳現
在或將來所施行關於『登記』及其他手續有關法律規章（倘有上項
法律規章時）在不低於現在或將來所給予締約彼方之國民、法人及
團體之條件下……。」因此，「登記」是一種例示規定，「登記」
須受「在不低於現在或將來所給予締約彼方之國民、法人及團體之
條件下」之「國民待遇」原則之限制，因而美國著作權法雖早已採
創作主義，但美國國民仍在民國74年我國著作權法對我國人民著
作採創作主義後，方得依中美友好通商航海條約第9條規定，要求
「國民待遇」，也給予創作主義的保護。

（二）如果中美友好通商航海條約解釋為「自動履行條款」，並不會產生
如同丹青公司所主張「敞開我國門戶」、「國家主權蕩然無存」之
現象。蓋：

1. 條約第2條第2項規定：「締約此方之國民，在締約彼方領土全境內，應
許其不受干涉，從事並經營依法組成之官廳所施行之法律規章所不禁止
之商務、製造、加工、科學、教育、宗教及慈善事業；從事於非專為所
在國國民所保留之各種職業；為居住、商務、製造、加工、職業、科
學、教育、宗教、慈善及喪葬之目的，而取得、保有、建造或租賃及占
用適當之房屋，並租賃適當之土地；選用代理人或員工，而不問其國
籍；從事為享受任何此項權利及優例所偶需或必需之任何事項；並與該
締約彼方國民，在同樣條件之下，依照依法組成之官廳現在或將來所施
行之有關規章（倘有此項法律規章時），行使上述一切權利及優例。」
本項有甚多條件限制，例如「法律規章所不禁止」、「非專為所在國國
民保留」，而且取得、租賃「適當的房屋」，或租用「適當的土地」，
均應受居住、商務等十種目的之限制，因此無虞外國人土地炒作、外籍

勞工、喪失軍事要塞及水源地等情況。

2. 條約第2條第4項規定：「本約中任何規定，不得解釋為影響締約任何一方有關入境移民之現行法規，或締約任何一方制定有關入境移民法規之權利。」依此，我國國民居留美國，須符合美國法律規定，美國國民申請居留我國，亦須符合我國法律規定。因此，「移民配額」、「永久居留權」問題，與條約視為「自動履行條款」無關。

3. 條約第3條第2項明定：「締約此方之法人及團體，於履行於後款規定不相牴觸之認許條件後……」第3項亦明定：「……其待遇除締約彼方法律另有規定外，應與該締約彼方法人及團體之待遇相同……」此有明文條件限制，因此，即使承認條約為自動履行條款，公司法外國公司認許之規定，亦不會被排除。

4. 有關著作權法（民國74年）所以不保護外國人之翻譯權，係依中美友好通商航海條約，美方的保留及了解：「美利堅合眾國政府不接受議定書第5項第(c)款關於文學及藝術作品禁止翻譯之保護之規定，並了解美利堅合眾國在此方面之利益，在未就翻譯事項另有談判及協定前，將依光緒29年8月18日即公曆1903年10月8日在上海簽訂之續議通商行船條約之規定解釋之。」而中美友好通商航海條約議定書第5項第(c)款為：「締約此方之法律規章對其國民法人或團體如不給予禁止翻譯之保護時，則第9條第三句之規定不得解釋為締約此方對締約彼方之國民法人或團體須給予翻譯之保護。」因此，中美雙方未就翻譯權另有談判及協定前，我國（舊法）尚不保護美國人之著作，此與中美友好通商航海條約第9條是否為「自動履行條款」無關。

（三）條約是否為自動履行條款，有下列三項判斷標準：1.條約之目的及締約雙方之本意；2.國內是否有法規可供直接履行；3.條約本身規定是否明確。中美友好通商航海條約顯然為「自動履行條款」。蓋：

1. 行政院對條約有提案權，中美友好通商航海條約既經行政機關參與談判、協商及簽訂，行政院對其締約目的及雙方之本意，應知之甚稔。依行政院74年12月30日台（74）內字第24097號函謂：「美國著作權人既享有與我國國民同等之國民待遇，則其著作依著作權法第4條規定，除

該法另有規定外，其著作人於著作完成時享有著作權，排除同法第17條外國人註冊主義之適用。」因此，我國立場及認知爲：中美友好通商航海條約無須立法機關特別立法，即可直接援用。

2. 依中美友好通商航海條約第30條第2項規定，條約在簽立時，雙方已有著作權法足供履行第9條之義務，因此該條爲「自動履行條款」。

3. 中美友好通商航海條約第9條有關國民待遇規定，已經十分明確，法院得直接適用。美國聯邦最高法院及上訴法院皆承認有關智慧財產權之條約爲「自動履行條款」。又中美友好通商航海條約生效迄今，兩國法院皆有無數判決適用該條約，此更足以證明該條爲「自動履行條款」。

（四）伯恩公約與中美友好通商航海條約不同，伯恩公約爲「非自動履行條款」，中美友好通商航海條約在邏輯上並不當然亦爲「非自動履行條款」。伯恩公約與美國著作權法有甚多差異，故國會另外訂定國內法。相反地，無須改變美國國內法之條約，即屬「自動履行條款」，故無須國會另行制定國內法。依此，中美友好通商航海條約第9條規定應屬「自動履行條款」。

（本文原載律師通訊，第160期，1993年1月，頁50-57，條文與現行法不同處，請參照當時法律）

第二十三章
大英百科全書官司攻防戰（八）

——最高法院發回後民事第二審之其他爭執

壹、前言

　　自從最高法院以79年度台上字第739號民事判決廢棄原來臺灣高等法院的判決，發回臺灣高等法院更審，在發回後第二審（臺灣高等法院）本案之爭執重點，即不在民事上確認利益的爭執，而轉回實質上的各種重點的爭執。在前一章中，已詳細談到中美友好通商航海條約第9條法律地位的問題，本文將談到該審其他爭執點。由於丹青公司在這一審敗訴後，上訴後又撤回上訴，所以這一審的爭執，使民事官司因此定案，刑事官司也以這一審的判決結果來判丹青公司及其負責人有罪。所以這一審的爭點，具有關鍵性的地位。但因為限於篇幅，不能每一個爭點都寫得像中美友好通商航海條約第9條的爭執那麼詳細。本文只談到最高法院發回更審後臺灣高等法院79年度上更（一）字第128號判決的爭執重點。

貳、有關訴訟利益及一事不再理部分

一、大英公司之主張

（一）丹青公司謂其就印製之仿製書籍紙張有「所有權」，因受大英公

司另案刑事追訴，故提起本訴云云，毫無道理。蓋民事訴訟法第247條規定之「法律上利益」必須為合法之利益。系爭書籍既非公共所有（舊著作權法第26條、第5條、第4條第1項第5款及第11條參照），而丹青公司之書籍又係盜印版，則中華民國法院（刑庭）自可本於大英公司之告訴而將該盜印版宣告沒收。是以丹青公司所提確認之訴，根本不能除去彼等所謂「私法上之不安地位」，即無民事訴訟法第247條「即受確認判決之法律上利益」。況且「紙張所有權」與本案「系爭書籍之著作權」，係毫不相關之訴訟標的，不得混為一談。否則所有商標、專利、著作權之仿冒者將可於判刑確定後，基於其對仿冒品「原料之所有權」提起確認商標、專利、著作權不存在之訴，迫使合法的智慧財產權人耗費精神、財力、時間在永無止境的濫訴中，此豈是保護智慧財產權之正途？

（二）大英公司一再強調依照「一事不再理」之基本原則，丹青公司不得提起本件訴訟。蓋刑事案件事關人民生命及身體自由等重大權利，認定事實調查證據所要求之心證程度遠高於一般民事案件，本案系爭訴訟標的既經刑庭判決，而此項有罪判決已確認大英公司為系爭書籍之著作權人且已繫屬上訴法院，即不應准許另提民事確認之訴。然而，丹青公司於本案一再強調地院刑庭判決關於大英公司對系爭書籍有著作權之認定，不能拘束同院之民庭，故仍可另提民事確認之訴。若果係如此，則刑庭將可不受民庭確認判決之拘束，如此本案確認判決根本不能除去丹青公司所謂「私法上之不安地位」，即不符合民事訴訟法第247條之要件。

二、丹青公司之答辯

（一）丹青公司為一擁有合法出版公司執照之公司，其印行之書籍，不問有無著作權，亦不問有無侵害他人之著作權，就丹青公司印行書籍之複製品，丹青公司應享有對該書籍之「所有權」。蓋該書籍之複製品係丹青公司購紙加工所得，其自得享有複製品之所有權。丹青

公司既享有複製品之所有權，依民法第765條，自得本於所有權之作用而使用、收益、處分，並排除他人干涉，除非該書籍之著作權人本於其著作權，方有限制丹青公司行使處分書籍複製品所有權之權限——即本於著作權而禁止丹青公司書籍複製品之銷售。然而大英公司僭稱係《簡明大不列顛百科全書》中文版之著作權人，不僅在刑事訴訟程序中查扣丹青公司之書籍，在附帶民事訴訟中並依舊著作權法第33條請求損害賠償及禁止丹青公司就系爭書籍為銷售。惟丹青公司既有書籍複製品之所有權，則基於該所有權，丹青公司自有民法第765條「處分」之權能，其現因大英公司之行為而處於不安之狀態，丹青公司豈無「私法上之地位」及「受侵害之危險」，因之，丹青公司自有以確認之訴除去該不安之必要。丹青公司提起本件確認之訴，於法並無不容。

（二）大英公司一再強調本件訴訟依民、刑分立原則，對刑庭無拘束力，因而不符合民事訴訟法第247條之要件。殊不知本件訴訟係以大英公司著作權之有無，為決定丹青公司有無民刑事責任之前提。退步言之，縱然本件訴訟對刑庭無絕對拘束力，但對除去丹青公司民事上之不安確有其利益存在。故大英公司以民刑分立原則推論丹青公司提起本件訴訟無訴訟利益，殊不足採。

三、法院之判決

（一）按確認法律關係成立或不成立之訴，非原告有即受確認判決之法律上利益，不得提起，固為民事訴訟法第247條所明定。惟所謂確認判決之法律上利益，並非概指權利而言。凡在私法上得有效取得之利益，亦屬之。例如無人享有著作權之著作物，人人皆有重製或銷售之利益是。查丹青公司提起本件訴訟，係請求確認大英公司就中文版《簡明不列顛百科全書》第一冊至第十冊之著作權或重製權不存在，核其目的，係指如大英公司就前開書籍之著作權或重製權不存在，丹青公司即享有在臺灣地區重製或銷售繁體字《大不列顛百

科全書》之利益。然而，即難謂丹青公司提起本件消極確認之訴，並無即受確認判決之法律上利益。大英公司謂丹青公司對於系爭書籍無著作權，即無即受確認判決之法律上利益，應非可採。

（二）按民事訴訟法上所謂一事不再理之原則，乃指同一事件已有確定之終局判決者而言。其所謂同一事件，必同一當事人就同一法律關係而為同一之請求，若此三者有一不同，即不得謂為同一事件，自不受確定判決之拘束。又所謂就同一訴訟標的提起新訴或反訴，係指前後兩訴係就同一訴訟標的求為相同或相反之判決而言。此所指之確定之終局判決，前訴或反訴，均係指民事訴訟事件而言，刑事訴訟案件不在其內。蓋刑事訴訟之判決結果，並不足以拘束獨立之民事訴訟。是大英公司所謂在刑事訴訟中（臺灣臺北地方法院77年易字第2574號刑事判決），丹青公司業經判處罪刑，實已認定大英公司就系爭書籍有著作權或重製權。依一事不再理之原則，丹青公司即不得再行提起本件確認著作權或重製權不存在之民事訴訟云云，實屬誤會。

參、中美友好通商航海條約是否繼續有效？

一、大英公司之主張

（一）丹青公司引述外國學者意見，主張「智慧財產權」不適用法律衝突原則（即國際私法原則），而應依公約或條約解決。此項見解顯然違反中華民國法律。蓋中華民國有涉外民事法律適用法，故涉外案件當然適用該法之規定。

（二）由於著作權為無體財產權之一種，係以權利為標的之物權，故依涉外民事法律適用法第10條第2項，其準據法為「權利成立地法」。縱認著作權並非法定物權，亦因其具專屬性，得排除他人之侵害，而應認其為「準物權」。則依同法第30條法理適用之結果，亦應以

「權利成立地法」爲準據法。丹青公司謂如果著作權適用「權利成立地法」，則同爲無體財產權之商標權及專利權亦可依同一法理適用該原則，如此在外國取得商標及專利權者，在我國不待註冊即可享有該權利云云，實爲故意曲解。蓋著作權與商標、專利權不同，目前各先進國家之著作權法皆採「創作保護主義」，但對商標、專利權則採「註冊保護主義」，因此商標、專利權，必須在請求保護之各該國家註冊始可認爲權利成立。反之，著作權於著作完成時即爲成立。是以有關商標權、專利權之「權利成立地法」爲請求保護之各該國家法律，但著作權之「權利成立地法」則應爲著作人之本國法或住所地法。在本案即爲美國法。

（三）丹青公司引述伯恩公約作爲有關著作權之法理，惟其對伯恩公約之規定顯有重大曲解。伯恩公約1971年巴黎修正條款第3條第1項第(a)款規定：「如著作人係本公約任何一個同盟國之國民，則不論其著作是否已經發行，本公約所賦予之保護適用於著作。」依照上開公約第2條第5款規定：「文學或美術著作之選擇，例如百科全書……將受保護。」同條第6款規定：「本條所規定之著作在各同盟國均可受到保護。此種保護將爲著作人及其繼受人之利益而存在。」由此可知，依照伯恩公約之規定，倘使著作人爲該公約任一同盟國之國民，則其著作在各個同盟國均可受到保護。此外，此種著作權之保護於著作完成時立即賦予著作人或其他依法取得著作權之人，不須經過其他任何登記之形式手續。至於保護範圍（例如保護期間）及救濟方法（例如民刑事救濟）等細節規定，則除非該公約另有規定外，依被要求保護之同盟國法令之規定。此由上開公約第5條第1項及第2項規定自明：「依本公約保護之著作物的著作人，在著作物之本國以外同盟國，享有該國法令現在所賦予或將來所可能賦予其國民之權利，以及本公約特別所賦予之權利（第1項）。」（Authors shall enjoy, in respect of words for whish they are protected under this Convention in countries of the Union other than the country of origin, the rights which their respective laws do now or may hereafter grant to their nationals as well as the rights specially by this Convention.）「第1項權利之享用及行使，無須履行任何形式手續；其享有及行使獨立於著作物之本國之保護規定。因此，除本公約規定外，著作人權利保護之範圍及救濟之方法，專依被要求保護之同盟國法令的規定（第2項）。」（The enjoyment and the exercise of these rights shall not be object to any formality; such enjoyment and such exercise shall be independent of the existence of protection in the country of orgin of the work. Consequently, apart from the provisions of this Convention, the extent of protection, as well as the means of redress afforded to the author to protect his rights, shall be governed exclusively by the laws of the country where protection is claimed.）我國非伯恩公約之締約國，無法直接適用該公約之規定，惟依該公約所宣示之原則（法理），除另有規定或約定外，著作人於著作完成時，不須經註冊手續，即可取得世界各國之著作權，只是有關保護範圍及救濟方法等細節規定，須依各該被要求保護國之法令而已。依此原則，則大英公司在我國就系爭書籍究竟有多少年之著作權，以及丹青公司侵害大英公司之著作權應負何種民刑事責任，固應依我國法律之規定，但大英公司就系爭書籍（百科全書）之著作權，則依該公約之規定，於著作完成時，不須經註冊，即已取得世界各國之著作權。

二、丹青公司之答辯

（一）無體財產權具有「屬地性」，著作權之有無及歸屬，應依被尋求保護之國家法律定之，此為世界各國公認之原則。揆諸集世界各國著作權法原則大成之伯恩公約1971年巴黎修正條款（The Berne Convention, Paris Revised, 1971）第5條第1項規定：「依本公約保護之著作物的著作人，在著作物之本國以外之同盟國，享有該國法令現在所賦予或將來可能賦予其國民之權利，以及本公約特別所

賦予之權利。」此即伯恩公約之「內國國民待遇原則」（Principle of National Treatment）。依據「內國國民待遇原則」適用之結果，著作權發生之準據法，自應適用被尋求保護之法庭地位。又上開公約同條第2項規定：「第1項權利之享用及行使，無須履行任何方式；其享有及行使獨立於著作物之本國之保護規定。因此，除本公約規定外，著作人權利保護之範圍及救濟之方法，專依被要求保護之同盟國法令的規定。」此即伯恩公約「自動保護及保護獨立原則」（Principle of Automatic Protection and Independence of Protection）。依此規定，甲國人創作之著作，在有公約關係之乙國，依乙國之法律獨立受保護，與甲國法律無關[1]。伯恩公約迄今約有80個締約國，美國為其中之一（1989年3月1日生效）。上述原則為世界各國著作權法共通之原則，而著作權法為民法之特別法，依民法第1條規定涉外民事法律適用法第30條法理適用之結果，上述原則在我國亦同適用。因之，關係本件系爭《簡明大不列顛百科全書》中文版大英公司及中華書局在我國有無著作權及重製權，自應依我國法律決之，亦即其準據法應為我國法律，殆無疑異。本件大英公司引用涉外民事法律適用法第10條第2項之規定，其適用法律不無違誤。蓋涉外民事法律適用法第10條第2項規定：「關於以權利為標的之物權，依權利之成立地法。」此所謂「關於以權利為標的之物權」，係指權利抵押（民法第882條）及權利質權（民法第900條）等而言，本質上均係以物權為基礎物權依物權法主義（民法第755條）適用之結果，有其特定之權利項目（例如民法物權編之八項物權及土地法之耕作權是），並不包含「著作權」在內。著作權係無體財產權，並非「物權」，因之，自無涉外民事法律適用法第10條第2項之適用，本件上訴人主張依涉外民事法律適用法第10條第2項適用之結果，準據法應為美國法，實嫌無據。

1　參見World Intellectual Property Organization Guide to the Berne Convention, pp. 32-34.

（二）退步言之，果如大英公司所主張本件之準據法為美國法，則在美國擁有著作權，我國即應依中美友好通商航海條約承認其在我國擁有著作權，則伯恩公約第5條第1項、世界著作權公約第2條第1項、中美友好通商航海條約第9條之「內國國民待遇原則」，將作何解釋？

（三）再退步言之，縱認大英公司及中華書局在我國有無著作權，應適用涉外民事法律適用法第10條第2項，亦即依「權利之成立地法」，則此「權利之成立地」亦非美國，而應為中國。蓋本件系爭《簡明大不列顛百科全書》中文版係屬「翻譯著作」（即我國著作權法第4條第3款之「文字著述之翻譯」），在我國迄今尚未對美國開放翻譯權之情形下，翻譯著作係獨立於原著作外之著作。上開系爭書籍，均係中國學者專家500餘人在中國所譯，美國大英公司並未在美國翻譯，美國大英公司僅提供原著作及諮詢而已，而提供原著作及諮詢之人，並非翻譯著作之著作人，對翻譯著作「權利」之成立，並無影響（著作權之成立本於創作，翻譯亦為創作行為之一）。因此，本件權利之成立地應屬中國。在我國「臺灣地區與大陸地區人民關係暫行條例」草案尚未通過之前，以中國為「權利成立地」之著作，亦應適用我國著作權法，即準據法為中華民國。大英公司將「權利成立地」，解釋為「僱用人所在地」（姑且勿論是否為僱用，尚有疑問），顯係對涉外民事法律適用法第10條第2項有所誤解。

（四）著作權係「無體財產權」，亦稱「智慧財產權」（intellectual properrt），本身並無位置觀念，並不適用法律衝突之原則，尤無適用涉外民事法律適用法第10條第2項之問題，而應依公約或條約以解決此一問題[2]，按伯恩公約及世界著作權公約之「內國國民待遇原則」為世界各國著作權法適用之大原則，中美友好通商航海條

---

2 附件24：亨利・巴迪福原著，曾陳明汝譯述，國際私法各論，頁216-217，正中書局，1975年。

約第9條亦揭櫫此一原則，故丹青公司援引伯恩公約，於法理上自屬允當。此外遍查我國國際私法學者著述，亦無舉例承認著作權適用涉外民事法律適用法第10條第2項者。蓋如著作權適用涉外民事法律適用法第10條第2項規定，同為無體財產權之商標權及專利權亦可依同一法理適用該項規定，如是在外國取得專利權者，在我國必承認其有專利權；在外國取得商標權者，在我國亦必承認有商標權。依此，在外國取得專利權或商標權者，於我國即不待註冊即可享有該權利，則我國中央標準局實不須審查外國人之專利、商標註冊矣。可見著作權之成立係依法庭地之內國法決定之，如此始符合無體財產權之屬地主義精神。

（五）大英公司主張系爭書籍係「編輯著作」而非翻譯著作。然查依大英公司提供之美國著作權執照上所記載，上述書籍美國大英公司並無編輯行為，反明載中國大百科全書出版社有「英譯中及編輯行為」。大英公司既無編輯行為，縱然本件有涉外民事法律適用法第10條第2項之適用，其權利成立地法亦應為我國法，而非美國法。

三、法院之判決

　　法院針對兩造上述準據法之爭論，並未表示意見。僅在判決書中簡單謂：「大英公司係系爭書籍之共同編輯著作人，並在美國登記為該書之著作權人，有該書之美國著作權執照在卷可按。則大英公司在美國為該書之著作權人，實堪認定。」

肆、有關系爭著作之性質部分

一、大英公司之主張

　　丹青公司妄指系爭書籍為翻譯著作，並謂大英公司僅提供第15版英文

本《大英百科全書》，而中國數百名參與翻譯之學者專家方為系爭書籍之著作人云云，顯係故意曲解。理由如下：

（一）系爭書籍雖然主要係以大英公司擁有著作權的第15版英文《大英百科全書》中之「百科簡編」為基礎，但並非「百科簡編」之單純的中譯本。蓋「百科簡編」有124,200條目，而系爭書籍僅有71,000條目，此外，該等條目在英文版中順序與在系爭書籍中順序不同，由此可知，系爭書籍之製作過程中雖涉及部分翻譯行為，但因其係利用文字著作、翻譯、地圖、圖表、攝影著作等，經整理、組合、編排而產生整體創意之新著作，故為編輯著作，而非翻譯著作。

（二）大英公司與中華書局合作編輯了一套正體字中文版的《簡明大英百科全書》。由於此套書籍所依據之英文資料較新，內容較為豐富新穎，不但涵蓋了系爭書籍的內容，並另增編近數年來的最新資料。大英公司就此套正體字中文版的《簡明大英百科全書》共20冊皆已取得中華民國內政部核發之著作權執照。該等執照皆明白記載著作類別為編輯著作。由於系爭書籍與正體字中文版著作性質相同，可知依據中華民國法律，系爭書籍確實為編輯著作。

（三）由大英公司所提出之各項書證及人證可知，大英公司自始至終均直接從事系爭書籍之稿件與圖表、地圖照片之蒐集、選擇、整理、增刪、編輯、審稿、修稿、定稿之工作，其為系爭書籍之共同著作人，毫無疑問。又由編輯著作之定義可知，編輯著作人無須為所有各該文字著作、翻譯、圖表、照片之著作人，其理甚明。因此縱然系爭書籍部分條目係由中國大百科全書出版社或該社所聘請之學者、專家、翻譯者所翻譯、草擬，此對大英公司為系爭書籍之著作人以及著作權人，毫無影響。

二、丹青公司之答辯

（一）大英公司提出諸多原始稿件之校正資料，主張其就系爭著作有「編輯著作」之著作權。然依大英公司所提美國著作權執照中所載，系

爭著作係由中國大百科全書出版社擔任「英譯中及編輯工作」，足徵編輯工作亦係由中國大百科全書出版社所爲。大英公司主張其參與「編輯工作」，但依其提出之美國著作權執照卻明文記載中國大百科全書出版社擔任「編輯」工作。其主張與所提證據相互矛盾，自不足採言。

（二）再依我國著作權法第3條第10款規定「編輯著作」之定義而言，所謂「編輯著作」應係指利用二種以上之文字、語言著述或其翻譯，經整理、增刪、組合或編排產生整體創意之新著作。本件縱認大英公司曾參與修改原稿之工作，但綜觀其所提之原稿修改文件，均係片斷、零散之文字修正，諸如將外國人名修正爲正確之譯名〔如將「洛姆」改爲「羅姆」，或將中國所用之名詞改爲自由世界所用之名詞（如將「私生活保密權」改爲「隱私權」等）〕，抑且修正之部分與全文相較僅微小之部分。由整體觀之，絕不至於中國翻譯之原文外，另產生面貌不同而具新創意之著作，故實無「產生整體創意之新著作」之部分。大英公司所爲僅在審校翻譯是否正確，以保持英譯中之正確精準品質而已，此爲原文作者要求翻譯者之品質而提供意見，並無二致。且與任何出版社及報社審校作者書籍及文章是否通順及有無不妥、錯誤之處相同。出版社及報社對審校作者之書籍及文章，從未聞主張有著作權，大英公司此項主張，非僅與著作權法「編輯著作」之法理不合，亦有違出版界之常例。

（三）依大英公司所提出系爭書籍之美國著作權執照上所載，其中「簡短說明著作權人如何取得著作權」一欄上塡載「經由契約」，可見「契約」方爲本件著作權爭執關鍵所在。蓋「經由契約」之結果，「編輯行爲」可能出於中國大百科全書出版社。大英公司於註冊時並未提供此一契約（依美國著作權法第409條第4項規定，僅須陳述即可，亦無須附契約書）。故本件之爭執關鍵點仍在其著作權執照上所指之「契約」，大英公司傳訊之證人，不僅未能證明系爭爭點，縱能證明大英公司有些許「編輯行爲」，亦非本件關鍵所在。

三、法院之判決

　　系爭書籍雖然主要係以大英公司擁有著作權之最新英文版《大英百科全書》中之「百科簡編」為基礎，但並非「百科簡編」之單純的中譯本。蓋「百科簡編」有124,200條目，而系爭書籍僅有71,000條目（見系爭書籍前言第一段及第二段），此外，該等條目在英文版中順序亦與在系爭書籍中不同。況且，系爭書籍之製作過程中雖涉及部分翻譯、撰寫、製表、繪圖等行為，但因其主要係利用文字著作、翻譯、地圖、圖表、攝影著作等，經蒐集、選擇、整理、增刪組合、編排而產生整體創意之新著作。又大英公司另與中華書局合作出版之正體字中文版《簡明大英百科全書》，其情形與系爭書籍類似，其登記之著作權類別為編輯著作，有內政部核發之著作權執照在卷（上證六）可按。而該書在美國登記者亦屬編輯著作而非翻譯著作，亦有美國著作權執照在卷可按，足見系爭書籍係屬編輯著作，堪以認定。

伍、有關系爭著作著作權之歸屬部分

一、大英公司之主張

　　大英公司擁有系爭書籍之著作權，乃基於：（一）大英公司係系爭書籍之共同編輯著作人之一；（二）中國大百科全書出版社關於共同編輯部分係受聘大英公司等事實。

（一）**關於大英公司為系爭書籍之共同編輯著作人部分：**

1. 中國大百科全書出版社合作編輯系爭著作物，則大英公司亦係共同著作人之一，享有該著作物之著作權。本件依系爭書籍版權頁之前言謂：「……（雙方）成立中美聯合編輯委員會，負責編審工作並協商解決編輯中出現之問題……」在在顯示系爭著作乃由大英公司與中國大百科全書出版社合作編輯而成。因此，大英公司確係共同著作人之一，依法對

系爭書籍當享有著作權。

2. 本件系爭著作，大英公司除本身之人員以及在美國所聘精通中、英文之學者、專家就系爭書籍實際從事系爭書籍翻譯稿之修改、增加新之條目與編排，此觀大英公司所庭呈之上證十六至上證二十四等學者、專家之聲明書事證，大英公司爲證明該等事實，並請證人張建德、張旭成及何得樂，遠從美國到庭作證。證人張旭成並謂係受大英公司之聘僱，從事系爭書籍編輯工作。又大英公司執行副總裁及財務主任F. H. Figge Jr.之聲明謂：「該著作係一就中文條目所爲之編輯著作。某些條目係基於英文版之條目所爲翻譯。該等條目在英文版中順序與中文版順序不同，係基於所預期之中國人的興趣而選入該著作而撰寫。此等新條目中部分由大英公司全部重寫，其餘亦由中國大百科全書出版社於大英公司編輯上之建議而重寫⋯⋯」當不難明瞭本件大英公司確實自己出資聘人撰寫爲數不少之條目，並修改部分之翻譯稿。顯見大英公司非但確實參與系爭書籍之編輯工作，且於其對系爭書籍增加新條目觀之，大英公司顯有編輯主權。丹青公司謂大英公司僅作校稿工作，顯與事實不符。

（二）**中國大百科全書出版社共同參與編輯翻譯之工作係受聘於大英公司，該受聘編輯部分之著作權，依法亦應歸屬大英公司：**

　　中國大百科全書出版社係受聘於大英公司從事系爭書籍之翻譯、編輯等工作，並由大英公司付給報酬，此經證人何得樂到庭證明在案。印證大英公司之執行副總裁及財務主任Figge之聲明書載明，中國大百科全書出版社曾於1983年3月21日就大英公司付給之其中一筆款項簽發收據函乙紙，承認收到大英公司給付之美金15萬元，並謂其中美金10萬元用於支付給參與編輯系爭書籍之翻譯者、編輯人員，以及中國大百科全書出版社社長兼總編輯梅益多次聲明，亦在在顯示中國方面確係受聘於大英公司。顯見中國大百科全書出版社從事之翻譯及編輯行爲，均係受僱於大英公司，已可確定。丹青公司援引報紙報導諸多臆測爭執，因報紙報導之眞實性，大英公司加以否認，丹青公司未提供合法證據以實其說，顯係空言爭執，不值採信。

二、丹青公司之答辯

（一）大英公司主張其就系爭著作為聘僱中國大百科全書出版社所作，故有著作權，其所提之證據為美國著作權局所發之著作權執照。惟觀該著作權執照上之記載卻反是。

（二）大英公司於訴訟中關於美國著作權執照記載之陳述，有故意混淆之嫌。蓋以：

1. 大英公司首創將執照中第二欄A項之大英公司之著作名稱中所填「TEXT」譯為中文之「本文」而非「原文」，有誤導或使字意不明顯之嫌。

2. 依美國著作權執照第六欄所載：「6.衍出著作或編輯著作物（若為衍出著作請填6A及6B兩欄，若為編輯著作物請只填6B欄）。」查大英公司於各冊美國之著作權執照中，或填載6A、6B二欄、或僅填6A欄，惟遍查各冊著作權執照中並無僅填載6B欄一欄之情形。

綜上所述，大英公司主張就系爭著作為聘僱著作，尚難以上開美國著作權執照之記載得以證明。其可證明者，厥為系爭著作序言及美國著作權執照上所記載之「契約」。

（三）大英公司主張其提供15萬元美金予中國大百科全書出版社，以為出資聘人完成著作之證據。惟查：

1. 此15萬元美金究係購買卡車、影印機抑或交付500多位翻譯人員不明，且上訴人並未舉證證明。又縱認係給予翻譯人員金額，但此一金額係屬「聘僱酬勞」或「贈與」（如慰勞金）亦屬不明確。上訴人對此亦未舉證證明。

2. 如以15萬元美金即可證明大英公司擁有著作權，則中國大百科全書出版社何以支付上訴人大英公司「諮詢費」？如僅以支付費用即可認有著作，則此亦可同樣證明中國大百科全書出版社擁有系爭著作著作權。

3. 查系爭書籍一套十冊，而翻譯一冊之稿費及編輯成本即不止15萬元美金，更遑論翻譯十冊。

4. 系爭書籍中國大百科全書出版社及大英公司均有發行，大英公司給付15

萬元美金究係向中國大百科全書出版社購買著作權之費用，抑或是向中國大百科全書出版社購買之費用，實令人難以明瞭，大英公司對此亦未善盡舉證責任。依此可見，該15萬美金究係屬何種性質，其關鍵亦在「契約」上，鈞院命大英公司提出「契約」，大英公司始終不遵命提出，反爭執細枝末節之問題，所提證據均為不能直接證明本件著作權歸屬之證據，依經驗法則大英公司應可認定非本件系爭著作之著作權人。

三、法院之判決

　　丹青公司對於系書籍本身係屬編輯著作並無爭議，僅謂編輯工作係由中國大百科全書出版社為之，大英公司僅擔任部分之翻譯工作，不能取得編輯著作權及大英公司並非聘僱中國大百科全書出版社編輯，故大英公司對該書亦無聘僱著作權。大英公司則謂伊係該書之共同編輯者之一，另一編輯者中國大百科全書出版社為其聘僱編輯，故伊對該書有編輯及聘僱著作權。茲就大英公司是否為共同編輯人及是否聘僱中國大百科全書出版社編輯該書，析述如下：

（一）證人張建德證稱：「我有參與系爭書籍之編撰工作。將中文翻譯與英文原版來比較有無翻錯，特別要指出二文有不同之處，增減部分均需一一列出，工作地點在美國伊利諾州芝加哥市。資料是大英公司提供的，我自己亦作了很多註解。我的著作經編輯委員會審核後，被使用於大英百科全書上。」證人張旭成證稱：「中國大百科全書出版社送資料到編輯委員會整理後，由我審核。發現有錯誤即加以修正，再送大英公司。中文資料均由大英公司提供，大英公司的資料來源為何，我不知道。大英公司請我當顧問審核，薪資由大英公司負擔。大英公司有請很多專家，費用亦均由大英公司負擔。大英公司對中國大百科全書出版社有無支付費用，我則不清楚。站在學術立場，針對資料不只是修改，更有的是研創或整編加以撰擬，此部分著作權應屬雇主（大英公司），因雇主有付我費用。」證人大英公司亞洲作品發展部主任何得樂證稱：「我為大英公司資

深編輯。我參與系爭書籍編輯工作項目爲：1.與公司300多位員工之聯繫工作；2.與外界聯繫工作；3.外界合作對象包括中國大百科全書出版社、印靈公司，負責中文學者間之聯繫工作；4.對文章作適度之修改及編撰工作。我的工作包括監督系爭書籍的品質，原文編撰後的品質、中文文字資料的品質，並負責更新所有的統計數據資料，還收集了數千張圖片、編撰地圖、工作人員薪水的發放工作。我亦爲編書委員會秘書之一。經費均來自大英公司支援的。大英公司提供經費及編撰上幫助中國大百科全書出版社。大英公司有提供美金15萬元與中國大百科全書出版社作爲買影印機及小卡車等，何時提供，確定時間我不清楚。我想應該是在1981年付的。」

（二）中國大百科全書出版社社長兼總編輯梅益於77年1月21日致函大英公司總裁謂，該社與大英公司共同進行編輯之系爭書籍，該社係受聘工作，並承認大英公司對該書在美國登記之著作權。於79年間又與大英公司總裁簽訂協議書略謂，大英公司與中國大百科全書出版社爲系爭書籍之共同著作人，大英公司對該書之著作權遍及全世界，中國大百科全書出版社以受聘方式進行編輯工作。再於79年7月18日以經北美事務協調會認證之書面聲明略謂，中國大百科全書出版社與大英公司係系爭書籍之共同著作人。中國大百科全書出版社係受聘工作。有該函、協議書及聲明在卷可稽。

（三）系爭書籍前言三載明：「1980年8月12日雙方簽訂合作契約，編譯出版中文版簡明不列顛百科全書的協議書。這協議書規定由美方向中方提供第15版的最新修訂稿及其自有之圖片。中方承擔翻譯、編輯、印刷、出版等任務。並負責撰寫純屬中國的條目（包括配圖）；成立中美聯合編審委員會負責編審工作並協商解決編譯中出現之問題。」

（四）經外交部簽證之系爭書籍美國著作權執照載明，系爭書籍之著作權人爲大英公司及中國大百科全書出版社；著作權人爲大英公司。

（五）大英公司曾給付中國大百科全書出版社美金15萬元，有該社出具之據在卷可稽。

（六）綜上以觀，可知：1.系爭書籍係由大英公司提供英文版資料及圖片，由中國大百科全書出版社擔任翻譯、編輯、印刷及撰寫純屬中國之條目，雙方並聯合組成編審委員會負責編審工作及解決編譯中出現之問題。大英公司不但提供資料，出錢聘請專家學者參與編審工作，並曾支援中國大百科全書出版社美金15萬元，供其購買影印、小卡車等以利工作之進行。足見系爭書籍之編輯係由大英公司與中國大百科全書出版社合作完成。雙方均為共同編輯著作人。丹青公司徒以大英公司未能提出書面合作契約，而否認其為共同編輯著作人。惟合作編書並不以訂立書面契約為必要，大英公司既另行舉證證明伊為共同編輯著作人，雖未能提出書面之合作契約，亦不得因此而認其為非共同編輯著作人，丹青公司此一主張，應非可採；2.大英公司僅能證明提供美金15萬元予中國大百科全書出版社，其所舉上開證人亦均不知有聘僱之事，且系爭書籍之前言亦僅言及共同編輯之事，並未說明係受聘之作。足見大英公司所謂中國大百科全書出版社共同編輯部分係屬受聘之作，伊對此部分享有聘僱著作權云云為不可採。至於中國大百科全書出版社社長兼總編輯梅益於本件涉訟後，以協議書、函件、聲明書謂該社係屬受聘之作，並無實證以資證明，為不足採。

陸、本案之評論

一、本案判決〔79年度上更（一）字第128號〕承認丹青公司提起消極確認訴訟有「訴訟利益」，可能是受到最高法院判決理由的影響。此項判決在著作權法的實務運作上，將發生相當大的影響。目前我國與外國有著作權互惠關係之國家，僅有美國、英國、香港人民、法人及南韓、西班牙之在臺僑民。依現行著作權法第4條規定，與我國無互惠關係國家國民之著作（如日本、新加坡、法國等），除非著作首次在臺灣發行（首次發行包含30天內的同步發行），否則我國不加以保

護。目前實務上確有許多人拿不受我國保護之著作（以日本最多）到內政部登記著作權，後僭稱著作權人而主張獨立利益，要求其他使用人應負賠償責任，並要求市場經銷者勿經銷其他利用者之著作。在內政部著作權登記簡單而撤銷困難之情況下，其他利用人對登記著作權的僭稱權利人，應有提起消極確認訴訟的機會，以防止投機者利用著作權登記未作實質審查之機會，以他人著作登記為自己著作而牟取不法暴利。所以本案訴訟利益的要件，實在不能解釋得太嚴格，以解決實務上的困難問題。因此本案對訴訟利益的判決結論採肯定說，基本上值得肯定。不過判決書理由一方面說：「所謂確認判決之法律上利益，並非概指權利而言，凡在私法上得有效取得之利益，亦屬之。」一方面又舉：「例如無人享有著作權之著作物，任何人皆有重製或銷售之利益是。」本案系爭著作並不是「無人享有著作權之著作」，判決書舉這個例子並不適當。丹青公司也沒有主張系爭著作是無人享有著作權之著作，只是主張大英公司就系爭著作沒有享有著作權，大英公司沒有干涉丹青公司重製、銷售的權利而已。本案訴訟有關訴訟利益的爭執，實在值得民事訴訟法學者深入探討。

二、本案兩造對涉外民事法律適用法第10條第2項：「關於以權利為標的之物權，依權利之成立地法。」其中「以權利為標的之物權」是否包含「著作權」在內，有極多爭論。我國國際私法學者對這個問題，也是眾說紛紜。智慧財產權實在很難說是「以權利為標的之物權」，丹青公司的爭執理由，頗值得國際私法學者注意。目前世界各國國際私法，有不少國家針對智慧財產權加以特別規定，例如瑞士（第101條）、奧地利（第34條）、匈牙利（第19條）、南斯拉夫（第20條）、秘魯（民法第2093條）、日本（第10條）等是。這些規定，大抵遵從伯恩公約的原則。但其中有國家對涉及職務著作部分另作特別規定，例如奧地利國際私法第34條第2項規定：「無體財產權係因受僱人於僱傭關係範圍內之行為而產生者，關於僱用人與受僱人間之關係，依規範僱傭關係之衝突規則（第44條），定其應適用之法律。」第44條規定：「1.僱傭契約，依受僱人經常工作地國法，如該受僱人

被送至其他國家工作者，仍然適用該法律之規定。2.受僱人經常工作地涉一個以上國家或無經常工作地者，依僱用人之習慣居所地國法（主事務所所在地，第36條後段）。3.契約選擇法律，僅於明示時有效。在前二項所指示法律之強制規定之範圍內，契約明示所選擇之法律，有害於受僱人者，不適用之[3]。」未來我國涉外民事法律適用法似應修正，增加有關智慧財產權之規定。尤其我國現行著作權法第11條、第12條有關職務著作著作權歸屬的規定，與美國、日本、中國及其他國家著作權法規定有很大差異，如涉外民事法律適用法及兩岸關係條例對準據法規定不明確，適用上很容易產生問題。例如本案如果發生在新著作權法時期，而不是舊著作權法時期，丹青公司主張依我國著作權法第11條、第12條規定，職務上著作之著作權原則上屬於個人，除非另有約定。大英公司既然提不出與中國譯者及大英公司編者間的契約，因此系爭著作之著作權非屬大英公司，法院又應作如何判決？未來美國電腦公司及電影公司將會來臺訴訟，被告律師也可能會援引我國著作權法第11條、第12條規定抗辯著作權歸個人，這將在實務上產生困擾。

三、本案法律判決書中謂：「大英公司係系爭書籍之共同編輯著作人，並在美國登記為該書之著作權人，有該書之美國著作權執照在卷可稽。則大英公司在美國為該書之著作權人，實堪認定。」上述判決理由，可能產生下列問題：

（一）共同編輯著作人只有二分之一的共有著作權，著作權執照登記的是全部著作權，判決書中說：「大英公司在美國為該書之著作權人，實堪認定」，是憑著作權執照，還是共同編輯人的地位？判決書寫得十分含混。因為這牽涉到未來美國來我國打著作權官司，著作權執照是否可以作為唯一憑據的問題。如果其他證據顯示的事實與著作權執照顯示的事實相反，究竟以何為準？

3　參見劉鐵錚等人，瑞士新國際私法之研究，頁306-308。

（二）判決書以系爭書籍在美國有著作權，當然推斷在臺灣有著作權。這是目前實務上十分困擾的問題。丹青公司一再主張臺灣是「中國」的一部分，系爭書籍是中國大百科全書出版社翻譯編輯的，中文版著作權在中國（含臺灣）不是屬於大英公司。中國大百科全書出版社社長兼總編輯梅益聲明美國著作權屬於大英公司，是表明大英公司只有「美國」的著作權，沒有其他國家（含臺灣）的著作權。所以判決書從系爭著作在美國的著作權歸屬來推論系爭著作在臺灣的著作權歸屬，並沒有明確解答丹青公司的疑問。我國內政部註冊實務承認，如果香港甲將港劇著作的「臺灣著作權」轉讓給乙，乙可以在內政部單獨登記為該港劇的「著作權人」，因為中華民國著作權執照只代表臺灣。依照這個邏輯，一著作可能甲是香港的著作權人，乙是臺灣的著作權人，丙是美國的著作權人。大英公司在美國擁有著作權，是否當然認為在臺灣也擁有著作權？如果這樣認為，可能和內政部的著作權註冊實務見解有出入。然而如果不這樣認為，將來法院又如何處理美國來臺灣打官司的著作權人認定問題？這是本案帶給我國著作權實務極值得深思的地方。

四、本案受到輿論極大的關注，外界實在難以想像何以罪大惡極的丹青公司，可以打那麼久的官司，而且還有勝有負。事實上光在這一審，雙方十幾萬字的攻擊防禦文字在本文難以盡敘，不過本案訴訟過程在著作權實務上實在有很多啓示。未來有時間再針對其中若干主題作深入探討。本案只是在說明，光看輿論的報導來評論判決的結果，往往會隔靴搔癢。

（本文原載律師通訊，第162期，1993年3月，頁57-66，條文與現行法不同處，請參照當時法律）

家圖書館出版品預行編目(CIP)資料

著作權法研究／蕭雄淋著. -- 初版. -- 臺北
市：五南圖書出版股份有限公司, 2025.01
冊；　公分
ISBN 978-626-393-368-2(第2冊：平裝)

1.CST: 著作權法　2.CST: 論述分析

88.34　　　　　　　　113006799

4U37

著作權法研究（二）

作　　　者 — 蕭雄淋(390)

編輯主編 — 劉靜芬

責任編輯 — 呂伊真

文字校對 — 吳肇恩

封面設計 — 封怡彤

出 版 者 — 五南圖書出版股份有限公司

發 行 人 — 楊榮川

總 經 理 — 楊士清

總 編 輯 — 楊秀麗

地　　　址：106台北市大安區和平東路二段339號4樓

電　　　話：(02)2705-5066

網　　　址：https://www.wunan.com.tw

電子郵件：wunan@wunan.com.tw

劃撥帳號：01068953

戶　　　名：五南圖書出版股份有限公司

法律顧問　林勝安律師

出版日期　2025年1月初版一刷

定　　　價　新臺幣580元

經典永恆‧名著常在

五十週年的獻禮——經典名著文庫

五南，五十年了，半個世紀，人生旅程的一大半，走過來了。

思索著，邁向百年的未來歷程，能為知識界、文化學術界作些什麼？

在速食文化的生態下，有什麼值得讓人雋永品味的？

歷代經典‧當今名著，經過時間的洗禮，千錘百鍊，流傳至今，光芒耀人；

不僅使我們能領悟前人的智慧，同時也增深加廣我們思考的深度與視野。

我們決心投入巨資，有計畫的系統梳選，成立「經典名著文庫」，

希望收入古今中外思想性的、充滿睿智與獨見的經典、名著。

這是一項理想性的、永續性的巨大出版工程。

不在意讀者的眾寡，只考慮它的學術價值，力求完整展現先哲思想的軌跡；

為知識界開啟一片智慧之窗，營造一座百花綻放的世界文明公園，

任君遨遊、取菁吸蜜、嘉惠學子！